权威·前沿·原创

皮书系列为
“十二五”“十三五”国家重点图书出版规划项目

智库成果出版与传播平台

深圳志愿服务发展报告（2020）

ANNUAL REPORT ON DEVELOPMENT OF VOLUNTARY SERVICES IN SHENZHEN (2020)

深圳市志愿服务基金会
深圳国际公益学院 ／主　编

社会科学文献出版社
SOCIAL SCIENCES ACADEMIC PRESS (CHINA)

主编单位简介

深圳市志愿服务基金会 成立于2012年11月29日，是由深圳市义工联合会发起，经深圳市民政局批准成立，由共青团深圳市委员会指导的公募基金会。自成立以来，深圳市志愿服务基金会以“传播志愿服务理念，弘扬志愿服务精神，提高志愿服务水平，推动志愿者事业发展”为宗旨，秉承着“做百万‘红马甲’坚强后盾”的使命，致力于关爱深圳志愿者，支持开展志愿者保障和发展、扶贫济困、生态环保、城市公共安全、青少年心理健康等志愿服务公益项目，不断动员社会力量参与深圳志愿服务事业。作为地方性公募基金会，深圳市志愿服务基金会采用财政支持、法人治理、社会化运行的模式，截至2019年底，深圳市志愿服务基金会捐赠收入为6025.5万元，捐赠支出为4960.2万元；2015～2019年，中基透明指数评分为满分，连续五年成为全国最透明的基金会之一。

深圳国际公益学院 由比尔·盖茨、瑞·达利欧、牛根生、何巧女、叶庆均五位中美慈善家联合倡议成立，旨在建设培养榜样型慈善家和高级公益慈善管理人才的教育系统，构建支持中国与世界公益慈善领域高度发展的知识体系，打造引领全球慈善发展和推动形成新型慈善知识体系的专业智库；通过提升公益慈善事业的创新性、专业化和公众参与度，为推进中国和世界慈善事业的发展做出贡献。深圳国际公益学院开展全球善财领袖计划（GPL）、国际慈善管理（EMP）、工商管理博士（DBA）和公益网校（POA）等项目，并在社会服务、志愿服务、社会组织、社区治理、公益人才队伍建设、公益金融与影响力投资等领域开展深入研究，引导财富向善、商业向善、人心向善，助力深圳打造高质量发展高地和民生幸福标杆。

志愿服务参与社会治理
助力先行示范区建设

——深圳的经验和探索

本书编委会

2020 年是深圳经济特区建立 40 周年，习近平总书记亲临广东视察，出席深圳经济特区建立 40 周年庆祝大会并发表重要讲话，高度评价深圳的发展成就。深圳从中国改革开放的“试验田”，逐步成长为建设中国特色社会主义先行示范区。伴随着深圳从“先行先试”走向“先行示范”，深圳志愿服务事业也走过了发展的 30 多年，走过了从无到有、从小到大的光辉历程。

深圳在志愿服务领域，一直积极创新，先行先试，保持全国志愿服务工作的排头兵地位。深圳诞生了国内第一个法人志愿者组织、第一个“义工服务市长奖”、第一张电子义工证等。深圳的志愿者从最初的不足 20 人发展到如今的 208 万人、占常住人口的 15.5%；深圳“志愿者之城”建设也进入了一个新的阶段。深圳市志愿服务基金会与深圳国际公益学院联合主编的《深圳志愿服务发展报告（2020）》正是在这一背景下完成的，恰逢其时地总结了深圳志愿服务 30 多年的发展，并展现了深圳志愿服务的发展特色和优秀案例。深圳志愿服务的发展也是中国志愿服务事业进步的形象缩影和真实写照，期望本书所分析的深圳志愿服务的经验，能为中国志愿服务事业的发展提供一些参考和借鉴。

深圳“志愿者之城”建设经历了 1.0、2.0、3.0 三个阶段。“志愿者之城”1.0 阶段的特征是志愿服务的社会化、项目化、活动型，其经验是闯出了社会动员的“深圳模式”，并通过提供社会服务的形式，使志愿服务被社会广泛接受并得到普及。“志愿者之城”2.0 阶段的特征是志愿服务的制度化、岗位化、信息化，通过成功总结志愿服务 U 站的岗位化服务模式，推动 U 站的连锁品牌运作；打造“志愿深圳”信息平台，形成线上线下志愿服务发展格局。当前，我们正推动“志愿者之城”建设进入 3.0 阶段，即以制度化、专业化为引领，推动志愿服务从提供社会服务向参与社会治理、凝聚社会共识跨越，发挥志愿服务在参与社会治理、推动可持续发展中的重要作用。

社会治理是一项系统工程，需要志愿者等社会力量的共同参与。志愿服务具有参与广泛性、行为利他性和方式灵活性等特点，是参与社会治理的重要形式。从主体来看，社会治理需要社会组织等多元主体参与，志愿服务组织是其中的重要力量；从载体来看，社会服务是民生保障的聚焦点，志愿服务组织和志愿者参与社会服务是社会治理的重要内容之一；从目标来看，社会治理要最大限度地增加和谐因素，而志愿服务能弥补政府服务和市场服务的不足，促进社会自我调节与良性互动。

以“三大攻坚战”为重点，深圳将专业志愿服务参与水污染防治攻坚战作为试点，经过 3 年的努力，建立了志愿者河长工作制度，依托志愿者河长、“河小二”、“护水骑兵”、红领巾小河长、高校护水联盟等组成“五位一体”志愿服务队，常态化开展志愿服务。同时，通过创立志愿者河长论坛、成立志愿者河长学院、成立志愿者河长联合会、设立志愿者河长基金等，使其相互协作，形成了“个人、组织、阵地、载体、资金”的全链条参与模式，并在水污染治理工作中探索出了“推动社会参与、实施专业参与、实现全过程参与”的模式、成为基层社会治理的“绣花针”。在“志愿者之城”建设的背景下，为防控新冠肺炎疫情，1734 支青年突击队和 130 余万人次的志愿者在第一时间“集结出列”，奋战在医疗救护、物资保障、科研攻关、社区防控等疫情防控的战线上，成为“中国之治”的生动写照。

志愿服务坚持利他主义，追求公共利益，是人类宝贵的精神财富，也是全球通用的“语言”。志愿服务事业在国际交流中也扮演了重要的角色。早在 1981 年，我国就与联合国志愿人员组织（UNV）在北京签约，开始互派志愿者。服务于我国的联合国志愿者在地理、环境、卫生、计算机和语言教学等领域内，为我国的经济发展和社会进步做出了积极的贡献。我国也积极选派志愿者到其他发展中国家提供志愿服务。30 多年来，来自各行各业的高级技术和专业人员以联合国国际志愿人员的身份到其他发展中国家工作，涉及农业、水利、医疗卫生、工程建设、计算机、管理和经济体制改革、社会保险等诸多领域。我国派出的联合国国际志愿人员中有不少在结束了第一期工作后，由于表现突出，在当地政府的恳请下，又签署了第二期甚至第三期服务协议。我国的部分联合国国际志愿人员在结束工作后，被联合国开发计划署驻地代表处直接聘为雇员。这些人员为加强我国与联合国机构和广大发展中国家的合作起到了积极的促进作用。2009 年，深圳也有 20 名援非志愿者通过“中国青年志愿者海外服务计划”多哥项目远赴多哥开展了为期一年的志愿服务，增进了中国和多哥青年的友谊。

联合国把新世纪的第一年确定为国际志愿者年，旨在通过国际志愿者活动，促进社会对志愿服务的认知，促进志愿服务事业的发展。我国庆祝“2001 国际志愿者年”的重大活动——“四海同心”庆典晚会就在我国志愿服务事业的发源地深圳举行。可以说，深圳一直参与并见证了国际志愿服务事业在中国的发展。志愿服务在国际交流中扮演着积极的角色，在未来推动深圳建设中国特色社会主义先行示范区方面也当占有一席之地。

经过三十多年的耕耘，志愿服务在深圳已蔚然成风，“志愿者之城”成为深圳一张新的城市名片，深圳志愿服务事业随着改革开放的深入和持续发展也已成为深圳人民自豪的事业。总结深圳志愿服务事业的发展，我们可以清晰地看到深圳志愿服务呈现四个方面的特点。

第一，志愿服务事业已经成为深圳改革开放进程中的重要组成部分。深圳作为中国改革开放的第一个经济特区，从一个小渔港到一个拥有 2000 万人口规模的超大城市，其发展过程与深圳市民素质的提升有着密切的关系。“来了就是深圳人，来了就当志愿者”，深圳人的志愿服务精神为促进不同背景的移民文化融合起到了积极作用，间接地推进了深圳改革开放的发展进程。

第二，深圳志愿服务的成果是彰显社会主义核心价值观的重要载体。志愿服务的明显作用是生活在深圳的2000万名新老居民价值观的改变，志愿者在与政府、企业、社会组织的互动过程中已经成为践行社会主义核心价值观的重要主体。广大的志愿者既是行动者，也是倡导者，还是践行社会主义核心价值观的引领者。

第三，深圳专业志愿者是深圳各行各业发展的重要助力群体。深圳专业志愿者就是以各行各业为基础，发挥着专业务实、敬业并进和使命导向的作用；探索出了志愿服务与水环境治理、食品药品安全监督等领域相结合的新机制，在推动全国志愿服务专业化方面起到了带头的作用。

第四，深圳志愿服务组织通过积极参与慈善事业、提供各类社会服务逐步深入社会治理。社会团体、民办非企业单位和基金会提供的志愿服务大力推进了慈善事业的持续发展，在助力慈善事业的专业化发展方面起到了“四两拨千斤”的作用。同时，志愿服务也成为企业履行社会责任的重要方式。

总结深圳过去30多年志愿服务发展的经验，深感深圳人的伟大、深圳志愿者的伟大，平凡的志愿者做出了不平凡的事业。展望深圳未来发展，我们对深圳志愿服务事业再上一个台阶充满信心。在此，我们就深圳志愿服务的事业发展提出三点期待。首先，深圳志愿服务应围绕粤港澳大湾区和中国特色社会主义先行示范区建设提供高质量的专业服务。其次，深圳志愿服务应下沉到社区为社区建设提供高水准的精准服务。最后，深圳志愿服务应为我国志愿服务事业的国际化发展提供一流的样本。为此，深圳还需要培养一批优秀的志愿者走出国门，为深圳城市的国际化和中国社会组织“走出去”发挥创新、引领、示范和排头兵的作用。

摘　要

志愿服务是社会文明进步的标志，也是培育和践行社会主义核心价值观的重要载体。志愿服务是指志愿者、志愿服务组织和其他组织自愿、无偿向社会或者他人提供的公益服务。20 世纪 80 年代末期，深圳借助毗邻香港的地缘优势，借鉴社会服务经验，率先在内地开展志愿服务工作，其独特的经济、文化和社会环境孕育了内地最早的志愿服务事业，是我国内地志愿服务发源地之一。在三十余年的发展历程中，深圳志愿服务先后经历了初创发展、规范化发展、专业化发展、跨越式发展和质量发展五个阶段，并且在多个领域实现了全国第一：诞生了国内第一个法人志愿者组织、第一批国际志愿者、第一个“义工服务市长奖”、第一张电子义工证，是首个系统性提出建设“志愿者之城”的城市等。深圳志愿服务的实践、发展与探索，为全国志愿服务事业提供了有价值的参考。

本书是深圳志愿服务领域的第一本蓝皮书，由总报告、专题报告、案例报告和附录四部分组成。总报告回顾了深圳志愿服务发展的历史进程，并以深圳市义工联、“志愿深圳”信息平台的数据资料和志愿服务发展研究课题组开展的面向志愿者和非志愿者的问卷调查数据为基础，分析了深圳志愿服务发展的现状。本书认为：当前深圳志愿服务蔚然成风、志愿服务理念深入人心；志愿服务组织蓬勃发展，多元化与规模化趋势并存；志愿服务项目类型丰富，数量持续增长；志愿服务激励保障体系逐步完善；志愿服务先行先试示范效应明显，社会认可度高。在三十余年的发展中，深圳志愿服务事业逐步形成了五方面发展特色，即共青团组织牵头，联动各职能部门管理；上下凝聚共识，党员引领参与社会治理；关爱志愿者，建立精神激励长效机制；志愿服务岗位与项目并存，实现常态化与品牌化发展；逐步探索专业化的路径。未来，志愿服务将朝着信息化、精细化、常态化、专业化、长效化、国际化等趋势发展，并在助力深圳建设中国特色社会主义先行示范区中迎来新的发展机遇。

专题报告将研究视角聚焦在志愿者群体、志愿服务的经济与社会贡献、大学生志愿服务、社区志愿服务、企业志愿服务五个方面。志愿者作为志愿服务的主体，其数量和质量也成了衡量一个城市志愿服务发展水平的重要指标。截至2019年底，深圳注册志愿者达186万人，平均年龄为31岁，约70.00%为非户籍居民，大专及以上学历者占53.79%，74.35%的志愿者在深圳居住10年以上。认可、自尊和社会交往是深圳志愿者参与志愿服务的主要动机。志愿服务的直接或间接经济贡献与社会价值也日益受到关注。2019年深圳市志愿服务经济价值为10.68亿元，占第三产业增加值的0.07%；深圳志愿服务组织对地区生产总值的贡献值为715.35万元。近年来，深圳持续推动志愿服务从社会服务到社会治理全面转型，探索出志愿服务与水环境治理、食品安全监管等领域相结合的新模式，不仅加快了政府职能转移，也激活了社会力量，充分展示了志愿服务在社会治理现代化进程中的重要作用。高校志愿服务建设一直是深圳志愿服务事业的重要组成部分，深圳不少高校提出建设“志愿者之校”并建立了系统性的工作方案，高校大学生积极参与志愿服务，并成为高校生活新风尚。志愿服务社区化是推进居民参与社区治理最有效、最直接、最可持续的途径与手段。社区志愿服务在深圳发展较早，目前已全面覆盖深圳所有社区，“党建+志愿者”成为社区标配，志愿服务深入基层社区治理的各个领域，工作机制与分类指引日趋完善。企业志愿服务是企业履行社会责任的重要方式，深圳良好的志愿服务文化和浓厚的慈善发展氛围促使企业积极参与公益事业。各领域志愿服务蓬勃发展，积极为深圳“志愿者之城”3.0建设贡献力量。

关键词： 志愿服务　志愿者　志愿服务组织　社会治理

Abstract

Voluntary service is the sign of social civilization improvement. It is the important carrier of cultivating and practicing socialist core values as well. Voluntary service refers to the public welfare services which are provided to the public for free. In late 1980s, Shenzhen took the lead in developing voluntary services in Mainland China by drawing on its geographical advantages adjacent to Hong Kong and learning from the experiences of social service. Its unique economic, cultural and social environment gave birth to the earliest voluntary services and became its birthplaces in Mainland China. Over thirty years of development, voluntary service in Shenzhen has experienced five stages including start-up development, standardized development, professionalized development, spanning development and quality development and has achieved the first place in several areas among the country such as the first legal person voluntary organization, the first team of international volunteer, the first ' Voluntary Service Mayor Award' , the first piece of electronic volunteer card and the first city which systematically proposed to build the " City of Volunteer ", The practice, development and exploration of voluntary service in Shenzhen provide a valuable reference for the national voluntary service.

This report on voluntary service of shenzhen is the first blue book in the field of voluntary services in Shenzhen which is composed by the general report, sub-reports, case reports and appendices four parts. The general report reviewed the historical process of voluntary services development in Shenzhen and analyzed its current status based on the data from the Shenzhen Volunteer Federation, the ' Voluntary Shenzhen ' information platform and the questionnaire survey facing volunteers and non-volunteers carried out by the team of Voluntary service research. According to the report, currently, voluntary service in Shenzhen has become a common practice and lifestyle while the idea of voluntary service has deeply rooted among the public. Voluntary service organizations shows a rapid development while the trend of diversification and dimension take place. At the same time, voluntary service projects are rich in types with continuous growth while the motivation and guarantee system is gradually improved. As a model of urban civilization, voluntary service in Shenzhen has achieved remarkable demonstration effect and gained well recognition in the society. In thirty years of development, Shenzhen's voluntary service has gradually formed five development characteristics, namely, the Communist Youth League organization leading and linking various functional departments; building consensus from up to down, party members leading to participate in social governance; caring of volunteers and establishing of the long-term mechanism of spiritual motivation; voluntary service positions coexisting with projects to achieve normalization and branding development and gradually exploring the path of professional construction. In the future, voluntary service will develop toward the trend of informatization, refinement, normalization, specialization, long-term effectiveness, and internationalization. It will usher in new development opportunities in helping Shenzhen to build the city into a pilot demonstration area of Socialism with Chinese Characteristics.

The special reports will focus on five research perspectives which include voluntary groups, the economic value of voluntary service, university students voluntary service, community voluntary service and corporate voluntary service. Volunteers, as the main body of voluntary service, its quantity and quality has become an important indicator to measure a city's level of voluntary service development. Until the end of 2019, there are 1. 86 million registered volunteers in Shenzhen, with the average age of 31 years old. About 70. 00% of the registered volunteers are non-residents and 53. 79% have college degree or above while 74. 35% have lived in Shenzhen for more than 10 years. Recognition, self-esteem and social interaction are the main motivations for Shenzhen volunteers to participate in voluntary service. The direct and indirect economic contribution and social value of voluntary service have also been increasingly noticed. In 2019, the economic value of voluntary service in Shenzhen was 1. 068 billion yuan which was 0. 07% of the added value of the tertiary industry. The GDP contribution of voluntary organizations to the area was 7. 153 million yuan. In the recent years, Shenzhen is continuously promoting the comprehensive transformation of voluntary service from social service to social governance and exploring new modes which combine voluntary service with water environment governance, food safety supervision and other fields. This not only speeds up the transfer of government functions but also activates social forces. It fully shows the important role of voluntary service in the modernization of social governance. The construction of university voluntary service and university student volunteers have always been an important part of voluntary service in Shenzhen. Many universities in Shenzhen have proposed to build ' School of Volunteer ' and established a systematic work plan. The active participation of university students in voluntary service has become a new fashion in their campus life. The community of voluntary service is the most effective, direct and sustainable ways to promote residents' participation in community governance. Community voluntary service was developed at an early stage in Shenzhen. Until now, community voluntary service has fully covered all communities. " Party Building + Volunteer " becomes a standard feature in communities while voluntary service penetrated into every field of fundamental community governance and the working mechanism and classification guidelines are gradually completed. Corporate voluntary service is an important way for companies to fulfil their social responsibilities. The good voluntary service culture and strong charity development atmosphere in Shenzhen encourage companies to participate in public welfare actively. Voluntary service in various fields develops rapidly through the construction of Shenzhen as "City of Volunteer" 3. 0.

Keywords: voluntary service; volunteer; voluntary service organizations; social governance

目　录

Ⅰ　总报告

Ⅱ　专题报告

Ⅲ　案例报告

Ⅳ　附　录

皮书数据库阅读**使用指南**

CONTENTS

Ⅰ General Report

Ⅱ Special Reports

Ⅲ Case Reports

Ⅳ Appendices

总 报 告

General Report

B.1 改革开放进程中的深圳志愿服务事业：探索、实践、创新、示范

唐 昊　谭逸丹　曾伟玲　周玲秀*

摘　要： 深圳是我国内地志愿服务发源地之一，作为经济特区，其独特的经济、文化和社会环境孕育了国内最早的志愿服务事业。自1989年以来，深圳志愿服务经历了初创发展、规范化发展、专业化发展、跨越式发展和质量发展五个阶段。整体上看，深圳志愿服务事业蓬勃发展：志愿服务理念深入人心，志愿服务行动蔚然成风，志愿服务组织多元化与规模化发展趋势并存，志愿服务项目类型丰富，激励与保障体系逐步完善，先行先试示范效应明显，社会认可度高。深圳志愿服务

* 唐昊，深圳国际公益学院教授、副教务长，社会政策研究中心执行主任；谭逸丹、曾伟玲，深圳国际公益学院社会政策研究中心高级分析员；周玲秀，深圳国际公益学院社会政策研究中心分析员。

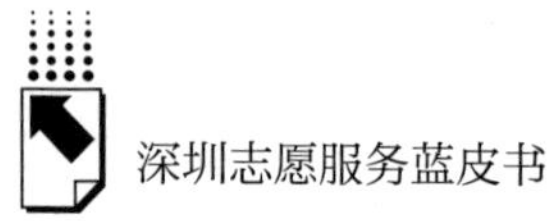

也逐渐形成了自己的发展特色：部门联动——由共青团组织牵头、联动各职能部门推进；凝聚共识——上下凝聚社会共识，推动志愿服务参与基层社会治理；精神激励——形成了关爱志愿者的氛围并提倡精神激励；服务常态化——通过志愿服务岗位与项目开发，推动服务常态化与品牌化发展；服务专业化——在已有的基础上逐渐探索志愿服务专业化发展模式。当前，深圳志愿服务发展和管理也面临一些挑战，如制度设计不完善、区域发展不均衡、行业发展不充分。另外，志愿服务规模化和精细化的发展趋势也对志愿服务的管理能力提出了更高的要求。本报告认为，管理信息化与精细化、服务常态化与专业化、机制长效化和发展国际化将是粤港澳大湾区建设和中国特色社会主义先行示范区建设背景下深圳志愿服务发展的趋势，并提出了推动政策完善、做好顶层规划，加大宣传力度，加强科技协力，开展行业研究，助力服务专业化，加强志愿服务对外交流合作等具体建议。

关键词： 志愿服务　志愿者　志愿服务组织　社会治理

志愿服务是社会文明进步的标志，也是培育和践行社会主义核心价值观的重要载体，志愿服务能在团结力量、凝聚共识方面发挥重要作用。志愿服务是指志愿者、志愿服务组织和其他组织自愿、无偿向社会或者他人提供的公益服务。深圳是我国内地志愿服务发源地之一，作为经济特区和重要的对外窗口，其独特的经济、文化和社会环境孕育了深圳的志愿服务事业。

一　深圳志愿服务发展的时代背景

深圳是一座充满魅力的移民城市。在 20 世纪 80 年代末 90 年代初，一批又一批的外来务工人员涌入深圳寻求发展机会，他们常常会面临“人生地不熟”的窘境，于是义务咨询、热心带路、免费介绍等志愿服务由此而生。来深建设者们陆续落脚深圳，需要适应新的工作与生活环境，随之而来的则是权益维护、情感倾诉、压力排解等问题与需求，这些社会需求逐渐被一些富有青年工作经验的热心人士观察并发现，他们于1989年成立了一支热线电话服务队伍，我国内地志愿服务由此发轫。

（一）志愿服务的社会人文环境

深圳作为改革开放的前沿，具有与生俱来的开放包容、勇于创新的社会氛围。深圳通过文化建设在潜移默化中培养市民的社会责任感，“送人玫瑰，手有余香”逐渐深入人心，“来了就是深圳人，来了就做志愿者”逐渐发展为深圳“流行语”。繁荣、开放、多元的深圳文化为志愿服务提供了重要的精神支持。改革开放时代背景下的深港澳文化融合，使越来越多的深圳人格外热心社会公益事业，并在他们身上体现出一种乐于助人、甘于奉献的特质。同时，深圳属于人口结构倒挂较为明显的移民城市，从人口结构来看，青年人占比高，文化程度较高。移民较多的深圳更加强调人文关怀，特别注重居民参与社会治理。深圳的志愿服务精神逐步深深根植于城市文化，成为深圳文化软实力的有机组成部分。

（二）志愿服务的政策与制度环境

深圳的志愿服务发展也得益于良好的政策与制度环境。从中央到地方，各级政府在志愿服务制度化建设方面都做出了很多努力。相关法律法规的颁布保障了志愿者的权益。诸如《志愿服务条例》《广东省志愿服务条例》《深圳市义工服务条例》等法律法规的制定，保障了志愿服务组织、志愿者和服务对象的合法权益，鼓励和规范了志愿服务活动，推动了志愿服务事业的健康发展。深圳市逐步健全的规范性制度主要包括《深圳市注册志愿者管理办法》《深圳市志愿服务记录办法》《深圳市志愿服务资金和财务管理制度》《深圳市星级志愿者资质认证管理办法》等，从登记管理、资金支

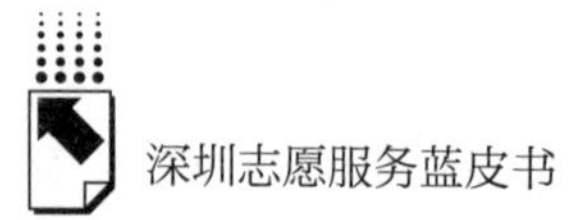

持、人才培育、激励表彰等维度全方位促进了志愿服务的规范化发展，较好地提升了志愿服务发展质量。近年来陆续发布的《志愿服务信息系统基本规范》《志愿服务基本术语》《志愿服务组织基本规范》等行业标准也为志愿服务专业化发展提供了重要指引。

（三）志愿服务的城市经济基础

经济建设是政治、社会、文化等建设的重要基础。深圳的经济发展为志愿服务的快速发展夯实了物质基础。深圳是1980年正式设立的第一批经济特区之一。自建立经济特区以来，深圳市经济发展取得了举世瞩目的成绩，与1985年、1990年全国人均GDP 858元、1644元[①]相比，在同一时期深圳的人均GDP均达到全国的5倍多，分别为4809元和8724元。[②] 深圳经济建设为志愿服务发展提供了服务场地、资金、人力、技术等重要基础。随着经济的快速发展，深圳建设了大量的志愿服务固定场所和相关硬件设施，在学校、社区、医院、公园、地铁等地方设立了常规志愿服务点。鉴于深圳人均收入水平的不断提升，人们生活水平发生了翻天覆地的变化，越来越多的普通居民拥有闲暇时间和精力参与志愿服务活动，从而为深圳志愿服务提供了较好的人力保障。在全国范围内，深圳市属于较早将志愿服务工作经费纳入公共财政预算保障范围的城市之一，这为深圳市开展大型志愿服务活动以及重点志愿服务项目、常规志愿服务项目提供了资金保障。同时，互联网与计算机技术的发展和科技进步有力地推动了深圳志愿服务的信息化建设。

二　深圳志愿服务发展的历史进程

回顾深圳志愿服务发展的历史进程可以发现，深圳志愿服务的发展过程

---

① 国家统计局编《中国统计年鉴（2010）》，http：//www. stats. gov. cn/tjsj/ndsj/2010/indexch. htm，最后访问日期：2020年10月15日。

② 深圳市统计局：《深圳统计年鉴（2018）》，http：//tjj. sz. gov. cn/nj2018/nianjian. html，最后访问日期：2020年10月15日。

与改革开放后深圳社会经济的发展变迁紧密相关，从1989年一部热线电话开始到系统性建设“志愿者之城”3.0，深圳志愿服务基本上经历了五个重要的发展阶段。

（一）初创发展（1989～1995年）

志愿服务精神根植于中华民族辉煌灿烂的历史文化，在中国特色社会主义建设实践中逐步丰富和繁荣，是人们对美好生活向往和追求的重要表达方式。20世纪80年代初，人们为了追求更美好的生活，纷纷南下来到深圳这座充满朝气和希望的城市。这些“人生地不熟”的外来人员在适应本地工作、文化、生活等方面遭遇了种种困难，基于此需求，各类志愿服务应运而生。这些志愿服务不仅包括生活方面的义务咨询、带路、情感倾听，还包括工作方面的职业介绍、权益维护等。这时候的志愿服务还沿袭着“学雷锋，做好事”的传统，是一种自发的助人为乐的雷锋精神的体现。

1. 率先探索志愿服务社会化运作模式，通过社会调研发现服务需求

1989年9月20日，为了帮助来深青少年，19名青年志愿者以“关心，从聆听开始”为主题的青少年心理服务热线的形式，[①] 组建了内地第一支青少年志愿者队伍，率先探索志愿服务的社会化运作模式。同年10月，在推动志愿服务组织法人化之前，大规模关注青少年等相关人群需求的社会调研广泛开展，其中包括向来自150家企业的工人发放《外来临工权益保障情况调查表》，还包括“青年临工权益渴望关心”“市民对房改制度的意见”“寮棚户子女读书问题调查”“蛇口警民关系调查”“青少年犯罪状况”“深圳教育发展现状与对策”“卖花童、卖艺童、乞童情况调查”等调查研究活动，在当时引起了广泛的社会关注，传播了志愿服务的“星星之火”。

2. 率先成立内地第一家志愿服务法人团体，并推动完善法人治理结构和制度

1990年4月，一个致力于推动志愿服务发展的社会团体——深圳市青

① 数据来源于“志愿深圳”信息平台。

少年义务社会工作者联合会①在市民政局正式注册成立，成为内地第一个法人志愿服务组织，后来还被评为“改革开放初期最具影响力的深圳十件大事”之一。1994 年，深圳市委、市政府决定为深圳市青少年义务工作者联合会增加编制岗位，并每年安排 20 万元固定财政资金用于支持志愿服务组织开展社会服务，这一决定为这家志愿服务法人组织提供了人才和资金保障。深圳市青少年义务工作者联合会进一步健全相关规章制度，并优化内部治理结构，搭建了一个运作规范、机构健全、组织网络完善的义务工作体系。例如，修改完善章程，将加入志愿服务组织人员的学历要求从“大专以上”降低为“中学以上”，对广大外来务工青年、在校中学生敞开大门，注册义工人数迅速增加至近万人。1995 年 4 月 2 日，深圳市青少年义务工作者联合会第一次代表大会召开，更名为“深圳市义务工作者联合会”（以下简称深圳市义工联），标志着一个全市性的志愿服务组织开始形成。

（二）规范化发展（1995～2005年）

自 1995 年下半年开始，深圳市志愿服务进入全面推广和规范化发展阶段，其主要内容是：高水平的城市志愿服务体系和网络得以构建；志愿服务发展战略规划稳步制定并实施；志愿服务“走出去”谱写新篇章，国际影响力逐步攀升；志愿服务保障机制走上法治化道路。

1. 高水平的城市志愿服务体系和网络得以构建

1995 年，深圳市义工联不断优化内部组织架构，一方面，新成立了法律援助中心、义工讲师团、义工艺术团等二级服务机构；另一方面，推动深圳市各个行政区成立区级义工联，与此同时，以队、站（中心）的形式在

① 1990 年 4 月成立的深圳市青少年义务社会工作者联合会，是深圳市义工联合会的前身。1993 年，为明晰志愿者与社会工作者的概念，深圳市青少年义务社会工作者联合会更名为深圳市青少年义务工作者联合会。随着志愿者人数的增加与志愿服务对象的拓展，志愿者构成更加多元，志愿服务内容也大大超出了青少年服务领域。1995 年，深圳市青少年义务工作者联合会正式更名为深圳市义务工作者联合会。2005 年，深圳市颁布《深圳市义工服务条例》，之后，深圳市义务工作者联合会更名为深圳市义工联合会，并被赋予了组织、协调全市义工服务活动的责任与权利。

全市各企事业单位、社区广泛组建志愿者队伍和服务机构，初步构建了一个由市、区、街道、社区四级及企事业单位、学校等构成的志愿服务体系和网络。紧接着，深圳市各界媒体集中宣传报道了深圳市志愿服务发展的繁荣景象，广泛宣传推广志愿服务理念，使志愿服务理念日渐深入深圳每一位市民心中。

2. 志愿服务发展战略规划的制定并稳步实施

1997 年，深圳市义工联第二次代表大会如期召开，大会通过了《深圳市义务工作 1997—2000 年发展规划纲要》，明确了深圳志愿服务的阶段性发展目标和方向，强调了各级志愿服务组织要进一步扩大义务工作的覆盖面和参与面、持续开拓服务领域、加大志愿者培训力度、完善管理机制等重要任务。

3. 志愿服务“走出去”谱写新篇章，国际影响力逐步攀升

2001 年是国际志愿者年，其目标是：充分认识志愿贡献、积极支持志愿活动、建立志愿网络体系和倡导弘扬志愿精神。于是，深圳借举办“国际志愿者年”活动的契机，主动积极吸收世界各国的志愿服务文化理念，并面向国际展现中国的志愿服务形象。2001 年 12 月，“四海同心”2001 国际志愿者年庆典晚会在深圳举行，共青团中央对深圳志愿服务事业给予了高度评价，赞扬“深圳义工事业是全国志愿者事业的标杆”①。2002 年 5 月 23 日，一位深圳志愿者飞赴老挝万象市支教，正式开启了深圳志愿者海外服务的第一站。此后，一批又一批的深圳志愿者不远万里奔赴缅甸、多哥等地，提供跨国志愿服务，展现了深圳志愿服务精神，提升了深圳志愿服务的国际化影响力。

4. 志愿服务保障机制走向法治化道路

2005 年 7 月 1 日，《深圳市义工服务条例》正式实施，标志着我国内地第一部志愿服务领域的地方性法规出台，也标志着深圳志愿服务向法治化方向发展。《深圳市义工服务条例》明确了对志愿者、志愿服务组织及志愿服务活动等的规范性要求，提出了对志愿服务组织表彰和鼓励的措施，并为志愿

① 吴凡：《深圳义工事业成全国标杆》，《深圳特区报》2002 年 9 月 14 日，第 A08 版。

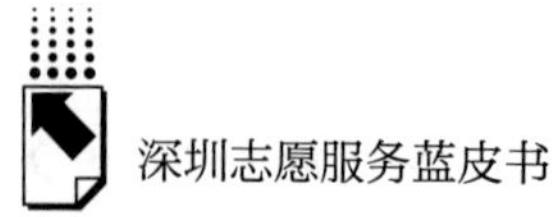

者的安全、隐私等提供了法律保障。《深圳市义工服务条例》的实施推动了深圳志愿服务法治化、规范化发展，促进深圳志愿服务工作迈上新的台阶。

（三）专业化发展（2005～2011年）

在前面两个发展阶段，深圳的志愿服务主要是以基础性志愿服务为主，技能志愿服务和专业志愿服务较少，并且志愿服务的质量具有较大提升空间。从2005年开始，深圳市志愿服务更加强调专业化发展，提倡对服务时数多、服务内容专业、服务效果好的志愿者给予精神方面的表彰和鼓励。

1. 志愿服务被群众广泛认可，发挥越来越重要的作用

深圳志愿者开始逐步深入环境治理、公共安全、社会服务等各个专业领域。例如，积极参与汶川地震等灾区重建工作，得到人民群众的广泛赞誉。2005年，深圳首创“五星级志愿者”评选机制，组织评选第一届“深圳市百名优秀志愿者”，规定非深户籍获奖者可免考招调落户深圳。2006年，共青团深圳市委发出倡议书，将3月5日设为“深圳义工节”。2007年，为了表彰先进志愿者，深圳市政府设立了深圳市“义工服务市长奖”，这是深圳志愿服务领域的最高奖项，也是全国第一个志愿服务“市长奖”。这些举措充分体现了深圳这座城市对志愿者的认可和赞誉。

2. 以大型赛事活动为契机带动志愿服务深度发展

2011年8月，第26届世界大学生运动会在深圳举行，深圳有127万名志愿者投入各类志愿服务工作之中。[①] 在开展志愿服务过程中，他们主要以U站为服务阵地，以社会组织为抓手，探索创新了社会组织参与志愿服务的长效机制，推动了深圳市志愿服务组织和志愿服务工作向基层化方向发展。

3. 志愿服务建设被纳入城市发展定位

2011年底，深圳市委、市政府印发了《关于建设“志愿者之城”的决定》，在全国首次系统性地提出了建设“志愿者之城”的重大发展目标，致

① 《深圳127万志愿者服务大运会赛事》，中国经济网，http：//news.163.com/11/0819/12/7BQQNE3R00014JB5.html，最后访问日期：2020年10月26日。

力于将深圳打造成一座乐于奉献的城市，深圳志愿服务发展迎来了新的历史阶段。

（四）跨越式发展（2011～2017年）

2011年底至2017年，深圳志愿服务事业依托“志愿者之城”建设进入快速发展阶段，在短短七年里，深圳“志愿者之城”建设实现了从1.0向2.0的跨越式发展，具体表现为多终端的智慧型“志愿者之城”信息化体系正式形成，注册志愿者和志愿服务组织发展速度和规模前所未有。

1. 志愿服务迈向信息化和智慧化的阶段

2013年，深圳市义工联初步建成志愿服务信息大数据库系统——“志愿深圳”信息平台。通过访问志愿服务数据系统，志愿者可在线注册、在线报名项目、接受培训，志愿服务实现了全流程数字化的转变。同年3月，深圳推出全国首张多功能电子义工证，为建立智慧型“志愿者之城”信息化体系打下了基础，逐渐形成“一证”（电子义工证）、“一平台”（“志愿深圳”信息平台）、“多入口”（接入微信、支付宝智慧民生城市服务）的工作体系，实现了志愿服务工作的科学化、专业化、常态化和规范化。2014年3月，“志愿深圳”微信公众号服务平台正式上线，志愿者可以通过平台在线报名参加服务、查看全市志愿服务组织信息与服务资讯等。至此，“志愿深圳”手机端、志愿服务PC端信息化平台、电子义工证已全部推广运行，多终端的智慧型“志愿者之城”信息化体系正式形成。

2. “志愿者之城”1.0建设高质量完成

2012年11月29日，由共青团深圳市委指导的深圳市志愿服务基金会（以下简称深圳市志基会）在深圳市民政局登记注册，深圳市志基会主要致力于资助志愿服务项目、志愿服务推广和志愿者培训等，这意味着“志愿者之城”1.0建设有了更强的资金保障。2015年12月5日，全市“志愿者之城”建设工作总结大会在深圳会堂召开，全市注册志愿者的数量已经达到120.9万人，占常住人口的比例达到11.2%；全市涌现出志愿服务组织9464个，专业志愿服务队伍达522支，社区志愿服务U站总数达192个。① 深圳“志愿者之城”1.0建设目标已经顺利完成。

3. “志愿者之城”2.0建设创新升级

2015年12月，深圳市委、市政府印发《关于进一步加强“志愿者之城”建设的意见》，并提出“推动志愿服务专业化发展，推动志愿服务法人注册工作，重点培育和发展专业志愿服务组织”。2017年3月，首届深圳志愿文化峰会成功举办，数百名“红马甲”齐聚一堂，为深圳“志愿者之城”2.0建设建言献策。2017年7月15日，第二届深圳原创之声的首场活动——探索“志愿者之城”3.0在中心书城拉开帷幕。这意味着在政府指导下，社会各界人士从实践行动、建言献策、互动参与等方面为“志愿者之城”建设添砖加瓦，持续推动“志愿者之城”建设更新迭代。

（五）质量发展（2017年至今）

党的十九大以来，深圳志愿服务事业迎来了历史性发展机遇，《中共中央 国务院关于支持深圳建设中国特色社会主义先行示范区的意见》《粤港澳大湾区发展规划纲要》等文件为志愿服务发展明确了方向。结合深圳市“志愿者之城”建设实际需求，“志愿者之城”3.0建设跃上新起点。身穿“红马甲”的志愿者活跃在深圳各行各业，也逐渐从提供社会服务向参与社会治理、凝聚社会共识跨越。

1. 志愿服务在社会治理领域发挥重要作用

2017年，共青团深圳市委提出在继续巩固“志愿者之城”1.0、2.0建设的基础上，推动“志愿者之城”建设进入3.0阶段，即推动志愿服务从提供社会服务向参与社会治理、凝聚社会共识跨越，积极发挥志愿服务在社会治理中的重要作用，为推动深圳在新时代走在前列、新征程勇当尖兵做出应有的贡献。

2. 志愿服务在环境保护领域发挥重要作用

2018年，深圳从水环境治理等生态文明志愿服务入手，深入推进志愿服

① 数据来源于2015年12月5日深圳市“志愿者之城”建设工作总结大会会议资料。

务参与社会治理，创新实施志愿者河长制，吸引和鼓励志愿者成为常态化“治水服务”“环保服务”的活跃力量。到2018年底，全市组织了702名志愿者河长，辐射带动10万名志愿者“河小二”、1万名“红领巾小河长”，建立了逾2000人的“护水骑兵”志愿服务队，号召在深的8所高校组建了护水联盟，全面构建起护河治水志愿者队伍体系。在大沙河、茅洲河、坪山河等流域建立了6个护河治水志愿服务U站，开展常态化巡河、护河，形成了巡查、监测、反馈、协调、宣导、督查的闭环服务机制。深圳志愿服务参与水环境治理的主体和阵地，也由最初的志愿者、护河U站发展为志愿者河长论坛、志愿者河长联盟、志愿者河长学院、志愿者河长联合会、志愿者河长基金等更多长效载体，形成了个人、组织、平台、资金全链条参与水污染治理的社会参与模式。2018年6月举办的“首届中国志愿者河长论坛”是全国首次由共青团发起的护河治水专业志愿服务论坛，对推动志愿者参与护河治水具有重要里程碑意义。2019年3月22日是第27个世界水日，全国首个志愿者河长法人组织——深圳市志愿者河长联合会成立，公众参与治水的渠道更加便捷，深圳生态文明建设又多了一份志愿力量。

3. 志愿服务在公共卫生、食品安全等领域发挥重要作用

2018年5月1日，《深圳经济特区食品安全监督条例》正式实施，其中明确赋予志愿者社会监督职责，鼓励和支持志愿者开展宣传教育、对违法进行举报和对食品安全工作提出建议，为志愿者提供了法制保障。同时，鼓励志愿者实施专业参与，逐渐将食品药品安全志愿者打造成为具备食品安全督导员、餐饮巡查员等技能的专业队伍。2020年，面对突如其来的新冠肺炎疫情，全市747支社区志愿服务队共9172名骨干志愿者和1734支青年突击队共3.4万余人第一时间投身抗疫工作，开展各类志愿服务共计100万余人次。[①] 如今志愿服务已成为深圳青年感恩改革开放、回报社会的具体行动之一，“志愿深圳”成为享誉全国的闪亮名片。

① 《青年志愿者成深圳“志愿者之城”主力军，186万志愿者青年占七成》，《深圳商报》，http://www.sznews.com/news/content/2020-06/20/content_23270889.htm，最后访问日期：2020年6月21日。

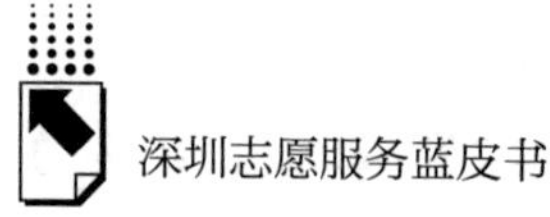

4. 志愿服务宣传阵地品牌化

2019 年 3 月 5 日，是学雷锋纪念日，也是第十四届“深圳义工节”，共青团深圳市委、深圳市义工联打造的深圳“义工天地”展馆试运行。展馆占地面积约 1038 平方米，分为 2 个厅、8 个区，分别是序厅、正厅及服务接待区、数字互动区、形象识别区、历史展示区、工作展示区、项目路演区、公益慈善区、学习交流区，为全市志愿者提供文化交流、学习培训、项目接洽、组织孵化、工作展示等公益服务。

三　深圳志愿服务发展的现状

为了更加客观、全面地反映深圳志愿服务发展的现状，深圳市志愿服务基金会、深圳国际公益学院成立深圳志愿服务发展研究课题组（以下简称课题组），并联合深圳市义工联于 2020 年 7 ~8 月组织开展了面向全市志愿者[①]、非志愿者的问卷调查。志愿者问卷从志愿者群体画像、志愿服务参与情况、志愿服务评价、志愿服务动机四个方面设计，非志愿者问卷从非志愿者对志愿服务认知情况、接受志愿服务情况、参与志愿服务意愿及对志愿服务的评价四个方面设计。问卷设计完成后，以非概率抽样的方式通过“志愿深圳”微信公众号、各微信群组发放，并回收问卷 4960 份，其中有效问卷 3593 份，问卷回收有效率为 72. 4%。在有效问卷中，志愿者问卷 2593 份，男性占 36. 64%，女性占 63. 36%；非志愿者问卷 1000 份。文中如无特别说明，则调查类数据来源于课题组开展的问卷调查，历史性资料及志愿服务整体统计数据则由市义工联和“志愿深圳”信息平台提供。

（一）志愿服务理念深入人心，志愿服务蔚然成风

“有困难找义工，有时间做义工”“来了就是深圳人，来了就做志愿者”

① 由于非注册志愿者的数据获取比较难，此处的志愿者是指在“志愿深圳”信息平台注册的志愿者。

是在来深建设者中广为流传的两句口号，“送人玫瑰，手有余香”的志愿服务理念也入选“深圳十大观念”。经过三十多年的发展，志愿服务理念已经融入城市精神文明内核，深入人心，志愿服务成为新时代美好生活风尚，蔚然成风。

1. 注册志愿者人数不断增加、注册率持续上升，服务时数增加，服务次数也显著增多

在深圳志愿服务事业发展的前二十余年（1989～2010 年），深圳志愿者队伍随着深圳市常住人口增加、志愿服务文化培育而自然发展壮大，从 1990 年的 47 位志愿者起步，到 1994 年深圳注册志愿者已达 1.5 万人，服务时数超过 75 万小时，短短四年间已颇具规模。2002 年，志愿者数量是 1994 年的 3.5 倍，达到 5.3 万人，占常住人口的比例为 0.71%。2010 年，注册志愿者达到 25.7 万人，比 2002 年又翻了两番多。2013 年，深圳提出建设“志愿者之城”后，注册志愿者人数不断增加，2013 年累计注册 910947 人，到 2019 年底累计注册 1853902 人（见图 1），年平均增长率为 12.54%。深圳注册志愿者占常住人口的比例也由 2013 年的 8.57% 提高到 2019 年的 13.80%（见图 2）。截至 2019 年底，深圳拥有注册志愿者 186 万人，平均年龄为 31 岁，累计提供服务时数 6889 万小时，发布活动 97 万次，有 2321.7 万人次的志愿者报名参与服务。[①]

深圳注册志愿者的年服务次数和年服务时数整体保持上升趋势（见图 3）。截至 2019 年底，深圳注册志愿者累计服务次数为 1545.26 万次，累计服务时数为 7584.07 万小时，志愿者人均年服务次数由 2013 年的 0.99 次增加到 2019 年的 3.02 次。在本课题组问卷调研的志愿者中，有 50.83% 的志愿者明确表示每年至少参与 1 次志愿服务活动，其中每月至少参与 1 次志愿服务活动的骨干志愿者占 28.45%；每次参与志愿服务的时间以 2～4 小时的为最多（占 48.94%）；从志愿者参与志愿服务活动的途径来看，通过“志愿深圳”信息平台报名的人数最多（占 35.09%），其次是志愿服务组

① 数据由深圳市义工联提供。

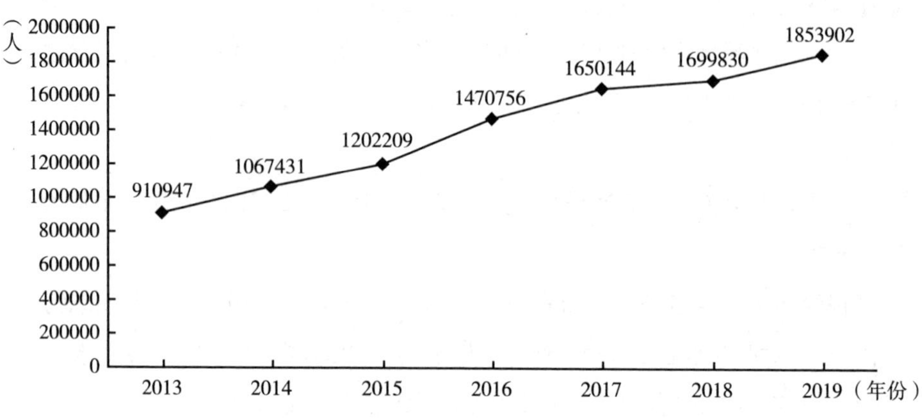

图1　2013～2019年深圳注册志愿者人数

资料来源："志愿深圳"信息平台。

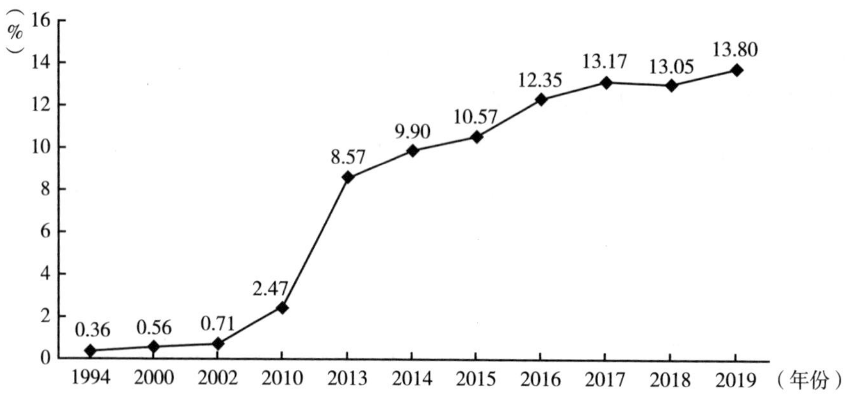

图2　1994～2019年深圳注册志愿者占常住人口比例

资料来源：注册志愿者数量由深圳市义工联和"志愿深圳"信息平台提供，深圳常住人口数量来源于《深圳统计年鉴（2018）》。

织（占31.89%），而通过所在单位或学校以及所在社区报名的，分别占16.35%和13.19%。

2. 非志愿者对志愿服务的了解程度和认同度较高、参与意愿强烈

非志愿者对志愿服务的了解程度和认同度较高（见图4）。受访非志愿者中，有77.0%的表示听说过深圳义工（志愿者），有66.7%的表示知道志

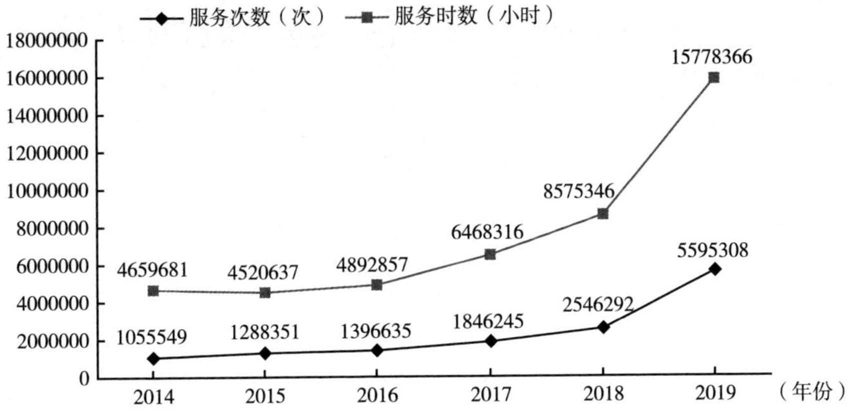

图3　2014～2019年深圳注册志愿者的年服务次数和年服务时数

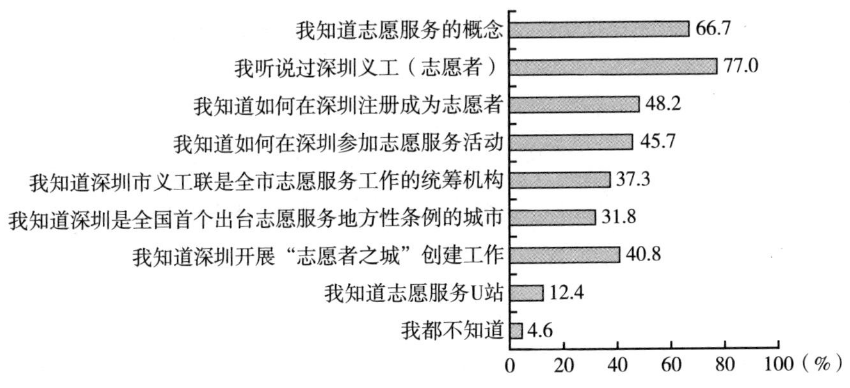

图4　深圳受访非志愿者对志愿服务的了解情况

愿服务的概念，有48.2%的表示知道如何在深圳注册成为志愿者，有45.7%的知道如何在深圳参加志愿服务活动，有40.8%的表示知道深圳开展“志愿者之城”创建工作。从受访非志愿者了解志愿服务的途径和渠道来看（见图5），他们主要通过“在公共场所遇到过志愿者开展志愿服务活动”（占58.3%）、“政府宣传海报或公益广告”（占52.2%）和“身边有亲友是义工（志愿者）”（占50.0%）三种形式接触、认识和了解志愿服务。而2010年非志愿者了解志愿服务还是以传统媒体为主（占48.4%），而通过“在公共场所遇到或接受过志愿服务”、“亲戚朋友和同事”和“政府宣

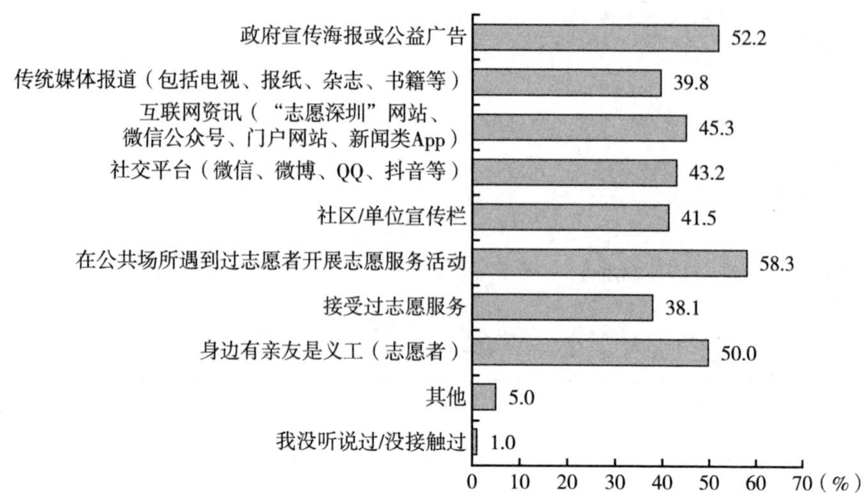

图5　深圳受访非志愿者了解志愿服务的途径和渠道

传海报及活动”了解志愿服务的比例分别为28.9%、18.0%和1.9%。[①] 这说明，近十年，不仅政府方面以出台政策、加大投入、加强宣传等多种举措促进了志愿服务精神的宣传与推广，而且深圳志愿者们也以广泛的无偿、利他志愿服务行动，身体力行地向市民朋友传递志愿服务精神、推广志愿服务理念。志愿者本就来自市民，当志愿服务已然融入城市精神文明内涵、日渐成为一种主流的生活方式时，志愿文化氛围也逐渐浓厚，市民了解和接触志愿服务的渠道也越来越广，其对志愿服务的了解程度和认同度也会显著提升。在问及是否愿意参加志愿服务活动时，有94.2%的受访者表示愿意参加。

从纵向发展来看，深圳非志愿者对志愿服务理念和精神的理解，在近十年来有较为明显的提升（见表1）。在五个关于志愿服务理念和精神的表述选项中，2020年，有96.4%的非志愿者同意“义工活动是促进社会进步的公益活动”。这表明志愿服务的公益性及其对社会进步的作用被非志

① 共青团深圳市委、南都传播研究院：《深圳义工服务事业发展研究（2010）》，内部课题报告。

愿者认可；有 92.7% 的非志愿者认同“做义工既是一种利他行为，也是个人自我价值的实现”，说明人们普遍意识到志愿服务也是一种互惠行为；有 93.8% 的非志愿者同意“做志愿者是弘扬雷锋精神”，认同这一观点的非志愿者比 2010 年增长了 25.6 个百分点，说明雷锋精神在新时代以新形式发扬光大；认为“做义工是一种生活方式”的非志愿者达到 89.8%，比 2010 年增加了 10.7 个百分点；同意“做义工是公民的义务和社会责任”的非志愿者则有 85.4%，充分体现了深圳市民的社会参与和责任意识。由此可见，当前深圳非志愿者对志愿服务的公益性、利他性、互惠性有充分的认识。

表 1　2010 年和 2020 年深圳市非志愿者对志愿服务观念比较

单位：%

志愿服务的观念	2010 年 表示同意的市民比例	2020 年 表示同意的市民比例
做义工是公民的义务和社会责任	85.8	85.4
做义工是一种生活方式	79.1	89.8
做志愿者是弘扬雷锋精神	68.2	93.8
做义工既是一种利他行为，也是个人自我价值的实现	88.5	92.7
义工活动是促进社会进步的公益活动	94.6	96.4

资料来源：2010 年数据来源于共青团深圳市委、南都传播研究院《深圳义工服务事业发展研究（2010）》（内部课题报告）；2020 年数据来源于本课题组调查问卷。

3. 志愿服务受益人群广，市民满意度高

深圳志愿服务覆盖人群广、受益市民多。深圳市义工联工作资料显示，深圳平均每天有近 562 个服务岗位提供常态化志愿服务，包括全市 34 个窗口行业、民生服务领域及 149 个志愿服务 U 站，其中，城市 U 站 62 个、特色 U 站 87 个。保持每天在线可供市民参与的志愿服务项目达 1200 项，每天有超过 7 万人次的市民点击报名参与志愿服务和了解志愿资讯，2019 年全年覆盖人群超过 960 万人次。

从非志愿者接受志愿服务的情况来看，有 91.1% 的非志愿者接受过志愿服务，只有 8.9% 的非志愿者没有接受过志愿服务（见图 6）。这说明深圳不仅志愿服务参与率①高，而且志愿服务覆盖率也很高。其中，非志愿者接受最多的五个志愿服务分别是交通治安（占 60.8%）、环境保护（占 48.6%）、志愿抗疫（占 44.8%）、大型活动（占 35.3%）、帮困助弱（占 29.8%）。

非志愿者对所接受的志愿服务满意度较高，表示很满意的非志愿者占 58.29%，表示比较满意的非志愿者占 35.13%，满意度平均分值为 4.51 分（满分为 5 分）。

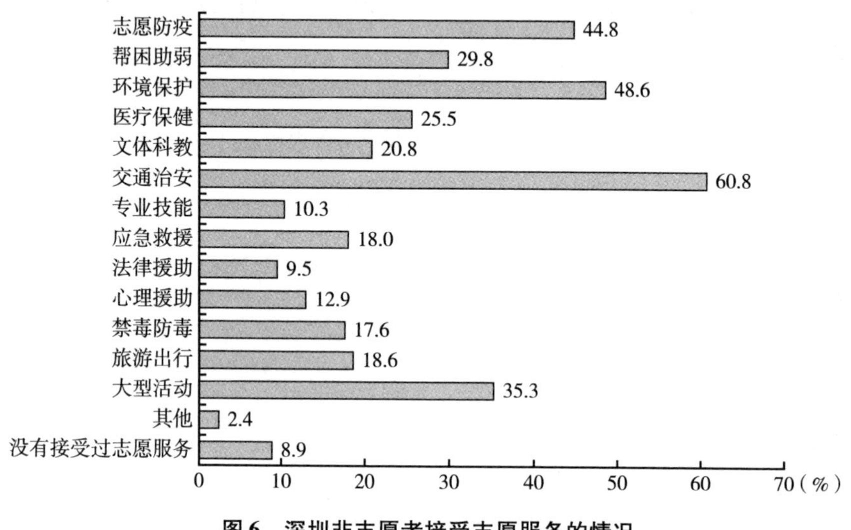

图 6　深圳非志愿者接受志愿服务的情况

（二）志愿服务组织蓬勃发展，多元化与规模化趋势并存

志愿服务组织是以开展志愿服务为宗旨的非营利性组织，是汇聚社会资源、传递社会关爱、弘扬社会正气的重要载体，是形成向上向善、诚信互助社会风尚的重要力量。② 与深圳志愿服务的成长发展同步，深圳志愿服务组

① 志愿服务参与率指注册志愿者人数占常住人口的比例。

② 《关于支持和发展志愿服务组织的意见》，中央政府门户网站，http://www.gov.cn/xinwen/2016-07/13/content_5090720.htm，最后访问日期：2020 年 9 月 8 日。

织不断涌现，在促进志愿服务活动广泛开展、推进城市精神文明建设、推动社会治理创新、维护社会和谐稳定等方面发挥了重要作用。

1. 深圳市义工联成为深圳志愿服务的枢纽

2005 年颁布的《深圳市义工服务条例》第六条规定，深圳市义工联负责组织、协调全市义工服务活动，各区义工联负责组织、协调本行政区域内的义工服务活动。深圳市义工联自成立以来，在深圳市委、市政府的高度重视，共青团深圳市委的指导和社会各界的大力支持下，秉承“服务社会，传播文明”的宗旨，倡导“参与、互助、奉献、进步”的服务精神，传播“助人自助”“送人玫瑰，手有余香”的互助理念，伴随深圳经济社会发展的腾飞，取得了长足的发展和令人瞩目的成绩，走出了一条具有深圳特色的志愿服务发展之路。

深圳市义工联是由共青团深圳市委发起、由自愿为青少年和社会提供志愿服务的社会各界人士（主要是青少年）组成的社会团体，起源于一根服务热线，[①] 1990 年 4 月注册成为我国内地第一个志愿服务法人社团，现已发展壮大为社会各阶层积极参与、拥有相当服务力量、服务社会各个领域的群众性社会团体。

深圳市义工联以社会团体方式运作，成员有直属志愿服务组和团体会员两种形式。除市级团体会员外，目前深圳市义工联下设 20 个直属服务组和 10 个区（新区）义工联。从以区（新区）义工联为主组织的志愿者数量上看，人数最多的是宝安区义工联（约 50 万人），其次是龙岗区义工联（约 40 万人），龙华区义工联则位列第三（约 28 万人）；从发布和组织项目数量上看，发布和组织项目最多的是宝安区义工联（约 55 万个），其次是罗湖区义工联（约 32 万个），再次是龙岗区义工联（约 23 万个）（见图 7）。

在团体会员方面，共有 1.4 万多个志愿服务队伍成为深圳市义工联的团体会员，其中深圳市义工联直属团体会员 3425 个，各区义工联团体会员合

① 深圳经济特区成立后，祖国各地的热血青年来深创业，远离家乡，遇到困难束手无策。面对这些问题，共青团深圳市委于 1989 年 9 月 20 日组织了 19 名热心人士组成义工队伍，开通“关心，从聆听开始”青少年服务热线电话，为遇到困难的来深创业者提供帮助。

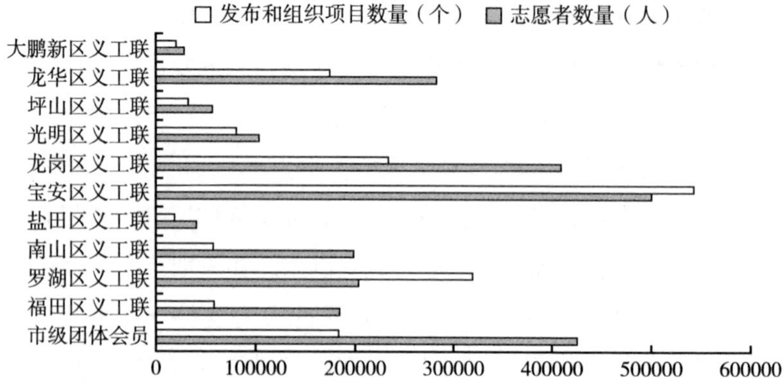

图 7　深圳市义工联团体会员及下属各区（新区）义工联的志愿者及项目情况

计 7718 个（见图 8）。另外，专项服务组下设志愿服务团体合计 3267 个。深圳市、区（新区）义工联广泛吸纳专业人才参与专业志愿服务，推动文化、助残、助老、人民调解等 19 个领域组建了 1022 支专业志愿服务队，为广大市民提供专业服务。

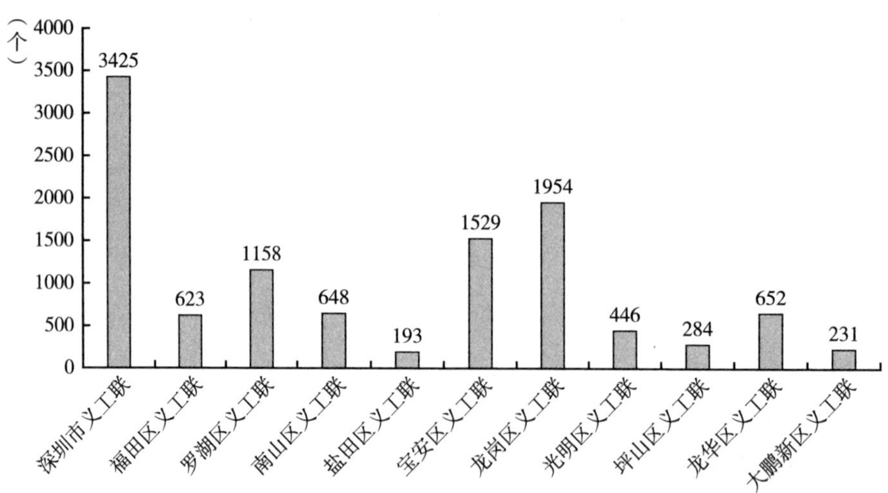

图 8　深圳市、区（新区）义工联团体会员数量

2. 深圳志愿服务组织类型多元，发展初具规模

截至 2020 年 6 月，深圳共有 213 家独立注册的志愿服务组织，这些独

立注册的志愿服务组织既包括市、区（新区）义工联等枢纽型组织，深圳市志基会等行业支持型组织，街道、社区一级的基层志愿服务组织，也包括由民间自发成立的草根组织，其中不乏专业化程度较高者。根据服务范围不同，志愿服务组织基本形成了一个市级、区级、街道、社区四级覆盖的网络，其中市级组织占 18.4%，其他三个层级的志愿服务组织均约占 27.0%。从服务内容来看，如果将那些利用专业技能在特定领域开展志愿服务的组织视为专业类志愿服务组织，那么这部分组织占 20.3%，其他综合类则占近 80.0%。从成立年限来看，有 52.6% 的志愿服务组织成立年限为5～10 年，有 40.9% 的志愿服务组织成立年限在 5 年以下，成立 10 年以上的志愿服务组织则占 6.6%。其中，1990 年成立的深圳市义工联合会是全国第一个独立注册的志愿服务法人团体，1994 年成立的深圳市罗湖区义工联合会和 1995 年成立的宝安区义工联合会也是深圳乃至全国较早成立的两个志愿服务组织。在组织资产方面，根据 2018 年深圳社会组织年报资料，提交了年报的 152 家志愿服务组织共吸纳 19643 个单位会员，动员 131 万名志愿者，总资产达到 5405.16 万元，其中社团类组织平均资产为 27.37 万元。[①]

具有独立法人资格的志愿服务组织中不乏优秀者。宝安区义工联经过 25 年的发展，从最初的 18 人发展到如今将近 56 万人，[②] 是目前深圳志愿者人数最多的区级志愿枢纽组织，其提供的志愿服务也从最初的以提供基础服务为主，发展到现在以服务基层治理、凝聚社会共识、引领文明风尚为目标，高标准、高质量服务群众、服务社会，在宝安区营造了全民了解志愿服务、全民参与志愿服务的良好氛围。2019 年 10 月，共青团中央将宝安区作为国家中长期青年发展规划试点县区。宝安区义工联在共青团深圳市宝安区委指导下，以试点为契机，推动实施“百万义工”计划，积极引导广大志愿者深入一线参与疫情防控、心理疏导、复工复产、帮困助弱等领域的志愿服务，不断健全评价体系和激励机制，并提出到 2025 年在全国率先实现区

① 深圳市社会组织管理局、深圳国际公益学院主编《深圳社会组织发展报告（2019）》，社会科学文献出版社，2020，第 127 页。

② 数据来源于宝安区义工联工作总结材料。

县一级注册志愿者超百万人的目标，被宝安区委、区政府纳入宝安区经济社会发展“十四五”规划征求意见稿。2020 年 9 月，宝安区义工联获得“广东省示范性志愿服务组织”荣誉称号。①

深圳市地铁义工联合会（以下简称深铁义工联）的前身是成立于 2009 年 6 月的深圳地铁义工队。在深圳市民政局、共青团深圳市委、深圳地铁集团、深圳市义工联的大力支持下，2012 年 10 月 29 日，深铁义工联正式成立，是中国首个交通行业志愿服务法人团体。深铁义工联倡导“参与、互助、奉献、进步”的志愿精神，以“地铁义工，爱心随行”为服务理念，以“服务地铁，温暖城市”为服务愿景。截至 2020 年 6 月，深铁义工联注册志愿者人数已达 24000 余人，每天组织安排 1100 人次服务于 118 个车站，参与服务人数合计约 120 余万人次，累计服务时间超 360 万小时，占广东省历年总志愿服务时数（2 亿小时）的 1.8%，成为深圳市最活跃的志愿服务组织之一，不断为城市添光彩，向全球传递“圳”能量。深铁义工联获得“广东省示范性志愿服务组织”“广东省新时代百强志愿服务组织”等省级荣誉 5 项，“中国第十二届志愿服务优秀项目奖”等国家级荣誉 5 项。

深圳市公益救援志愿者联合会（以下简称公益救援队）于 2013 年 12 月在深圳市民政局注册成立，其前身是 2008 年发起的深圳山地救援队，是一支自发组织、全部成员均为志愿者的民间专业救援队，其定位是政府救援系统的辅助、补充、后备力量，对队员实行准军事化管理，所有运作经费均为自筹，是首支通过国家社会应急力量能力分类分级测评的城市搜救二级测评队伍。现有行动队员 629 名，志愿者 1303 人。自建队以来，累计参与山野环境的救援行动和大型自然灾害救灾行动 180 余次，帮助和营救身处困境的群众千余人；参加了尼泊尔地震、伊朗地震、老挝溃坝、印度尼西亚苏拉威西地震等灾害的国际救援救助行动；累计开展减灾、救灾、防灾及急救知识宣导活动 645 场，受众超过 60 万人；为深圳、佛山、惠州、珠海等 157

① 《宝安区义工联获“广东省示范性志愿服务组织”称号》，http://wb.sznews.com/PC/content/202009/03/content_914124.html，最后访问日期：2020 年 9 月 3 日。

场大型赛事提供保障，服务人数超过120万人。公益救援队研发的山地救援课程经中国登山户外运动管理中心认证通过后，在全国30个城市推广使用。2017年，公益救援队又组织开发编写了“深圳市第一响应人”课程体系。这些课程能够帮助培养更多的专业救援人员，推动民间公益救援体系建设与发展。此外，公益救援队利用多年实践优势，向同行、向全国输出技术标准，2016年参与中国地震局委托的《中国民间社会力量救援队建设标准》起草工作，2019年参与国家部委组织的《社会应急力量测评标准》起草工作。

3. 深圳市志基会成为百万“红马甲”的坚强后盾

深圳市志愿服务基金会成立于2012年11月30日，是在深圳市民政局注册，由深圳市义工联发起、共青团深圳市委指导的地方性公募基金会，深圳市志基会的原始基金为1000万元。深圳市志基会以“做百万红马甲的坚强后盾”为使命，以“传播志愿服务理念，弘扬志愿服务精神，提高志愿服务水平，推动志愿者事业发展”为宗旨，致力于关爱志愿者，资助“扶贫济困、帮孤助残、支教助学、青少年援助、科技推广、医疗卫生、环境保护、社区建设、大型社会公益活动、应急救援”等志愿公益服务项目以及志愿者培训、志愿者权益保障等与志愿者事业发展有关的项目。面向社会募集资金累计超过6000万元，其中“助义护航”基金为480个志愿服务项目提供累计3483.58万元的资助，项目以深圳为中心，辐射西藏、新疆、广西、粤西北地区、贵州、青海等全国30余个省区市，资助领域涵盖扶贫济困、环境保护、特殊儿童关爱、城市公共安全建设等。深圳市志基会重视内部治理，在2015～2019年中基透明指数FTI评分中获得满分，连续五年成为全国最透明的基金会之一。

（三）志愿服务项目类型丰富，数量持续增长

在社会服务日趋专业化的背景下，志愿服务也开始了项目化管理，深圳志愿服务活动以项目形式开展的越来越多。从总体上看，截至2020年6月，“志愿深圳”信息平台上一共发布了118万多个志愿服务项目，其中交通治

安类项目173267个，防疫志愿服务项目71518个，环境保护类项目70353个，文体科教类项目64508个，专业技能（医疗、法律、心理、应急等）类项目59788个，帮困助弱类项目25018个，大型活动类项目23738个。

调查显示，志愿者主要参与的项目类别包括环境保护类（占42.23%）、交通治安类（占39.45%）、大型活动（占35.06%）。非志愿者接受最多的三个志愿服务类别是交通治安（占60.80%）、环境保护（占48.60%）、志愿抗疫（占44.80%），这几类志愿服务显示度较高，服务覆盖人群广，非志愿者容易接触到并留下印象。非志愿者希望参加的前三类志愿服务类别是环境保护（占50.85%）、帮困助弱（占34.39%）、志愿抗疫（占29.83%），深圳非志愿者充满责任感和使命感，希望在助力脱贫攻坚事业、做好疫情防控工作、保护生态环境等急迫的现实需求中贡献自己的力量（见表2）。

表2　志愿者和非志愿者参与志愿服务项目情况

单位：%

	志愿者主要参与的项目类别	非志愿者接受的志愿服务类别	非志愿者希望参加的志愿服务类别
志愿抗疫	22.83	44.80	29.83
帮困助弱	18.55	29.80	34.39
环境保护	42.23	48.60	50.85
医疗保健	11.22	25.50	14.54
文体科教	23.41	20.80	24.20
交通治安	39.45	60.80	24.42
专业技能	6.21	10.30	15.18
应急救援	6.94	18.00	9.87
法律援助	1.74	9.50	4.46
心理援助	2.82	12.90	11.15
禁毒防毒	7.98	17.60	4.99
旅游出行	6.63	18.60	16.14
大型活动	35.06	35.30	26.86
其他	5.78	2.40	—

在深圳提出建设“志愿者之城”后，志愿服务项目运作和管理更加规范，有些项目还因创新性、可复制性、社会影响力大等获得国家级、

省级荣誉。深圳市儿童医院的门急诊志愿服务项目就在2016年荣获“全国学雷锋志愿服务‘四个100’先进典型之最佳志愿服务项目”荣誉称号。2014年12月，深圳市儿童医院联合深圳市义工联、福田区义工联，在全市率先建立医院志愿者值守中心、志愿服务U站等便民服务点，常态化开展医院志愿服务，服务涵盖门急诊各领域，每年志愿服务时数约1万小时。在医院建立志愿服务U站、常态化开展志愿服务的经验也已通过深圳市卫健委推广至全市市属公立医院。“V care关爱空间”则建立“社工+企业志愿者+院外志愿团体”联动机制，整合了腾讯、中兴通讯、顺丰等11家爱心企业，和深圳大学、深职院等高校志愿者团体，以及20多家社会组织的志愿服务资源，由6000多名志愿者提供超过1.45万小时的志愿服务。2017年，“V care关爱空间”项目获中国公益慈善项目大赛铜奖。

深圳正在全面建设无障碍城市，为解决特殊群体的出行问题，深圳市地铁义工联合会建立“最后一公里，出行无障碍”公益平台，利用互联网共享创新预约服务功能，联合深圳市交通部门、深圳市残联、深圳市广电公益基金会、深圳机场、深圳北站、福田交通枢纽等，持续开展共建、共筹、共享的助残志愿服务，解决残障人士从地铁口到家门口最后一公里的难题。持有残疾证的市民若前往搭乘飞机、高铁、轮船等交通工具，只需提前一天通过该公益平台，或直接向值守的地铁义工提交求助信息表，便会有志愿者在24小时内联系本人明确需求，并安排专人踩点设计路线，为其在出行和返家时提供双人双岗的帮助。“最后一公里，出行无障碍”项目获国家级志愿服务大赛金奖、省级示范项目、市级“百佳市民满意项目”奖等。

（四）志愿服务激励和保障体系逐步完善，保障措施到位

志愿服务保障措施的实施目的在于规范志愿者的行为，提高志愿服务质量，并为志愿者积极参与公共服务提供保障。一般来说，志愿服务保障措施包括法律保护、技能培训、资金支持、健康与安全管理制度以及志愿者发展

支持机制。[①]《志愿服务条例》从政策法规层面明确了志愿服务保障应当包括的具体内容，如志愿服务组织安排志愿者参与的志愿服务活动需要专门知识、技能的，应当对志愿者开展相关培训；志愿服务组织安排志愿者参与可能发生人身危险的志愿服务活动前，应当为志愿者购买相应的人身意外伤害保险等。深圳志愿服务在过去三十多年发展过程中，不断完善志愿服务保障体系，加大保障资金投入，创新保障形式，使志愿者权益意识增强，志愿服务保障落实良好，志愿服务组织活动更趋规范。

从志愿者参与志愿服务组织开展的培训情况来看，有 88.31% 的志愿者曾经接受过志愿服务相关培训，说明志愿服务组织开展的相关培训覆盖范围广，绝大部分志愿者都至少接受过一次基础性培训。从具体培训内容来看，参加过“志愿服务理念、精神、文化培训”的比例为 72.58%，参加过“专项服务的知识和技能培训”的比例为 47.86%，参加过“志愿服务的过程和组织管理培训”的比例为 44.62%，参加过“应急技能和风险防范培训”和“志愿服务保障与支持培训”的分别占 33.32% 和 32.12%（见图 9）。志愿服务组织开展相关培训，既是志愿者应当享有的权益，也是志愿服务活动更趋规范的体现，它不仅能够切实地提高服务质量，而且通过培训能增强志愿者的认同感。

从志愿服务组织提供的保障措施来看，有 95.53% 的志愿者表示志愿服务组织方在活动过程中提供保障支持。其中，有 64.06% 的志愿者表示能够获得餐饮保障；有 61.32% 的志愿者接受过岗前培训；有 50.64% 的志愿者在志愿服务前被明确告知服务事项和服务过程中可能出现的风险；有 34.05% 的志愿者享受过服装保障；有 31.35% 的志愿者在服务期间接受过服务使用单位为其购买的人身意外保险。而交通保障、高温补贴或必要的消暑解暑用品和通信保障覆盖的志愿者人数较少，占比分别为 18.70%、12.07% 和 8.25%（见图 10）。

① 北京志愿服务发展研究会：《中国志愿服务大辞典》，中国大百科全书出版社，2014，第 105 页。

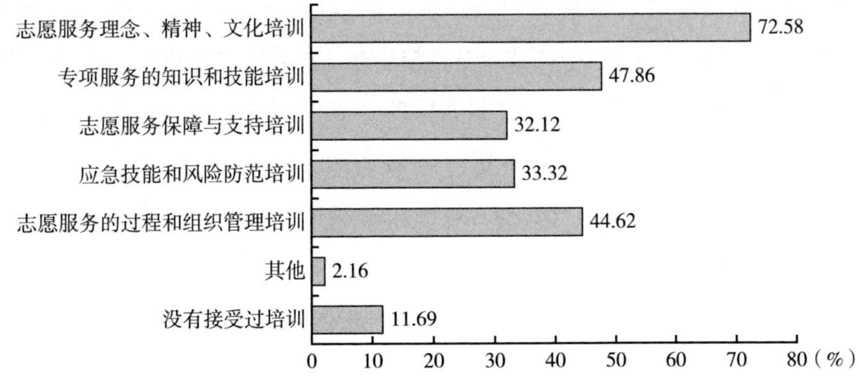

图 9　志愿者接受培训的情况

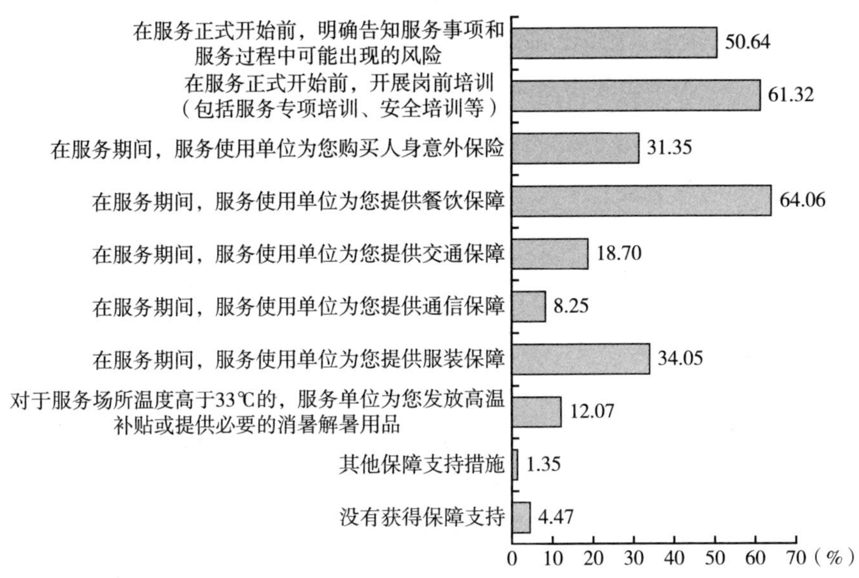

图 10　志愿者享受志愿服务保障情况

随着《志愿服务条例》《深圳市义工服务条例》等政策法规和《深圳市注册志愿者管理办法》《深圳志愿服务记录办法》等规范性文件的宣传推广和落实，志愿者权益意识普遍增强，志愿者对志愿服务过程规范性、志愿服务保障水平也有了更高要求。从志愿者对志愿服务权益的关注情况来看，志愿者最关注的前三项基本权益是："志愿服务组织安排志愿者参与志愿服务活动，应当与其年龄、知识、技能和身体状况相适应，并提供必要的保障条件”（占 58.77%），“需要专门知识、技能的，志愿服务使用单位应当开展相关培训”（占 43.89%），“志愿服务组织、志愿服务对象应当尊重志愿者人格尊严，未经志愿者本人同意，不得公开或泄露其有关信息”（占 43.5%）。可见，提供志愿服务必要保障、开展培训以及尊重人格、保护隐私是当前志愿者权益的三大诉求。

志愿服务激励机制是通过一定的方式激励志愿者的服务动机，持续调动志愿者服务积极性，进而实现志愿服务发展目标。志愿服务激励机制在志愿者管理与服务体系中非常重要。高效的、系统的志愿服务激励机制能够持续地满足不同动机志愿者的心理和行为需求，进而增强志愿者的身份认同及其与组织的黏性。

《深圳市义工服务条例》明确要求，义工服务组织应当建立义工考核和表彰制度；义工服务组织应当对符合表彰规定的义工颁发义工荣誉证书；鼓励有关单位在招工、招生时，在同等条件下优先录用、录取有义工服务经历者；新闻媒体应当无偿开展义工服务的公益性宣传。在前期实践中，深圳探索了包括“义工服务市长奖”、在高校开设志愿服务选修课程、将志愿服务与学生素质教育结合起来等多项激励举措。为稳步推进深圳“志愿者之城”3.0 建设，持续引导深圳广大志愿者保持热情与创造力，深圳市义工联在探索经验基础上，改革创新志愿者的嘉许制度，建立认同机制，不断完善志愿服务褒奖激励制度。深圳市义工联 2016 年修订的《深圳市志愿者（义工）表彰与激励办法》《深圳市百名优秀志愿者资质认证管理办法》《深圳市星级志愿者资质认证管理办法》等三个配套文件，是当前深圳志愿服务激励的主要文件依据。

截至 2020 年 6 月 30 日，由深圳市义工联认证的五星级义工（服务时数超过 1500 小时）有 6278 人，认证的“百名优秀志愿者”（服务时数超过 3000 小时）有 702 人。

问卷调查了受访者对于几种主要激励方式（物质激励、服务激励、信用激励、礼遇激励、道德激励、精神激励、发展激励）的态度。从受访者对激励措施的偏好来看，受访者认为是最有效的三种激励措施是礼遇激励、信用激励和精神激励。具体来说，“享受公共服务机构（博物馆、公园、图书馆等）对有良好志愿服务记录的志愿者给予的优待”（礼遇激励）、“将志愿服务实践计入社会信用体系”（信用激励）、“开展星级资质认证，及时宣传表彰志愿服务的优秀人物与事迹”（精神激励）。这些激励措施更能调动受访者参与的积极性（见图11）。

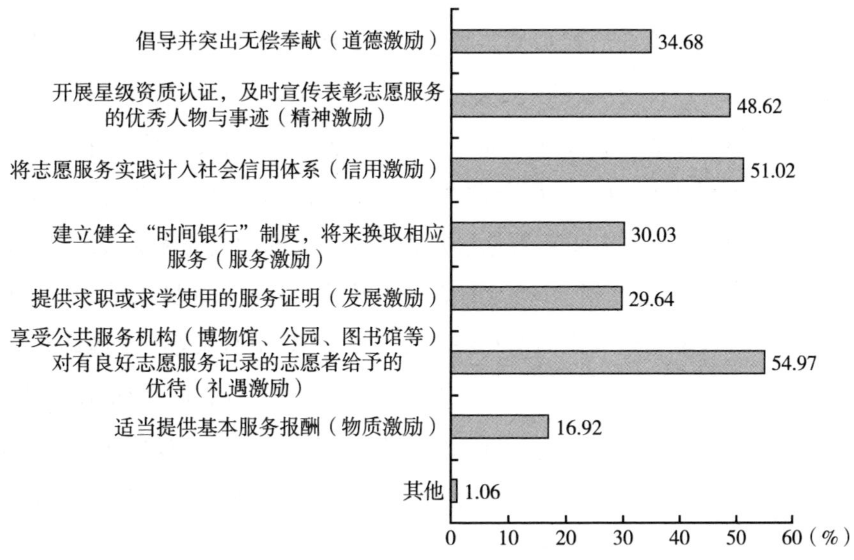

图11　受访者认为最有效的激励形式

（五）志愿服务先行先试示范效应明显，社会认可度高

深圳是我国最早开展志愿服务、最早成立志愿服务组织、最早提出建设“志愿者之城”的城市，其在志愿服务领域的开拓探索，是与其作为经济特区改革开放、敢闯敢试的精神一脉相承的。早在2001年12月“四海同心”国际志愿者年庆典晚会时，共青团中央就曾表示“深圳是全国志愿服务事业的发源地，其发展模式值得全国青年志愿者行动指导中心借鉴和学习，从某种意义上说，深圳义工事业是全国志愿者事业的标杆”。[①] 市民对深圳志愿服务

① 吴凡：《深圳义工事业成全国标杆》，《深圳特区报》2002年9月14日，第A08版。

发展成效颇为认可，问卷调查结果显示，有95.12%的受访者认为深圳志愿服务发展很好或较好，其中认为深圳志愿服务发展得很好、能够起到示范作用的占57.54%，认为发展得较好、在部分领域形成鲜明特色的占37.58%。受访者对志愿服务在不同领域作用大小的评价如表3所示。受访者高度认可志愿服务发展成效，也凸显了志愿服务在凝聚社会共识方面的作用，不仅增强了受访者对城市发展的自豪感和自信心，而且有助于形成更有凝聚力的社会共同体。

志愿服务作为社会治理和公共服务的重要补充力量，它的发展总是与城市经济发展水平、社会发展需求相结合的。在不同时期，志愿服务组织也配合着城市整体发展战略和发展目标，调整自身发展任务，进而发挥作用。比如，2010年受访者认为志愿服务最主要的五个作用是帮扶社会弱势群体、营造城市文明氛围、提升城市形象、加强人与人之间的关怀和交流及提高市民社会参与意识。[①] 这些作用较为集中地体现了志愿服务在城市精神文明建设、社会融入和融合这两方面的独特功能。到2020年本课题组开展调研时，受访者认为志愿服务在维持交通秩序和安全、城市环境治理、帮扶社会弱势群体、为城市大型活动提供服务和培养社会文明氛围五个方面作用较大。这种变化的原因是，一方面，近十年志愿服务内容更具体、服务形式更丰富，并日益与人民群众日常生活联系起来，转向日常化、生活化、社会化，市民对志愿服务的理解和认识也向务实转变；另一方面，志愿服务发展的重点也从精神文明建设层面向参与共建共治共享社会治理层面转变。

表3　受访者对不同年份志愿服务在不同领域作用大小的评价

单位：%

	2010年	2020年
城市环境治理	22.30	40.30
帮扶社会弱势群体	62.20	36.40
维持交通秩序和安全	15.10	50.07
促进社区建设	18.40	22.04
为城市大型活动提供服务	17.60	28.69

① 共青团深圳市委、南都传播研究院：《深圳义工服务事业发展研究（2010）》，内部课题报告。

续表

	2010 年	2020 年
抢险救灾	4. 80	3. 53
提供法律援助	2. 60	2. 67
培养社会文明氛围	49. 10	26. 69
补充和完善公共服务	—	13. 50
提升城市形象	37. 20	24. 55
加强人与人之间的关怀与交流	30. 90	18. 42
提高市民的社会参与意识	27. 40	20. 32
其他	0. 30	0. 36

（六）新时代人们对志愿服务发展有更高期待

1. 当前开展志愿服务面临的主要问题

就大环境而言，受访者认为当前开展志愿服务面临的主要问题，排在前三位的是“市民对志愿服务了解不够”（认识问题）、“志愿服务组织管理和活力缺乏影响力”（组织问题）和“志愿服务站点、阵地不足”（设施问题），分别占比 56. 69%、38. 52 和 31. 26%（见图 12）。可见，以宣传、服务、倡导等多种方式增进市民对志愿服务的认识和理解，培育扶持一批有活力、有影响力、有品牌辨识度的志愿服务组织，加强资源整合以拓展志愿服务活动阵地，有助于深化“志愿者之城”建设。

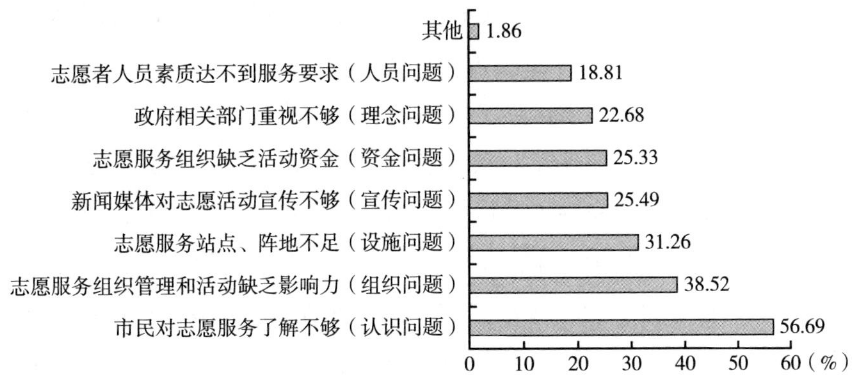

图 12　受访者认为目前开展志愿服务面临的主要问题

调查显示，在具体项目运作层面，志愿者认为开展志愿服务面临的主要困难是“缺乏有力的组织协调”（47.01%）、“缺乏专业技术人员”（36.91%）、“相关信息获取困难”（36.75%）和“评估奖励机制不完善”（35.75%）。

2. 时间因素、距离因素、信息因素是受访者参与志愿服务的主要障碍

尽管有94.2%的非志愿者表示未来愿意参与志愿服务、有91.59%的志愿者表示会保持或增加参与时间，但当前也有一些明显的障碍在影响着受访者进一步参与志愿服务。时间因素（“与个人生活或工作、学习时间冲突”）、距离因素（“服务地点太远，不方便，或就近社区志愿服务机会少”）、信息因素（“缺乏获取志愿服务相关信息渠道和参与途径”）是受访者参与志愿服务的主要障碍，志愿者选择的比例分别为84.61%、45.97%和20.86%，非志愿者选择的比例分别为76.10%、34.89%和50.00%。对非志愿者来说，因缺乏信息获取和参与渠道产生的信息障碍，比距离因素更影响他们参与志愿服务。排在第四位的障碍是经济因素，对于部分受访者来说，志愿服务带来的额外支出会在一定程度上降低他们参与的积极性。此外，组织因素对受访者来说也有一定的影响，倘若他们所在企事业单位、社区缺乏对志愿服务的支持和激励措施，志愿者对所在的志愿服务组织缺乏认同感，那么他们在志愿服务方面的投入也存在一定的阻力。

3. 加强志愿服务保障体系建设是受访者对未来一段时期发展的期待

从深圳志愿服务需加强的方面来看，受访志愿者最希望加强志愿服务培训（占64.33%）、志愿服务激励机制（50.75%）、志愿服务社会氛围营造（47.01%）这三方面的政策保障支持。非志愿者认为最需加强的是“健全志愿者、志愿服务对象的保障与支持体系”（占57.30%），其次是“加强志愿服务的政策保障，完善顶层设计”（占51.30%）、“加强志愿者培训，提高志愿服务专业化程度”（占48.00%）、“完善志愿服务激励机制，激励措施更加丰富多样”（47.60%）和“加快推进志愿服务信息化和基础设施建设，提高管理效率，让市民获取信息更容易”（占40.10%）（见图13）。总结来看，包含培训、激励机制和基础保障措施在内的志愿服务保

障体系建设，是受访者认为未来一段时期深圳发展志愿服务需要重点加强的部分。

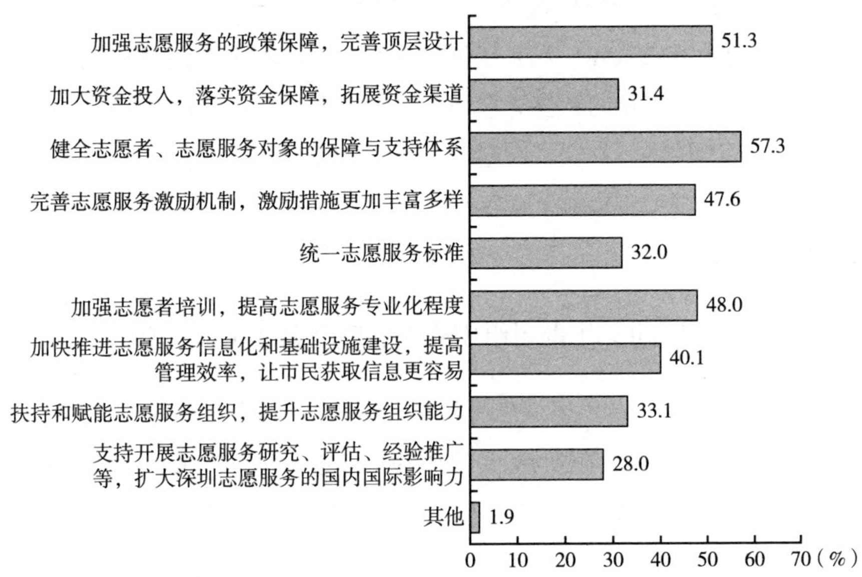

图 13　非志愿者对志愿服务需加强的方面的选择情况

四　深圳志愿服务发展的特色

深圳是全国志愿服务的发源地之一，是“志愿者之城”“慈善之城”。自 1989 年起步以来，深圳诞生了内地第一个法人志愿服务组织、第一批国际志愿者、第一个“义工服务市长奖”、第一本志愿服务青少年课程读本、第一张多功能的电子义工证等多个“全国第一”。2011 年，深圳以成功举办大运会为契机，在全国首次系统化地提出了建设“志愿者之城”的目标。有学者指出，深圳志愿服务率先推动“学雷锋，做好事”转型，率先引进国外及港澳义工发展模式，率先成立依法注册的志愿服务社团，率先倡导“助人自助”义工服务理念，率先建立五星级义工服务激励机制，率先构建城市社会志愿服务体系，为全国提供了参考和借鉴。[①] 多个“全国第一”和多个“率先”的背后，是深圳人敢于先行先试、勇于改革创新的精神，是改革开放、实事求是精神在社会领域的生动实践。

深圳志愿服务的兴起、发展与深圳的经济、社会和文化发展背景息息相关，回应了日趋多元化的社会需求和多样化的社会治理要求，成为特大城市管理体系的重要辅助。在这一过程中，深圳志愿服务发展亮点纷呈，走出了一条从先行先试到先行示范、从提供社会服务向参与社会治理、凝聚社会共识跨越的发展道路。

（一）部门联动：共青团组织牵头，联动各职能部门管理

作为我国内地最早探索发展志愿服务的城市，深圳虽然有着毗邻志愿服务文化氛围浓厚的香港这一地缘优势，但在 1989 年起步之时，如何实现志愿服务本土化却缺少参考和借鉴的样本。当时，伴随着百万民工下深圳的特殊移民潮而来的，是大批外来青年务工人员的社会融入和社会支持问题，查阅 1989 ~ 1995 年深圳市义工联的服务档案可以发现，外来青工服务就占 70% 以上。正是在这种社会背景和需求下，志愿服务在深圳萌芽，也使其从一开始就与青年工作、共青团组织紧密地结合在了一起。从管理最早提供热线电话服务的 19 人义工服务组，到指导深圳市义工联统筹协调全市志愿服务工作，再到承担深圳市“志愿者之城”建设领导小组办公室的协调职能，三十多年来，共青团深圳市委都以高度的责任感和使命感，指导和统筹志愿服务事业，推动深圳志愿服务本土化、制度化、专业化，也摸索出了一条由共青团组织牵头、多职能部门联动、在服务青年中发轫、在服务城市发展中壮大的城市志愿服务发展模式。

深圳志愿服务在工作协调机制上主要由团组织牵头，团组织负责志愿服务工作的统筹规划、协调指导、督促检查和经验推广，联动政府各职能部门开展志愿服务，并为志愿服务提供专业的支持，如制度设计、流程管理、服

① 谭建光：《中国改革开放进程的“深圳义工”》，载方琳主编《深圳义工改革发展实录》（第一辑），社会科学文献出版社，2020，第 11 ~ 27 页。

务标准化等。

区别于其他城市一般由文明办主导，深圳志愿服务的这一工作协调机制的形成具有独特的历史沿革。[①] 与此同时，作为一个群团组织，共青团能更广泛地与各类群体结合在一起。在20世纪80年代末就是一批富有青年工作经验的团干部组织志愿者开展“热线电话”服务以解决当时的社会问题，并率先申请注册了社会团体法人，即后来的深圳市义工联，在此之后逐渐形成了以团组织牵头统筹的管理机制。另外，志愿服务能广泛联系群众、发动群众力量、凝聚群众共识的特性与团组织的工作有内在的契合点。深圳共青团组织通过统筹规划志愿服务发展，从“志愿者之城”1.0建设到现在的“志愿者之城”3.0建设，充分发动群众，让志愿服务理念深入人心。“来了就是深圳人，来了就做志愿者”唱响大街小巷，形成了良好的社会氛围，让志愿服务成为深圳的靓丽名片，“参与、互助、奉献、进步”的志愿服务精神也成为深圳城市精神的重要组成部分。

志愿服务在基层治理方面能发挥重要作用，具有现实的社会需求。共青团组织扮演桥梁角色，充分发挥群团组织的作用，联动政府各职能部门和志愿服务组织，推动志愿服务的制度化和专业化。一方面，深圳共青团组织积极推广和输出志愿服务，支持志愿服务组织与不同部门进行深度合作，如支持志愿者河长联合会与水务局、生态环境局、城管局等合作，支持食药安全志愿者参与到食药监督的环节中，推动志愿服务与各职能部门的工作有机地结合起来，让志愿服务嵌入基层治理的各个领域。另一方面，深圳共青团组织为有开展志愿服务需要的职能部门提供志愿服务管理体系，如志愿服务手册、U站建立标准、日常管理制度等，通过规范化、制度化和标准化，不断提升深圳志愿服务的专业化。全国首个旅游志愿服务U站就是在深圳市文体旅游局与共青团深圳市委联合推动下成立的。

---

① 作为一个年轻的城市，深圳常住人口的平均年龄仅为32.5岁（胡琼兰：《深圳常住人口平均年龄32.5岁》，《深圳晚报》2017年5月22日，第A05版），而志愿者队伍中35岁以下者占47.3%。作为先进青年的组织，共青团在引领青少年服务方面具有独特的优势，如创新、有干劲、敢为人先。

（二）凝聚共识：上下凝聚共识，党员引领参与社会治理

深圳是一座典型的移民城市，大部分居民都是从全国各地迁移至此，至今深圳的常住居民中非户籍人口（849.10 万人）仍是户籍人口（494.78 万人）的 1.72 倍。[①] 移居到陌生社区的居民要通过志愿服务建立社会关系和增加社区信任，这也是移民社会的内生需求，在深圳有近八成的注册志愿者为非户籍人口。而城市移民的生活适应、文化差异和社会融入也衍生了许多社会问题，再加上经济社会转型所带来的各种社会矛盾，需要更多社会力量的介入，因此志愿服务在深圳有生根发芽的良好社会基础。深圳最早的志愿服务实践就是为外来建设者提供免费心理咨询热线。这种内驱动力也让乐于助人、甘于奉献的责任担当成为社会的共识。

从深圳的实践来看，深圳志愿服务的发展也更多体现为自下而上的发展模式。深圳志愿服务的萌芽就是自发性的社会服务和基层实践。作为一个新兴城市，深圳的市场化程度高，大型活动的志愿者召集难以依靠大规模的集中动员，这决定了深圳发展志愿服务更需要夯实群众基础，发动基层的力量。经过三十多年的发展，参与志愿服务已经逐渐成为市民的生活方式。2019 年，全市注册志愿者占常住人口的比例达 13.8%。课题组问卷调查结果显示，通过深圳志愿服务平台（“志愿深圳”信息平台）报名的人数最多，占 35.09%，而通过所在单位或学校以及所在社区报名的比例分别为 16.35% 和 13.19%。并且从对非志愿者的问卷来看，超过六成知道志愿服务的概念，超过七成听说过“深圳义工（志愿者）”。可见深圳的志愿服务有着非常好的群众基础。

良好的群众基础让深圳的志愿服务组织在提供社会服务、参与社会治理方面发挥着重要的作用。以公共安全为例，深圳市公共安全义工联合会是公共安全领域的专业化志愿服务法人社团，组织开展安全培训工作，普及公共

① 深圳市统计局、国家统计局深圳调查队：《深圳市 2019 年国民经济和社会发展统计公报》，http：//tjj.sz.gov.cn/zwgk/zfxxgkml/tjsj/tjgb/content/post_ 7294577.html，最后访问日期：2020 年 4 月 15 日。

安全知识；超过2.5万名的地铁志愿者服务在深圳130多个地铁站中，为市民的地铁出行保驾护航；此外，还有更多的志愿者活跃在社会治理的各个领域，如帮困助弱、环境保护、医疗保健、文体科教、应急救援和社区服务等。

与此同时，广大党员干部、共青团员积极争做志愿服务的先锋，把志愿服务作为践行“初心”的重要方式之一，带领普通志愿者一起服务群众、奉献社会，更加高效、深入地参与社会治理。就以抗击新冠肺炎疫情为例，各级党组织充分落实主体责任、广大党员志愿者积极发挥先锋模范带头作用，全面统筹安排、综合联防联控，对于抗疫志愿服务的指挥协调、志愿服务对象及服务内容确定、志愿者权益保障及激励支持具有重要的支持作用。一方面，组建援助工作组蹲点社区，重在协调指导。从市、区两级机关，国有企事业单位和街道抽调干部，参与社区联防联控、协调解决实际困难、充分发挥党组织作用。另一方面，选派企事业单位干部参与防控，重在补充支援。深圳市委组织部开发党员“战疫先锋”小程序，组织开展“战疫先锋志愿服务”行动，各级党组织和党员就近就便参与疫情防控和服务群众工作。截至2020年3月5日，在“战疫先锋”上共发起了2.3万个志愿服务活动，共召集党员和群众志愿者近13万人，平均每天有7600名志愿者活跃在疫情阻击战的前线；[①] 截至10月底，战疫先锋上的任务数为258328个，报名人数为1415017人，签到人数为786100人。[②]

（三）精神激励：形成了关爱志愿者的社会风气并建立精神激励长效机制

呵护志愿服务，健全志愿者关爱与合理激励机制，探索建立志愿者长效激励体系的实践贯穿在深圳的志愿服务管理中。提倡精神激励、维护志愿服务无偿奉献的本质逐渐成为这个城市志愿服务的管理方向。志愿者参

① 《深圳联合腾讯公司推出“战疫利器”，坚决打好疫情防控阻击战》，www.cecc.org.cn/news/202003/546278.html，最后访问日期：2020年10月26日。

② 数据从“战疫先锋”小程序首页获取。

与志愿服务的出发点可能是多种多样的，靠增加更多志愿者物质激励来吸引和稳定志愿者队伍显然背离了志愿服务的初衷。只有保证志愿服务的无偿性、公益性，才能让志愿服务获得更扎实的群众基础，得到可持续发展。深圳率先探索志愿服务积分入户政策，在全国首次推出“义工服务市长奖”，并逐步弱化物质福利方面的激励，转向精神激励和荣誉认证。深圳建立起了多层次、广覆盖的志愿者荣誉认证体系，包括志愿者“一星级到四星级”的成长体系、“五星级志愿者”和“百名优秀志愿者”的认证体系等，逐渐形成了长效的激励机制。

志愿者无私奉献、服务社会、建设城市，关爱志愿者也逐渐成为这个城市的共识。首先，从源头上保护志愿者，厘清志愿服务的职责范围。志愿者有时需要参与到一线社会服务和一些突发应急事件中。深圳向来注重志愿服务过程的风险管理与安全保障，结合志愿服务的性质、志愿服务具体内容及志愿者的实际能力，在服务过程中充分保障志愿者权利。在抗击新冠肺炎疫情过程中，深圳志愿者深入一线，遍布深圳各个有需要的地方，但从保护志愿者的角度出发，深圳界定了防疫志愿者在社区参与设卡测温、社区宣传、隔离关怀、家户排查、物品转运和心理疏解六个领域的工作，避免志愿者过多地暴露在危险中。同时，专门协调了针对防疫志愿者的健康保险。其次，关爱志愿者还体现为制度化和常规化的志愿者保障工作。2005 年，深圳率先出台的《深圳市义工服务条例》明确要求市、区（新区）政府应为义工服务提供必要的资助和支持，同时有关职能部门应对义工服务工作给予支持，在制度层面保障志愿者权益。2013 年，深圳推出电子义工证，持证志愿者在市内参加服务期间都能免费获得保额为 10 万元的意外伤害保险。同时，深圳市义工联也要求使用志愿服务工作的合作单位在有条件的情况下为志愿者提供基本的服务保障，如服务保险和餐补等。最后，通过专业组织和品牌项目做好关爱志愿者的工作。深圳市志基会以“做百万红马甲坚强后盾”为使命，致力于关爱志愿者，推动深圳志愿服务事业的发展。深圳市志基会将每年三月的第三个星期六定为“关爱义工日”。首个“关爱义工日”，深圳市志基会就慰问了 50 名困难志愿者，承诺资助 19 名困难志愿者的子女直至其高中毕业。设立专项基金和保险，加大对志愿者的保障力度。截至 2019 年底，深圳市志基会共拨付关爱金 619.67 万元，累计关爱困难志愿者 225 人次，为超过 2500 名志愿者免费提供意外身故和伤残险，总保额价值达 25 亿元。[①] 此外，深圳市志基会还开展关注志愿者健康、开展免费眼科手术、健康问题筛查和女性健康讲座等活动。

（四）服务常态化：岗位与项目并存，志愿服务常态化与品牌化发展

深圳志愿服务的管理特色还体现为常态化的岗位服务和品牌化的项目服务共同发展。志愿服务回应社会需要，解决社会问题，大大补充了深圳公共服务力量的不足，尤其是常态化运作的岗位志愿服务已经成为公共服务不可或缺的一部分。志愿服务自愿利他、随时随地、力所能及的特点让志愿服务容易陷入管理松散、缺乏约束力的状态。深圳把一部分的志愿服务通过岗位确立和规范化设计，转为常态化的服务，志愿服务 U 站变成市民自愿互助的重要窗口。志愿服务 U 站正是岗位志愿者提供常态化服务的重要载体。深圳有 149 个志愿服务 U 站，覆盖 34 个窗口行业、民生服务领域，平均每天提供 562 个服务岗位，服务内容包括提供志愿活动信息、志愿文化宣传、志愿服务体验、社区志愿服务、文明服务、主题服务、应急服务、其他特色服务等八大项服务。在交通出行、公共安全、卫生健康等公共服务领域也实现了常态化的岗位服务。

在特色领域深圳以项目化的形式开展志愿服务，并推动优势项目逐渐往品牌化方向发展。深圳借助科技的力量，打造“智慧型”志愿服务信息平台，如“志愿深圳”微信公众号等，实现了志愿服务项目发布、推介、报名、签到、考勤的“无线”管理，志愿服务项目累计达到 118 万个，覆盖环境保护、扶贫济困、大型社会公益活动等。部分优势项目通过不断地优化项目设计和服务，形成了可持续、有影响力的品牌项目。2006 年，深圳发

① 资料由深圳市志基会提供。

起了“募师支教”项目，首创以民间出资招募教师赴山区扶贫支教的方式，以志愿服务创新教育扶贫。此项目已开展十余年，连续招募了24批共1300多名支教志愿者，足迹遍及全国18个省区市的500多所山区学校，惠及山区学生20多万人。[①] 2016年，在市义工联推动下，深圳市儿童医院与深圳少年儿童图书馆、南方都市报合作开展“阳光陪伴——重症儿童陪伴阅读计划”，由专业的阅读推广人作为“阳光义工”为深圳市儿童医院血液肿瘤科病童提供持续的床前“一对一”陪伴阅读服务，以阅读的名义陪伴孩子们的康复和成长。仅2019年，深圳市儿童医院血液肿瘤科就有约70人次的病童享受了“阳光伴读”服务，他们在“阳光义工”的陪伴下度过一段又一段“奇妙的旅程”。

（五）服务专业化：深圳志愿服务朝向专业化的路径探索

志愿服务的专业化建设是深圳志愿服务发展到一定阶段的必然选择，也是志愿服务参与社会治理的必然要求。深圳在志愿服务专业化的探索中逐渐形成了专业机构、专业队伍和专业服务的“三专联动”模式。首先，支持和推动成熟的志愿服务队伍成立法人机构。深圳跟义工、志愿服务相关的法人机构有1500家左右，以“志愿”“义工”等词命名的社会组织也有约210家。这些志愿服务机构和社会组织成为志愿服务专业化的重要支撑力量，组织策划志愿服务，提升志愿服务影响力。其次，鼓励专业人士作为志愿者，提供具有职业或行业标准以及相应规范的专业服务。2006年，春风心理援助公益团队创建了春风网，招募来自全国各地的志愿者，包括数十名博士、硕士及数百名专业爱心人士，专业从事心理创伤的干预、预防，为3000多人次提供了直接的心理等援助服务，培训的人员达万人次。一些律师、科技工作者也成为活跃的深圳志愿者，为有需要的人士提供专业的志愿服务。再次，一些常规志愿服务通过标准化、规范化的服务，也逐渐走向了专业化道

① 《募师支教项目简介》，http://szmszj.cn/default.aspx?pageid=40，最后访问日期：2020年10月15日。

路。培训是走上专业化的重要途径。深圳向来重视志愿者的培训，赋能志愿者更好地参与志愿服务。截至2020年6月，深圳累计提供志愿者培训42246次，培训时数达到了213.75万小时，培训覆盖了74.02万人次。深圳的一些特色U站，如医院U站、法院U站、信访U站等与专业部门合作，提供了具有专业色彩的岗位服务，在这些岗位上的志愿者经过标准化和规范化的培训、学习，以及持续的实践，也迈向了专业化服务的道路。

以水污染防治这一细分领域为例，深圳探索了“地方政府+专家学者+社会组织”的专业化志愿服务参与水污染防治的模式。深圳在全国率先成立了首个专业机构——中国志愿者河长学院（深圳），集聚中国水利水电科学研究院、中国环境科学研究院等权威机构的专业力量，以及全国各高校、中国河长智库研究院、全球水伙伴等研究机构的专家力量，为志愿者参与水污染治理提供智力支持。同时，深圳在全国率先成立地方性法人志愿者河长组织——深圳市志愿者河长联合会，通过组建专家委员会、建立培训课程体系、实施专业培训、开展课题研究等，将一支普通的社会力量打造成为一群专业的志愿者队伍。志愿服务专业化的探索也逐步深入食品药品安全、城市安全生产、应急救援等领域。

五　深圳志愿服务发展和管理的挑战

党的十八大以来，习近平总书记对弘扬雷锋精神、发展志愿服务事业做出了一系列重要指示，① 同时，一批影响深远的志愿服务政策法规相继出台，制度化、标准化建设快速推进，志愿者人数、服务时数达到新高度，服务领域更加广泛，我国志愿服务进入了一个新的发展阶段。2019年，深圳人均地区生产总值近3万美元，接近发达地区水平。与此同时，2019年，《粤港澳大湾区发展规划纲要》和《中共中央　国务院关于支持深圳建设中

① 《民政部关于学习宣传贯彻习近平总书记志愿服务重要指示精神的通知》，民政部官网，http：//www.gov.cn/xinwen/2019－08/02/content_5418265.htm，最后访问日期：2020年11月20日。

国特色社会主义先行示范区的意见》两份纲领性文件的发布为深圳的未来绘制了更宏伟的蓝图，深圳志愿服务事业再次迎来了服务城市发展战略的重大的、全新的历史机遇。经济的高速发展为社会事业发展奠定了良好的基础，经济领域的改革开放经验也为社会领域的改革创新提供了有价值的参考。可以预判，未来一段时期，深圳志愿服务事业的重点发展任务，必然是结合粤港澳大湾区和中国特色社会主义先行示范区建设的要求，建立一个与高度发达的市场经济、现代化的社会治理体系、国际化创新型城市相适应的志愿服务体系。而当前深圳志愿服务的发展水平与这一发展目标还有一定的差距，宏观、中观、微观三个层面都面临一些挑战。

（一）宏观层面：发展速度有待加快，制度设计有待加强

宏观方面，深圳志愿服务发展起步早、发展快，先发优势明显。同时，一些指标和数据也在提示深圳志愿服务发展速度有待加快。深圳志愿服务参与率虽然高于全国平均水平，但与北京、上海、广州等城市和英国、美国等国家的一流城市相比，还有一定差距。根据相关报道及公开数据整理，北京志愿服务参与率为20.36%，上海为17.91%，广州为19.01%，[①] 而发达国家一流城市的志愿服务参与率则在30%以上。就自身发展来看，随着“志愿者之城”建设迈向3.0阶段，深圳志愿服务参与率稳步提升，然而在总量高位基础上持续开发志愿服务资源的难度增大，注册志愿者数量的年均增长速度较前一阶段相比有所放慢。

中国特色的志愿服务事业向来是与中国特色社会主义建设紧密结合的，深圳的志愿服务发展也需要及时呼应经济特区发展战略蓝图。从顶层设计的

① 志愿服务参与率=注册志愿者人数/常住人口数量。北京市统计局和志愿服务联合会提供的数据显示，截至2019年底，北京市常住人口总数为2153.6万人，注册志愿者人数为438万人，据此计算，北京市志愿服务参与率为20.34%。上海市统计局和上海志愿者网数据显示，截至2019年底，上海市常住人口总数为2428.14万人，注册志愿者人数为435万人，据此计算，上海市志愿服务参与率为17.91%。广州市统计局和广州市志愿者行动指导中心“志愿时”平台数据显示，截至2019年底，广州市常住人口总数为1530.59万人，注册志愿者人数为291万人，据此计算，广州市志愿服务参与率为19.01%。

角度来看，当前深圳志愿服务的法治化和制度化建设还亟待根据新的发展定位、形势和要求而健全完善。作为全国最早的地方性志愿服务法规，2005年颁布的《深圳市义工服务条例》已经指导深圳志愿服务历经了规范化、专业化、跨越式发展阶段，深圳市义工联也以此为依据陆续制定出台和修订了包括注册志愿者管理、团体会员组织管理、志愿服务记录、志愿者培训管理、信息安全管理、表彰与激励在内的12项配套制度。2015年，深圳市“志愿者之城”建设阶段性目标完成，深圳市委、市政府召开“志愿者之城”建设工作总结大会，并出台了《关于进一步加强“志愿者之城”建设的意见》，为下一阶段志愿服务工作提供了指导。2017年，《志愿服务条例》开始施行，《志愿服务条例》在适用范围、志愿服务基本原则和管理体制、志愿服务主体和活动、志愿服务促进措施以及相关法律责任等方面做了相关规定。为贯彻《志愿服务条例》，全国多个省区市陆续开展了地方性政策法规的修订工作，如完成修订的《上海市志愿服务条例》已于2020年1月1日起正式实施，《北京市志愿服务促进条例》（修订草案）也在2020年7月向公众征求意见。为推动深圳市志愿服务事业迈上新的发展台阶，贯彻十九届四中全会社会主义核心价值观引领文化建设的精神和《志愿服务条例》要求，深圳亟待开展地方性志愿服务法规政策的修订与完善工作，以因应新时代志愿服务发展新要求、社会治理新趋势和网络管理新技术，助力深圳中国特色社会主义先行示范区建设。

（二）中观层面：区域发展不均衡、行业发展不充分

深圳志愿服务在整体上也面临区域发展不均衡、行业发展不充分的问题。在区级层面，因各区志愿服务的起步时间不同、保障投入力度不同以及各区在志愿服务文化及氛围上的差异，部分区域志愿服务蓬勃发展，部分区域志愿服务则发展相对较慢。如果以主组织的志愿者人数来统计，则以宝安区义工联、龙岗区义工联、龙华区义工联为主组织的志愿者就已经占了全市志愿者总数的四成左右。如果以发布的志愿服务项目来统计，则宝安区义工联、罗湖区义工联、龙岗区义工联及其下属团体会员发布的项目数量占了

全市发布的志愿服务项目的57.95%。后发区域志愿服务事业更需要在新形势下与慈善事业、社会组织、青年发展型城市建设等工作统筹结合起来，先发区域的经验输出也是必要的。

在行业发展方面，如何使志愿服务组织的服务能力跟上城市发展战略的步伐，也是不容忽视的、迫切需要迎接的挑战之一。问卷调查中，受访者认为“志愿服务组织管理和活动缺乏影响力”是当前志愿服务面临的主要问题之一，而志愿服务项目则“缺乏有力的组织协调”和“缺乏专业人才”。可见，受访者对志愿服务组织的能力有更高的要求和期待，只有加强组织能力建设和人才队伍建设才能应对未来挑战。从志愿服务组织的年报数据来看，大部分的志愿服务组织相对于其他社会组织而言资产较少，现金流财务状况不理想，尤其是街道、社区层面的志愿服务组织以及缺乏行政资源的草根志愿服务组织，有不少还挣扎在生存线边缘。在调研座谈时，有志愿服务组织表示志愿者“服务无偿、成本有偿”的理念还没获得出资方、服务购买方的普遍认同，不少志愿服务组织在承接政府购买服务以及向社会、企业等其他市场主体提供服务时，面临管理费用难以合理收取而导致机构难以可持续运营的问题。

志愿服务专业化发展程度有待提高，也是行业发展不充分的体现之一。从全市来看，直接开展志愿服务的组织很多，而为志愿服务组织、志愿者队伍提供能力支持、资金支持、平台建设、政策倡导的组织却很少，且这些组织的能力建设与行业、社会影响力也有待进一步提高。行业枢纽型、支持型组织的作用也尚未充分发挥，志愿服务组织的行业生态支持体系尚不健全，加上高校和社会智库相对较少，用于行业基础性、支持型项目（如研究、人才培养、对外合作与交流）等的投入也较少，深圳志愿服务一直走的是行动导向、实务反哺理论研究的路子，长期以来导致深圳志愿服务在理论研究、政策研究、行业标准研究、服务专业化建设与推广、志愿服务组织研究、志愿服务经验成果总结与推广等方面较为薄弱，进而制约了志愿服务专业化水平的提升。

（三）微观方面：志愿服务规模化与精细化对管理能力提出更高要求

志愿服务是社会文明进步的重要标志，而新时代志愿服务事业的历史使命是要与“两个一百年”奋斗目标和建设社会主义现代化国家同行。随着城市经济发展和文明水平提升，志愿服务的规模也必然会不断扩大，发达国家和地区的志愿服务发展也经历过这一过程。一方面是志愿服务在更高量级基础上的规模化，另一方面是深度参与社会治理应该实现的服务专业化和管理精细化，这两方面都对志愿服务事业的管理机制和管理能力提出了更高要求。目前来看，与庞大的城市志愿服务系统不匹配的是志愿服务管理人员、工作人员力量不足，是信息化水平与精细化管理结合不够。

在管理力量方面，作为全市或相应行政区域负责组织、协调全市义工服务活动的机构，深圳市义工联和各区（新区）义工联的专职人员不足，其中不少依赖于业务指导单位的人力和行政支持。在管理内容方面，长期以来，纳入政府有关部门管理的都是正式的志愿服务①，这种正式的志愿服务是有组织性的，往往也实施注册制。问卷调查显示，有 41.18% 的非志愿者表示，志愿服务活动没有限定需要注册志愿者才能参与，这说明在许多地方，有些人尽管是非注册志愿者，也在力所能及地为实现公共利益提供免费的劳动或服务。在城市精神文明建设这一更高层面上，人们在其他组织、社区、私营部门等地方进行的非正式志愿服务应该被重视、被认可并逐步纳入观察和管理的视角。在管理水平方面，管理精细化必然需要借助信息化的力量来实现，而目前这两者的衔接与结合还不够。比如，对于活跃的志愿者，如何在信息系统中识别每一个人的专长、兴趣和能力情况，进而与服务需求精准匹配；对于不活跃的志愿者，如何及时地识别其行为状态，适时、适当地调动其服务动机，根据不同情况分类甄别，都对“唤醒”志愿者账户、

① 正式的志愿服务是通过正式机构组织的，通常需要志愿者按照机构议程工作，志愿服务的条款在志愿服务政策中列出，机构使用组织指标来衡量他们的工作和贡献。

冻结或启动退出机制具有重要的意义。这意味着，志愿者管理不再仅仅将志愿者们视为改善服务、填补需求和完成任务的“工具”，而是尊重其为拥有自身需求、享受权利、具有自己视角和自主权的个人，模糊的群像能够借助信息化变成有温度的个人。信息化将有助于这一视角的转变，并带来管理理念的革新。

六　深圳志愿服务发展的趋势研判与建议

深圳志愿服务萌芽于对社会服务需求的发现和回应，这个城市在年轻、创新的特质驱动下，率先开展了许多探索性的工作，呈现了多个发展特点，未来深圳志愿服务仍将朝管理信息化与精细化、服务常态化与专业化、服务机制长效化与合作发展国际化的方向发展。

（一）深圳志愿服务发展趋势

1. 管理的信息化与精细化

在过去的六年间，深圳志愿者数量以年平均 12.74% 的速度在增长，志愿服务逐渐成为深圳市民的生活方式，志愿服务项目数量也与日俱增，截至 2020 年 6 月，仅在“志愿深圳”信息平台上就发布了 118 万多个志愿服务项目。运用信息管理工具使志愿服务提质增效成为深圳志愿服务发展的必由之路。作为一个科技立市的城市，深圳在信息化管理方面有着先天的优势。深圳志愿服务的信息化探索也起步较早，在 2013 年深圳就上线了“志愿深圳”微信公众号服务平台，形成“志愿深圳”手机应用、志愿服务 PC 端信息化平台等多终端的智慧型“志愿者之城”信息化体系。并且许多有条件的志愿服务队伍也开始了管理信息化和精细化的探索，如新成立的深圳市垃圾分类服务总队开发了“深分类”微信小程序，实现了志愿者注册、巡查监管、环保银行、环保打卡等功能，实现了志愿者与服务需求的对接，大大提升了志愿服务的管理效率，同时，还把入户宣传、分类查询、微课堂等垃圾分类科普知识也嵌入其中，以满足志愿者碎片化学习需要，从而提升其对服务项目的认同感。

可以预见，随着人工智能和区块链等新技术的发展，深圳志愿服务管理信息化和精细化的趋势将进一步增强。首先，管理的信息化和精细化将体现在汇总和管理志愿者和志愿服务项目上，通过信息管理系统提高对志愿者及志愿服务项目的管理效率，同时，借助人工智能等技术更好地结合志愿者的能力、时间与兴趣，为之匹配相应的志愿服务项目。其次，管理的信息化和精细化还将表现在更好地对接志愿服务项目与服务需求、促进志愿服务更精准地回应社会需要上。通过发现、审核和发布就近的服务需求，形成服务项目，招募志愿者，发挥志愿服务“随时随地，力所能及”的服务优势。最后，探索“时间银行”，促进志愿服务的双向流通，以管理的信息化和精细化激励志愿者，提升志愿服务的活跃度。

2. 服务更加常态化与专业化

深圳的志愿文化氛围浓厚，志愿精神与深圳的城市文明紧密相连，志愿服务日渐成了人们的一种生活方式，有着广泛的群众基础。深圳已经实现了志愿服务的常态化，并进行了志愿服务专业化的探索，未来深圳志愿服务常态化和专业化的趋势将进一步强化。

全市的志愿服务 U 站已经实现了志愿服务的常态化运作，定岗排班，在重要的公共服务领域，如交通出行、公共安全、环境保护等，也实现了常态化、规律性的服务。

随着人们经济水平和生活质量的提高，人们对于社会服务的需求也进一步提升，对于社会服务的质量和专业化程度有了更高的期待，因此，志愿服务也必然要同步提升。深圳率先在水污染治理的这一细分领域开展了志愿服务专业化的探索，形成了“地方政府 + 专家学者 + 社会组织”的专业化志愿服务参与水污染防治的模式，取得了明显的成效。总的来看，深圳志愿服务的专业化可以总结为成立专门的法人机构管理和提供志愿服务、引入更多的专业人士提供志愿服务和推动专项志愿服务专业化发展等，逐步实现了机构、人员和服务的“三专联动”，这一模式也将扩展到更多领域的服务探索中，不断提升深圳志愿服务的专业化程度。

3. 服务机制的长效化

加强制度建设，促进志愿服务机制的长效化也将是深圳志愿服务未来发展的重点。深圳的志愿服务先行先试，有多项首创，然而志愿服务需要根据发展的需要不断完善相关的政策、建立长效机制以支持深圳志愿服务的不断发展。

有别于其他城市的工作机制，深圳志愿服务在工作协调机制上主要由团组织牵头，联动政府各职能部门开展志愿服务。鉴于志愿服务在社会治理中的作用日渐突出，志愿服务嵌入各个部门工作，因此，亟须加强统筹，理顺和完善志愿服务工作的体制机制，以促进各个部门的协作配合，形成工作合力。

推动志愿服务的制度建设将是落实志愿服务发展长效化的重要支撑。在贯彻落实好《中华人民共和国慈善法》和《志愿服务条例》的前提下，应与时俱进地推动现有《深圳市义工服务条例》的完善，加强志愿服务标准化建设，完善志愿服务激励表彰和保障制度，引导志愿者、志愿服务组织、志愿服务工作者按照志愿服务的原则、程序和标准，规范有序开展志愿服务。同时，出台相应的政策，为开展志愿服务的资金保障提供政策依据。这也是深圳志愿服务机制长效化发展的方向。

4. 志愿服务的国际化

志愿服务不分国界、不论地域，志愿服务的国际化是志愿服务发展的必然趋势，也是深圳探索“志愿者之城”新内涵和新思路的必然要求。深圳水陆空铁口岸俱全，是国内拥有口岸数量最多、出入境人员最多的口岸城市，国际合作交流频繁。深圳也在志愿服务国际合作交流上进行了积极的探索，从参与国际志愿服务的项目来看，大致可以分为外籍人士融入、便民咨询、外语教学、文化传播、国际赛会展会、“走出去”等六类志愿服务。

越来越多的外籍人士在深圳工作和生活，他们的服务需求成为深圳国际志愿服务发展的内驱力。深圳志愿者和志愿服务组织与其他地区和国际组织的合作交流也蔚然成风。2014 年，深圳成功举办“深港青年风尚节”，探索与联合国志愿人员组织、国际志愿者协会等联合开展优秀青年志愿者培训、设立社区“观察点”等项目合作，积极参与国际志愿服务。同时，也向海内外推广深圳的志愿文化。围绕深圳市国际化城市的定位及建设部署，深圳将举办更多的国际盛事，跨国、跨区域的合作交流也将日趋频繁，对志愿服务国际化的服务需求也将剧增。

从志愿服务“走出去”来看，2009 年，深圳启动了“中国青年志愿者海外服务计划”深圳·多哥项目，20 名志愿者远赴多哥开展为期一年的通信网络、汉语教学、医疗卫生、体育教学四大类志愿服务工作，服务对象超过 4000 人。[①] 为响应“一带一路”倡议，深圳市的志愿服务“走出去”活动也将更为频繁。

（二）深圳志愿服务管理与发展的建议

1. 推动政策完善，做好志愿服务顶层规划

发展志愿服务，首先需要完善顶层规划，持续推动志愿服务相关政策的完善。深圳在 2005 年率先出台了内地地方性志愿服务法规——《深圳市义工服务条例》，至今已有 16 年。这期间政策环境已经发生了巨大改变，志愿服务普及化程度越来越高，志愿服务深度嵌入社会治理体系，志愿服务的重要性日益突出。因此，亟须推动志愿服务相关政策的完善。

首先，在志愿服务的顶层规划方面，需要围绕国家关于志愿服务工作的最新决策部署，结合国家发展及深圳的城市定位，加强深圳志愿服务的总体谋划，推动志愿服务实现新发展。其次，加快建立完善志愿服务制度体系。这包括：回应新形式、新技术研究修订和完善各项配套政策，如志愿者招募、注册、培训、服务、考核、奖励、经费保障等制度，提高管理效率；出台各行业的配套政策，充分发挥各行业主管部门的作用，如商请教育、卫生、民政、环保、文体旅游等职能部门，分别出台学校、医疗卫生机构、社区、环保机构、旅游景点等促进志愿服务的配套政策；鼓励各区（新区）

① 《鹏城慈善项目——2009 年深圳多哥项目》，腾讯公益，https：//gongyi. qq. com/a/20101227/000051. htm，最后访问日期：2020 年 10 月 26 日。

结合区域实际出台特色政策，推动深圳志愿服务的区域特色发展。此外，从社会组织管理角度，建议在贯彻落实《民政部关于做好志愿服务组织身份标识工作的通知》的同时，深圳市继续强化对志愿服务组织的标识管理，加强对志愿服务组织的指导，规范志愿服务行为，支持志愿服务组织发展，方便社会公众参与志愿服务、获得志愿服务，以促进志愿服务事业健康发展。

2. 加大宣传力度，营造新时代志愿服务氛围

志愿服务宣传和城市志愿服务氛围息息相关。在深圳，“来了就是深圳人，来了就做志愿者”“送人玫瑰，手有余香”的志愿服务理念深入人心，志愿者“无偿奉献”的道德楷模形象鼓舞和激励着身边的人，深圳的志愿服务发展有着良好的群众基础。持续宣传志愿服务、营造良好的城市志愿服务氛围是实现志愿服务持续发展的重要保障。志愿服务精神与社会主义核心价值观的要求是一致的。参与志愿服务是培育和践行社会主义核心价值观的重要抓手。可以说，宣传志愿服务正是凝聚共识、弘扬主流价值的过程。

营造新时代志愿服务氛围需要社会各个阶层不同社会主体的共同努力。首先，各级党委、政府应自觉主动塑造、普及志愿文化，倡导关爱他人和公共利益的价值取向，关心关爱志愿者。其次，机关、事业单位应带头参与志愿服务；企业等应积极履行社会责任，通过参与志愿服务回报社会；社会组织在组织志愿服务方面应发挥积极作用。最后，在个体层面，党员干部、共青团员应发挥先锋模范作用。另外，应加大对优秀志愿者的表彰，发扬典范引领的作用。

通过志愿服务地标建设，打造城市志愿服务文化。以“义工天地”为依托，建设“深圳志愿文化博物馆”，增加观赏、导览及互动环节，将其打造为深圳志愿者的精神家园和青少年教育基地，向国内外访客充分展示深圳城市文明建设和志愿服务事业改革发展的成果。此外，加强对志愿服务的公益宣传，发挥意见领袖作用。创作一批体现志愿服务主题和时代特色的文化艺术作品，在公共传播渠道广泛宣传，营造良好的城市志愿服务氛围。

3. 加强科技协力，迭代志愿服务管理系统

科学技术是第一生产力。作为国际科技产业创新中心，深圳在开发和运用高新技术方面具有先天优势。深圳在全国较早地运用了信息化手段管理志愿服务，2013 年启用深圳电子义工证，实现了志愿者身份识别、服务计时、实时统计、培训记录、信息匹配、信息查询及信息恢复等七大志愿服务功能，2013 年上线了“志愿深圳”微信公众号服务平台，实现手机移动端的接入，形成手机端、PC 端、电子义工证和 POS 考勤机等多终端信息化体系。这些技术手段的运用大大提升了志愿服务的管理效能。但深圳的志愿服务管理系统也还存在一些问题，如开放数据接口与保护个人隐私之间的平衡，如何实现活动群组管理和志愿者即时通信、激活存量用户与实现非活跃志愿者的精细化管理等。

随着科技的发展，新的技术手段给志愿服务管理效率的提升和管理精细化发展带来了可能性。因此，建议增加志愿服务管理的投入，尤其是平台开发、迭代、更新和维护方面的投入；增加管理信息系统的专职人员，开发信息技术志愿服务岗位，招募专业志愿者参与系统开发工作；运用大数据和人工智能实现社会服务需求库的建立、志愿者与志愿服务项目的匹配、志愿服务项目与社会需求的匹配等。

4. 开展行业研究，助力志愿服务专业化

推动志愿服务的专业化离不开专业研究力量的介入，近年来，志愿服务研究越发受到重视，仅 2020 年，就有 13 个志愿服务课题进入《国家社会科学基金项目 2020 年度课题指南》。然而相较于北京、上海等高校和科研机构众多的城市，深圳在志愿服务领域的研究力量较为薄弱。一方面，与蓬勃的志愿服务实践相比，用于开展志愿服务研究的各级财政资金和社会资金整体上还是不足的；另一方面，深圳高校和科研机构中研究志愿服务的专业人员相对较少，而新型社会智库在这一领域的研究也才刚刚起步。这就使深圳志愿服务理论研究长期滞后于实践发展，大量的、鲜活的志愿服务实践较难升华成高质量、高水平的研究成果。建议充分整合各类资金资源、设立专项志愿服务研究经费，打造区域性志愿服务研究共同体，开展长期的、持续性、

高质量的研究，定期开展高端研讨会，通过学术成果发表、学术交流和对话提升深圳志愿服务事业在国内和国际的影响力。

深圳在探索志愿服务专业化的道路上也逐渐走出了“三专联动”的模式，即成立专门的志愿服务组织、引入专业人士作为志愿者和推动常规服务标准化、专业化发展。与此同时，深圳常规化的志愿服务岗位很多都已经开始了标准化的运作，分解志愿服务项目、培训志愿者，将普通的社会力量逐步打造成为一批专业的志愿者队伍。但深圳在志愿服务研究机构和专业志愿服务岗位开发方面仍较为欠缺。建议在深圳组建粤港澳大湾区志愿服务研究中心，整合大湾区志愿服务研究资源和力量，开展理论研究和调研监测，收集优秀志愿服务经验及案例，培养志愿服务人才队伍，促进全国志愿服务研究机构交流合作。同时，加强专业志愿服务岗位开发，尤其是高层次人才、专业技术人才的志愿服务岗位开发，为各阶层人士提供志愿服务参与渠道，找到适合的志愿服务岗位，不断推动深圳志愿服务的专业化发展。

5. 推动志愿服务国际化，加强对外交流合作

作为经济特区和粤港澳大湾区核心城市，深圳志愿服务国际化是必然趋势。加强深圳志愿服务的对外交流合作，不仅可以学习先进的国际经验和服务案例，还可以输出深圳的志愿服务资源和优势，形成志愿服务交流的良性循环。

在加强深圳志愿服务对外交流合作的具体措施方面，首先，建议统筹制定深圳市志愿服务国际化的工作规划。根据深圳志愿服务的发展阶段及国际趋势研究设计区域合作方案与国际化战略思路，并制定具体实施步骤和时间表。其次，加强志愿服务的国际化研究。举办“志愿服务国际论坛”，并邀请国内外志愿服务专家及志愿服务组织等定期在深圳举办志愿服务交流活动，吸收和借鉴国内外的发展经验。再次，加大与其他地区和国际组织的合作与交流力度，支持志愿者开展跨区域的服务项目。加强与港澳地区的深度合作，引进更多国际志愿服务组织来深交流，带动更多深圳志愿服务组织“走出去”。把志愿服务交流列入国际友好城市的交流内容，鼓励志愿服务组织参与“中国青年志愿者海外服务计划”、国际自然灾害救援救助等国际

志愿服务，定期选派优秀志愿者到不同国家和地区服务学习。最后，在深圳加强国际化社区志愿服务 U 站建设。引导外籍人士加入所在社区的志愿者队伍，支持在 8 个国际化典型社区建设国际特色志愿服务 U 站。综上所述，通过“引进来”与“走出去”的对外交流合作机制，真正提高志愿服务的国际化水平，深圳在未来有机会迈向“国际志愿者之城”。

专题报告

Special Reports

B.2 深圳志愿者发展报告

谭逸丹*

摘 要： 志愿者是志愿服务的主体，其数量和质量也成为衡量一个城市志愿服务发展水平的重要指标。截至2019年底，深圳注册志愿者达186万人，平均年龄为31岁，约八成为非户籍居民，大专及以上学历者占53.79%，有74.35%的志愿者在深圳居住10年以上。志愿者主要参与环境保护、交通治安、大型活动、文体科教等方面的志愿服务项目。志愿者认为最有效的三种激励形式为礼遇激励、信用激励和精神激励。在志愿动机方面，认可动机、自尊动机和社会交往动机是深圳志愿者参与志愿服务的主要原因。志愿者参与服务的快乐指数为8.92分（满分为10分），对志愿服务活动组织工作的满意

* 谭逸丹，深圳国际公益学院社会政策研究中心高级分析员。

度为 4.32 分（满分为 5 分）。志愿者对深圳志愿服务发展成效认可度较高、认同感和自豪感较强。志愿者管理工作可以从营造平等氛围、重视服务记录、促进社会融入、健全保障体系这四方面入手，尊重、认可、赋能和呵护志愿者。

关键词： 志愿者　志愿服务　志愿动机　志愿激励

进入 21 世纪以来，世界各国更加重视以人为核心的发展，这种发展是将社会进步建立在公平和广泛包容的基础上，使人成为变革的积极参与者。联合国志愿人员组织的报告也说明，在社会和各个层面，志愿服务都是充分发挥人们潜能行之有效的渠道。[①] 我国志愿服务呈现蓬勃发展态势，志愿者队伍不断发展壮大。2019 年 1 月 17 日，习近平总书记在考察天津市和平区朝阳里社区时，“称赞志愿者是为社会作出贡献的前行者、引领者”，“强调志愿者事业要同‘两个一百年’奋斗目标、同建设社会主义现代化国家同行”。[②]

志愿服务是社会文明进步的重要标志，深圳“红马甲”是城市最靓丽的风景线。志愿者作为志愿服务的主体，志愿者数量和质量也成为衡量一个城市志愿服务发展水平的重要指标。近年来，在社会各界的踊跃参与下，深圳志愿者人数稳步增长，服务时长和服务次数不断增加，“志愿者之城”建设成效显著，全民参与蔚然成风。本报告将研究视角聚焦志愿者群体，勾勒志愿者群体状况，研究志愿者参与动机，呈现深圳志愿者发展现状，在此基础上对未来志愿者管理的发展方向和规划提出建议。

---

① 《2011 年世界志愿服务状况报告》，载金安平主编《国际志愿服务重要文献选辑》，张俊虎、刘皓译，中国文联出版社，2018，第 6 页。

② 《推动新时代志愿服务事业持续健康发展——中央文明办负责同志答记者问》，《人民日报》2020 年 6 月 6 日，第 6 版，http：//paper. people. com. cn/rmrb/html/2020 - 06/06/nw. D110000renmrb_ 20200606_ 1 - 06. htm，最后访问日期：2020 年 9 月 8 日。

一　研究方法

为了解深圳志愿服务的整体情况和志愿者的基本情况，本报告从多个渠道检索、浏览、筛选、收集了多种文献资料，这些文献资料包括深圳市义工联合会（以下简称“深圳市义工联”）的规章制度、工作总结、研究课题成果等内部资料，以及“志愿深圳”信息平台、新闻报道、宣传性读物、期刊论文等公开资料。在此基础上，本报告还利用问卷调查、访谈法收集数据和观点。报告中的数据和资料来源主要为两类：一是深圳市志愿服务基金会、深圳国际公益学院成立深圳志愿服务发展研究课题组（以下简称课题组），并联合深圳市义工联于2020年7～8月组织开展了面向全市志愿者①、非志愿者的问卷调查，以及相关的访谈资料；二是深圳市义工联提供的工作材料和“志愿深圳”信息平台上的数据和资料。

（一）问卷调查方法

在国内外志愿服务统计报告、研究论文的基础上，课题组调研问卷从志愿者群体状况、志愿服务参与情况、志愿服务评价、志愿服务动机四个方面设计，并用问卷星制作电子问卷于2020年7～8月通过深圳市义工联微信公众号转载发放。本次调查共回收志愿者有效问卷2593份，其中，男性受访者占37%，女性受访者占63%；17岁及以下占18%，18～19岁占16%，30～39岁占24%，40～49岁占29%，50岁及以上占13%。

（二）访谈法

为使研究结果更客观、深入，笔者还使用了访谈法，对志愿者、志愿服务组织、志愿服务工作者等相关方进行了访谈或座谈。通过访谈或座谈，笔

① 由于非注册志愿者的数据获取比较难，此处的志愿者是指在“志愿深圳”信息平台注册的志愿者。

者获得了大量的一手资料，受访人对深圳志愿服务发展的历程、特色的评价，对当前发展难点、痛点的剖析，对未来发展的对策建议，弥补了问卷调查法的不足，使报告分析更深入。本报告中，若未注明来源，则所有数据来自问卷调查和访谈。

二　深圳志愿者发展回顾和群体特征分析

（一）志愿者发展回顾

1989 年 9 月 20 日，为了帮助来深务工者和青少年，由共青团深圳市委权益部牵头，19 名青年志愿者开通了“关心，从聆听开始”青少年服务热线电话，组建了内地第一支志愿者队伍，率先探索志愿服务社会化模式。1990 年 4 月 23 日，由 46 名义工组成的深圳市青少年义务社会工作者联合会在深圳市民政局正式注册成立，成为中国内地第一个志愿服务团体。1995 年 4 月，该机构正式更名为“深圳市义务工作者联合会”。2005 年 7 月，我国内地第一部规范志愿服务的地方性法规《深圳市义工服务条例》出台，使深圳志愿服务有法可依。彼时，深圳市义工联已初步形成一个运作规范，机构健全、组织网络完善的义务工作体系，全市志愿者队伍不断壮大。

根据深圳市义工联提供的文献资料及其在 2002 年、2010 年两次课题调研成果，在深圳志愿服务发展的前期（1990 ~ 2010 年），深圳志愿者队伍随着深圳市常住人口增加、志愿服务文化培育而自然发展壮大，从 1990 年的 46 位义工起步，到 1994 年深圳注册志愿者已达 1.5 万人，服务时长超过 75 万小时，短短五年间已颇具规模。到 2002 年，志愿者数量已是 1994 年的 3.5 倍，达到 5.3 万人，占常住人口的比例为 0.71%。2010 年，注册志愿者人数达到 25.7 万人，同 2002 年相比又翻了两番多。2011 年 12 月，深圳市委、市政府发布《关于建设“志愿者之城”的意见》，在全国率先系统性提出建设“志愿者之城”的设想，该文件和相关配套政策、措施为深圳志愿服务发展创造了良好的政策环境，提供了制度保障，营造了社会氛围。同时，随着“志愿深圳”信息平台的建设和应用，市、区（新区）两级义工联的志愿者信息和服务数据得以整合，各项信息统计更全面、及时和准确，志愿者数量、累计服务时长等呈现爆发式增长，到2013年，“志愿深圳”信息平台统计的全市注册志愿者累计达91.1万人，占常住人口的比例为8.57%，服务次数为172.4万次，服务时长累计3094.6万小时。

（二）志愿者参与率

依托“志愿深圳”信息平台，反映深圳志愿服务发展基本情况的几项核心指标从2014年开始有了较为完整的逐年记录。根据“志愿深圳”信息平台提供的数据，注册志愿者总量稳步增长，2019年比2014年增长了73.7%。其中，2014～2017年增长速度较快，年增长率均在10%以上；2018～2019年，在总量处于高位情况下，增长较为平缓。志愿服务参与率，是指志愿者数量占常住人口的比例，是衡量一个城市志愿服务发展情况的重要指标。近年来，深圳市民志愿服务参与率稳步提高，志愿者占常住人口的比例从2014年的9.90%提高到2019年底的13.80%（见图1）。虽然深圳志愿者占常住人口的比例在全国并非最高，但深圳志愿者的活跃度却相对较高。截至2020年6月30日，在“志愿深圳”信息平台有记录的参与过志愿服务的志愿者就达120.6万人，占志愿者总数的62.1%；服务时数累计超

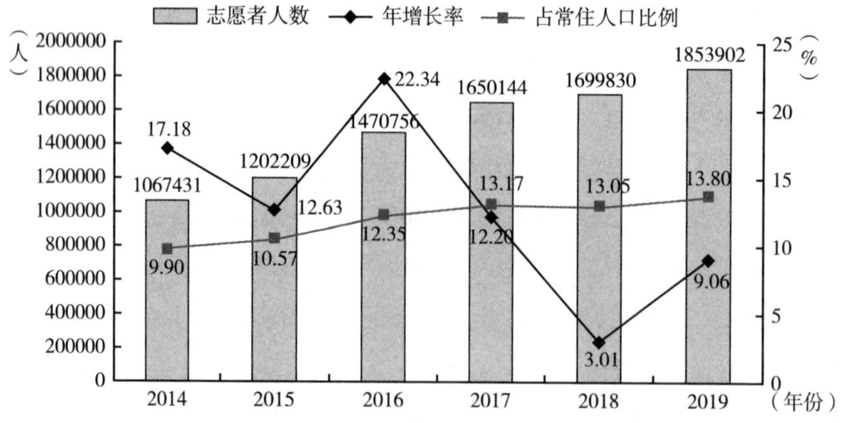

图1 2014～2019年深圳市注册志愿者数量、年增长率及占常住人口比例

过100小时的志愿者有97927人（见表1）。人均年服务次数是反映志愿者活跃度的另一项指标，2014年深圳志愿者人均年服务次数为1次，到2019年人均年服务次数增加到3次。

表1　深圳志愿者服务时数分类统计

单位：人，%

服务时长	志愿者数量	占志愿者总数的比例
40小时以下	985935	81.78
40~100小时	121753	10.10
100~300小时	58852	4.88
300~600小时	15501	1.29
600~1000小时	6204	0.51
1000~1500小时	5206	0.43
1500~3000小时	10454	0.87
3000小时及以上	1710	0.14

（三）志愿者构成情况

1. 男女性别趋向平衡，新增志愿者女性较多

“志愿深圳”信息平台的数据显示，深圳志愿者的性别构成在近年来逐渐趋向平衡，2013~2018年，男性志愿者数量稳定、比例略高；女性志愿者数量呈现明显增长趋势，所占比例从2013年的29.82%上升到2018年的46.36%（见图2）。这主要有两方面原因：一方面，未知性别人群中女性志愿者数量较多；另一方面，从每年新增志愿者性别比来看，男女志愿者性别比（每新增100名女性志愿者所对应的新增男性志愿者人数）呈现较明显的下降趋势，2014年、2016年和2018年新增志愿者的性别比分别为103:100、99:100和68:100，近年新增志愿者以女性居多。

2. 平均年龄为30岁，以中青年为主

深圳是一座年轻的移民城市，深圳志愿者历来以青少年居多，充满朝气活力。2002年，35岁以下志愿者占65.1%，60岁以上志愿者占4.9%。2014年，40岁以下志愿者占65.99%，60岁及以上志愿者占20.00%。到

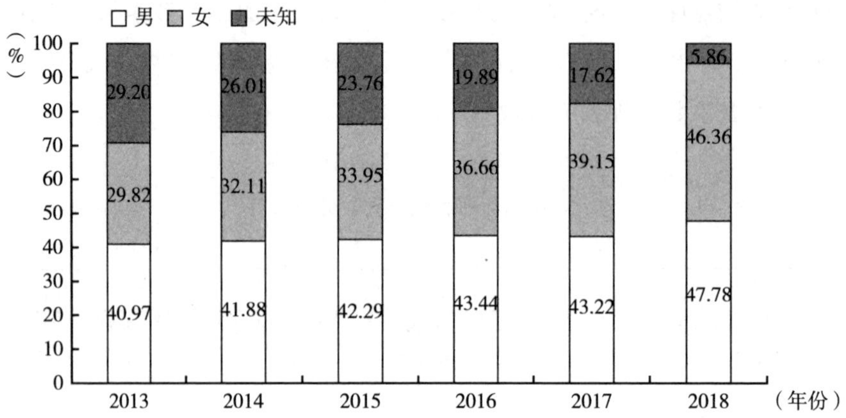

图 2　2013～2018 年深圳志愿者性别比例构成情况

2019 年，35 岁以下志愿者占 47.3%，60 岁及以上志愿者占 11.58%，平均年龄为 31 岁。2014～2019 年，深圳人口大量迁入，志愿者年龄构成也随之发生了变化，从 2014 年、2019 年这两年的志愿者年龄构成情况来看，2019 年 18 岁以下、30～39 岁、40～49 岁、50～59 岁志愿者都较 2014 年有所增长，而 18～29 岁、60 岁及以上志愿者占比下降明显（见图 3）。这说明深圳志愿者涵盖全年龄周期，以中青年为主，未成年人（学生）、在职人员、老年人等群体的人力资源也得到有效开发。

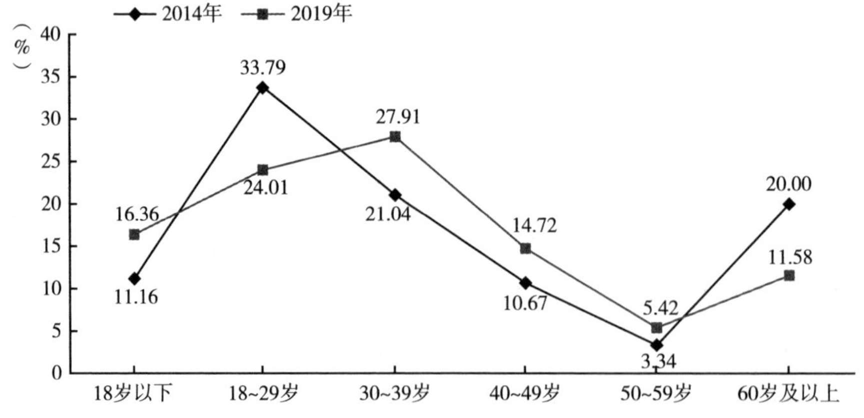

图 3　2014 年和 2019 年深圳志愿者年龄构成情况

3. 非户籍志愿者约占八成

在户籍状况方面，2013～2019 年户籍志愿者所占比例逐年提高，从 2013 年的 8.56% 提高到 2019 年的 19.05%，但整体依然以非户籍志愿者为主。这是深圳志愿者的特点之一。

4. 党员志愿者和团员志愿者合计约占四成

根据“志愿深圳”信息平台提供的数据，2019 年，深圳志愿者中有党员 291606 人，共青团员 418509 人，分别占当年志愿者总数的 15.73% 和 22.57%。党员和团员志愿者积极发挥模范带头作用，为广大志愿者践行社会主义核心价值观起到了良好的示范作用。

表 2　2013～2019 年深圳志愿者中共党员与共青团员人数及占比

单位：人，%

	2013 年	2014 年	2015 年	2016 年	2017 年	2018 年	2019 年
党员	83927	124128	153563	177321	237007	261667	291606
占比	9.22	11.63	12.77	12.06	14.36	15.39	15.73
团员	129167	144475	161867	180959	206943	236009	418509
占比	14.18	13.53	13.46	12.30	12.54	13.88	22.57

5. 大专及以上学历者占比超五成

根据“志愿深圳”信息平台的统计数据，2019 年，大专及以上学历志愿者占 53.79%，其中，26.20% 的志愿者为大专学历，23.58% 的为本科学历，硕士和博士研究生占 4.01%。高中及以下学历志愿者占比为 46.21%。这说明，深圳志愿者的受教育水平较高，超过半数的志愿者接受过高等教育，这为深圳打造一支高素质志愿者队伍奠定了良好的基础。

6. 非全职工作者居多

问卷调查数据显示，在 2020 年受访的深圳志愿者中，企事业单位员工及各行业辅助人员占 33.09%，学生占 25.53%，自由职业者占 19.78%，专业技术人员占 13.92%，党政机关、企事业单位及社会组织负责人或干部占 7.60%，军人占 0.08%。

从受访的志愿者的就业情况来看，2020 年，41.38% 的志愿者为全职工作者，20.21% 的志愿者为兼职或自由职业者（含全职家庭照护者、个体劳动者），25.92% 的志愿者为学生，8.06% 的志愿者是离退休人员，待业、下岗或失业人员占 4.44%。由此可见，受访志愿者中，非全职工作人员（兼职或自由职业者，学生，离退休人员，待业、下岗或失业人员）合计占比为 58.63%，这也间接说明时间灵活、学习与工作时间自由是志愿者们得以投身志愿服务的有利条件之一。

7. 超七成志愿者在深圳的居住时间超过10年

从受访志愿者在深圳的居住年限来看，5 年及以下的占 11.69%，6 ~ 10 年的占 13.96%，10 年及以上的占 74.35%。

8. 约七成志愿者的年可支配收入低于地区人均水平

在受访志愿者个人经济状况方面，根据问卷调查数据，2019 年，志愿者月收入为 2200 元及以下的占 34.71%，2201 ~ 5210 元的占 32.82%，5211 ~ 10420 元的占 24.03%，10421 ~ 20840 元的占 6.4%，20840 元及以上的占 2.04%。2019 年，深圳人均年可支配收入为 62522 元，[①] 由此可推出，67.53% 的志愿者年可支配收入低于地区人均水平。一方面，这与上文提及的志愿者中 58.63% 为非全职工作者、46.21% 为高中及以下学历者相关；另一方面，虽然大部分志愿者收入低于城市平均水平，但得益于深圳经济发展的整体效益，其年可支配收入相对内地其他城市依然具有竞争力。

三　深圳志愿者服务偏好

课题组问卷调查也设计了相应问题来了解志愿者的服务偏好，志愿者的服务偏好对于志愿者管理、志愿服务项目设计等工作有参考价值。

---

① 《2019 年：深圳居民人均可支配收入 62522 元 深圳地区生产总值同比增长 6.7%》，深圳政府在线，http：//www. sz. gov. cn/cn/xxgk/zfxxgj/zwdt/content/post_ 6677870. html，最后访问日期：2020 年 10 月 26 日。

（一）时间偏好

从受访志愿者参与志愿服务的频率来看，约半数志愿者参与志愿服务无固定的时间和日期，说明参与志愿服务活动需根据个人生活和工作时间安排，志愿服务活动安排需要较为灵活。另外，约半数志愿者有固定参与频率，其中平均每月 1 次以下者占 24.38%，每月 1 次及以上者占 26.46%（见图 4），由此可见，深圳志愿者活跃度、队伍稳定程度均较高。

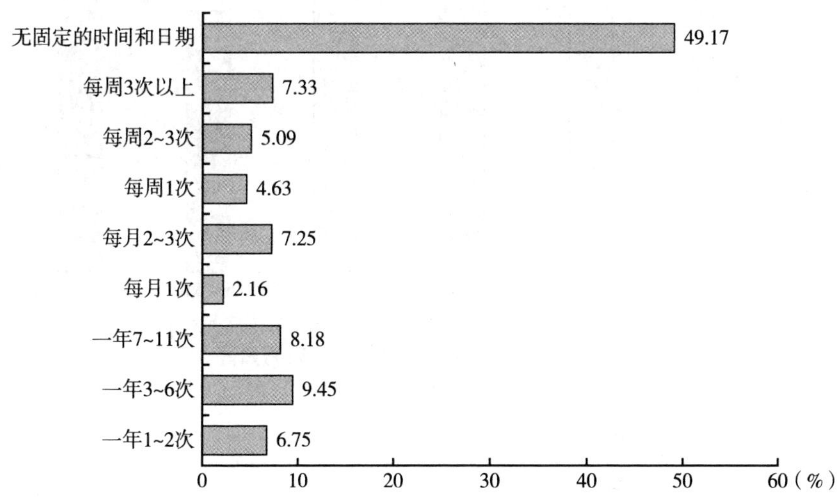

图 4　深圳志愿者参与志愿服务的频率

接近一半的志愿者（48.94%）每次服务时间为 2 ~ 4 小时，26.65% 的志愿者表示每次服务时间不固定，而平均每次 2 小时以下和平均每次 4 小时以上的占比均为 12.00% 左右。志愿者倾向于周末及节假日参与志愿服务（56.54%），也有 26.38% 的志愿者表示只要活动需要，任何时间都可以参加，倾向于利用工作日的闲暇时间参加的志愿者占 17.08%。不同年龄组别志愿者参与志愿服务的时间也不同（见图 5）。年龄较大的志愿者更愿意根据活动需要来安排和投入自己的时间，这一方面反映了中老年志愿者拥有相对自由、灵活的时间安排，有较为充足的时间投入志愿服务，另一方面从侧面反映出中老年志愿者对志愿服务活动、志愿服务组织的高承诺度，愿意将活动需求、组织需求摆在优先位置。与此同时，由于就学、就业等缘故，50岁以下志愿者们都更倾向于利用周末及节假日参与志愿服务活动。

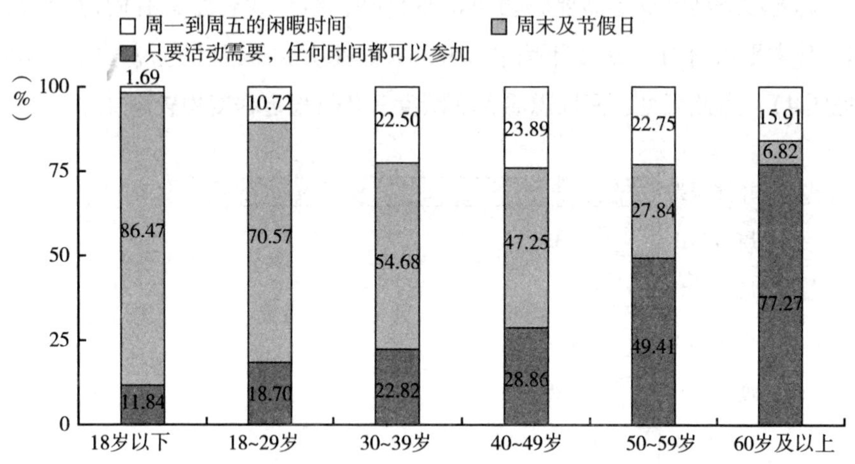

图5　深圳志愿者参与志愿服务的时间偏好

（二）项目偏好

从受访志愿者参与的服务项目来看，目前志愿者主要参与的志愿服务项目有环境保护（占42.23%）、交通治安（占39.45%）、大型活动（占35.06%）、文体科教（占23.41%）、志愿防疫（占22.83%）等。而参与过专业能力需求较高的法律援助、心理援助、应急救援、禁毒防毒等志愿服务的志愿者人数较少（见图6）。这是因为：一方面，这些领域对志愿者有一定的专业技能要求，准入门槛较高，专业志愿者较少；另一方面，当前大量志愿服务活动、志愿服务组织对志愿者人力资源的开发深度不够，许多专业技术人员志愿者的专长难以发挥。

大多数志愿服务项目中的男性和女性志愿者比例较为均衡、大体相当，有意思的是，参与文体科教志愿服务项目的女性志愿者要比男性多

6.21个百分点，而参与志愿防疫活动的男性志愿者则比女性多8.33个百分点。

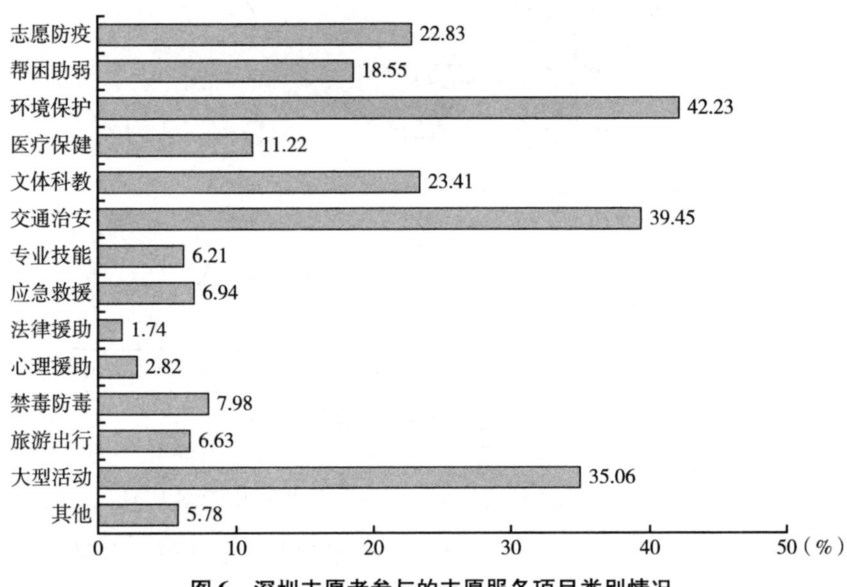

图6 深圳志愿者参与的志愿服务项目类别情况

（三）岗位偏好

从志愿服务内容性质来看，在受访志愿者中，表示主要参与文明劝导服务的有55.73%，提供公共服务答询与指引服务的有39.80%，提供活动行政与后勤等辅助性服务的有30.51%，为弱势群体提供社区志愿服务（探访服务、家居清洁/维修、学业辅导、外出陪护、个人照顾）的有30.05%，提供志愿活动策划与联络等组织性服务的有17.70%，开展宣传推广或筹款工作的有12.96%（见图7）。而提供专业咨询与服务、培训与宣讲工作、抢险救灾与应急救援等志愿服务的志愿者则相对较少。

（四）激励偏好

从志愿者对激励措施的偏好来看，受访志愿者认为最有效的三种激励形式为礼遇激励（55.96%）、信用激励（51.87%）、精神激励（49.60%）。

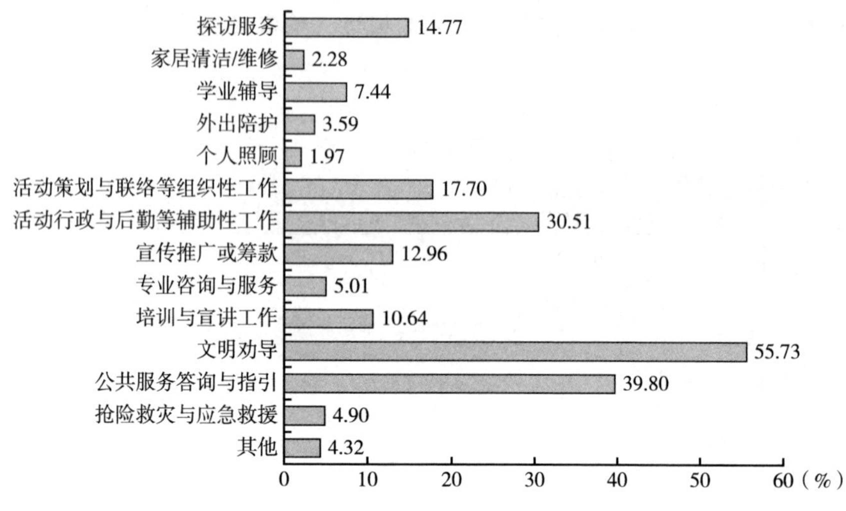

图 7　深圳志愿者提供的主要服务内容

如图 8 所示，55.96% 的志愿者认为礼遇鼓励，即公共服务机构（博物馆、公园、图书馆等）对有良好志愿服务记录的志愿者给予优待，对提高志愿者服务积极性较为有效；51.87% 的志愿者更喜欢信用激励，即将志愿服务实践计入社会信用体系；49.60% 的志愿者对于开展星级资质认证、及时宣传表彰志愿服务的优秀人物与事迹等精神激励措施更为偏好；33.71% 的志愿者认为倡导并突出无偿奉献的道德激励较为有效；31.59% 的志愿者喜欢的激励措施是“提供求职或求学使用的服务证明”（发展激励）；30.58% 的志愿者更倾向于“建立健全‘时间银行’制度，将来换取相应服务”（服务激励）。相比之下，志愿者对物质激励的偏好较低，仅有 17.62% 的志愿者选择了“适当提供基本服务报酬”（物质激励）。

性别差异会影响志愿者对于激励形式的偏好（见图 9）。在本次调研中，男性志愿者比女性志愿者更喜欢倡导并突出无偿奉献的道德激励，和开展星级资质认证、对优秀人物和事迹进行表彰等精神激励。而女性则比较务实，更偏爱能够带来直接生活和工作便利的激励措施，对诸如享受公共服务机构的礼遇优待、提供求职或求学使用的服务证明等措施更为青睐。深圳户籍志愿者与非深圳户籍志愿者对激励形式的偏好也略有不同。调查结果显示，更

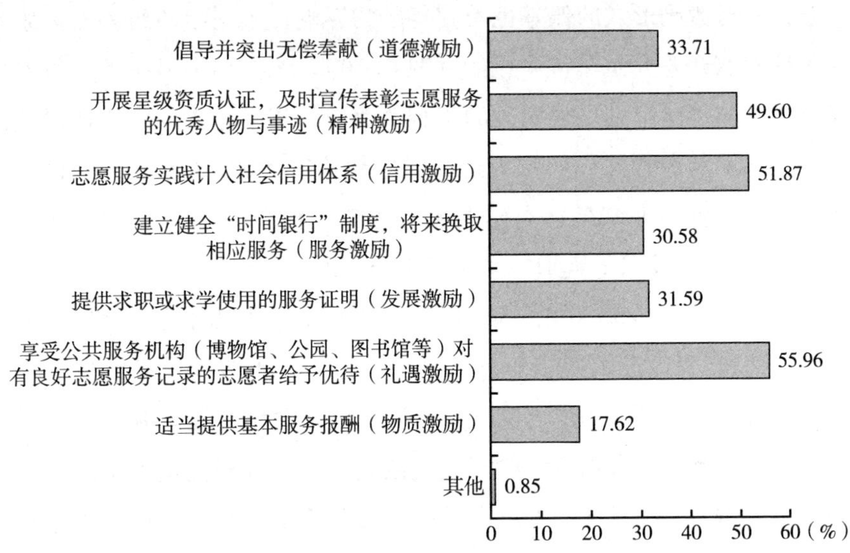

图 8　深圳志愿者对激励措施的偏好

多非深圳户籍志愿者看重道德激励和精神激励，而更多深圳户籍志愿者喜欢服务激励与信用激励。

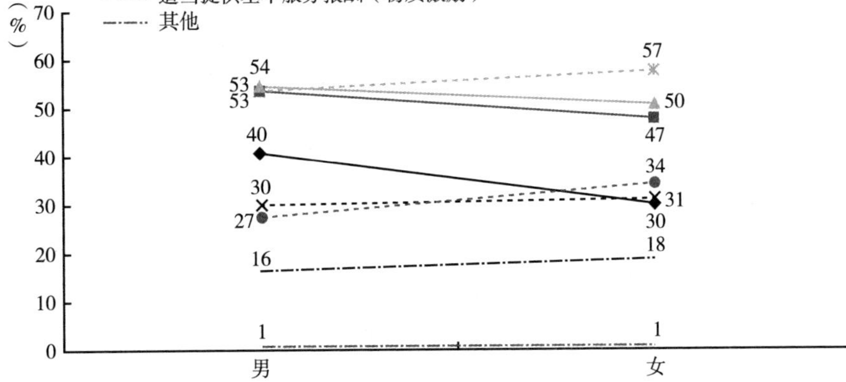

图 9　性别对志愿者激励偏好的影响

志愿者对激励形式的偏好也受到年龄的影响，不同年龄组别对激励形式有效性的认知差异是非常明显的（见图 10）。调查结果显示，道德激励与精神激励与年龄组别呈现明显的正相关趋势，年龄越大，志愿者对这两种激励形式就越加青睐，如认为道德激励较为有效的 18 岁以下、18～29 岁组别的志愿者均为该组别受访人数的 24%，而 30～39 岁、40～49 岁、50～59 岁、60 岁及以上组别的志愿者则分别占相应组别受访人数的 35%、38%、44% 和 57%。50 岁以下各年龄组别认为礼遇激励最有效的人数占比最高，而 50 岁以上的两个年龄组别中，认为精神激励最有效的人数占比最高。大多数的青年志愿者喜欢且需要信用激励或发展激励，如对于 18 岁以下的未成年志愿者而言，除了礼遇激励以外，选择提供求学或求职使用的服务证明这一类具象的发展激励的人数占比高达 56%，而该项激励在其他组别中的占比大幅降低且随年龄增加而依次递减；相对于其他组别，18～29 岁的年轻志愿者们认为“将志愿服务实践计入社会信用体系”（信用激励）更有效。

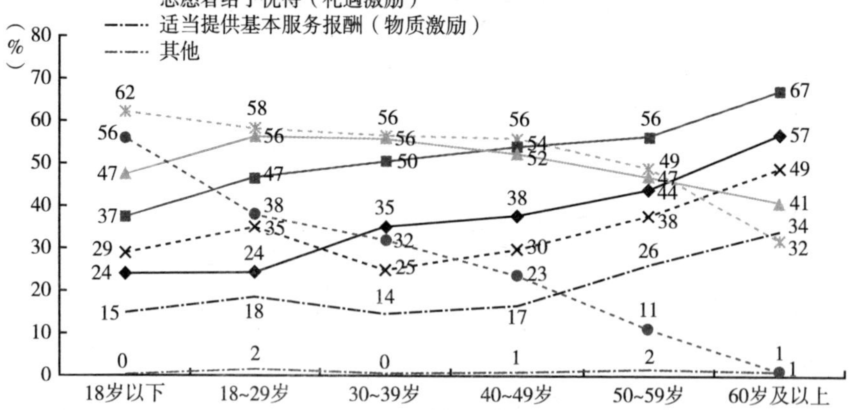

图 10　年龄对志愿者激励偏好的影响

四 深圳志愿者动机研究

志愿服务动机是激发个体参与志愿服务并维持志愿服务持续性的心理过程和行为动力。[①] Clary 等认为志愿服务的动机包括六种，分别为价值表达、认知、社会交往、职业发展、自我保护、自我增强，并研发了志愿功能量表（Volunteer Functions Inventory，VFI）。[②] Esmond 等在 Clary 等的基础上进行了大样本和多阶段的研究，并增加了互惠、认同、共情反应和社会互动四个维度，形成了志愿动机量表（Volunteer Motivation Inventory，VMI），[③] 这是目前得到国内外学者公认的用以测量志愿服务动机的工具。本报告调研问卷直接运用了 Esmond 等学者构建的志愿动机量表（VMI 简表），以了解深圳志愿者参与志愿服务的心理过程和行为动力。简版 VMI 共有 6 个维度、24 个人们参与志愿活动的可能原因，受访者被要求在李克特量表上对于每个原因同意或不同意的程度进行评价，最高分值（5 分）反映了受访志愿者认为最重要的动机，而最低分值（1 分）反映了他们最不认可或最不关心的动机。问卷收集上来以后，将每个动机的得分相加，再除以回答该题的人数，得到样本整体在这一动机上的平均分值。

从整体上看，受访志愿者参与志愿服务动机的评分从高到低依次为：认可（3.999 分）、自尊（3.911 分）、社会互动（3.881 分）、共情反应（3.696 分）、互惠（3.650 分）、职业发展（3.039 分）（见表 3）。

认可动机反映志愿者享受志愿服务给予他们的认可，志愿者享受自己的技能和贡献得到认可，这是他们做志愿者的动力。深圳志愿者中，认可动机

---

① Chacón F.，Vecina M. L.，Davila M. C.，"The Three-Stage Model of Volunteers: Duration of Service." *Social Behavior & Personality* 35（5），2007，pp. 627–642.

② Clary，E. G.，Snyder，M.，Ridge，R.，Copeland，J.，Stukas，A. A.，Haugen，J.，& Miene，P.，"Understanding and Assessing the Motivation of Volunteers: A Functional Approach，" *Journal of Personality and Social Psychology* 74，1998，pp. 1516–1530.

③ Esmond，J. Dunlop，P.，Developing the Volunteer Motivation Inventory to Assess the Underlying Motivational Drivers of Volunteers in Western Australia，CLAN WA–INC，2004.

表3　深圳志愿者对志愿服务动机的选择

单位：分，位

动机维度	分值	分值排序
认可	3.999	1
自尊	3.911	2
社会互动	3.881	3
共情反应	3.696	4
互惠	3.650	5
职业发展	3.039	6

的评分最高，表明大部分志愿者在做出无偿、自愿、利他的志愿服务行为后，对于该行为增强外界对自己的认可有强烈的期望，无论这种认可是来自志愿服务组织和所在单位的正式嘉奖，还是来自服务对象、同伴朋友的非正式肯定，都是维持他们参与志愿服务的最大动机，对志愿服务贡献的认可是归属感的一个重要方面。在24个动机细项选择中，认可动机维度下的“我喜欢在对志愿者和员工一视同仁的志愿服务机构工作”和“我认为我的志愿工作能得到认可很重要”两个选项，平均分值位列前二，分别为4.595分和4.469分（见表4）。

表4　深圳志愿者参与志愿服务动机调查结果

单位：%，分

题目	评价					均值	标准差
	非常不同意	不太同意	一般	比较同意	非常同意		
我做志愿者是因为做志愿服务能有机会锻炼我的工作能力	2.24	5.94	16.47	35.25	40.11	4.051	1.001
我做志愿者是因为通过志愿服务能建立重要的工作联系	10.72	18.97	33.24	19.17	17.89	3.145	1.227
我做志愿者是因为志愿服务能帮助我找到就业机会	19.32	26.92	32.78	11.34	9.64	2.651	1.191
我没有通过志愿服务找到工作的计划	7.06	9.95	25.18	22.37	35.44	2.308	1.243
被我所在的志愿服务机构赏识对我而言很重要	3.97	7.10	31.05	32.20	25.68	3.685	1.054

续表

题目	评价					均值	标准差
	非常不同意	不太同意	一般	比较同意	非常同意		
被志愿服务机构的员工与志愿者尊重对我而言不重要	33.71	26.03	19.36	10.30	10.61	3.619	1.324
我不需要关于我志愿工作的反馈	27.03	32.59	24.84	7.02	8.52	3.626	1.195
我喜欢在对志愿者和员工一视同仁的志愿服务机构工作	0.39	0.69	6.25	24.41	68.26	4.595	0.674
我认为我的志愿工作能得到认可很重要	0.69	1.04	9.60	27.96	60.70	4.469	0.766
我做志愿者是因为我期待志愿服务中的社交事件	3.28	7.98	25.84	27.07	35.83	3.842	1.098
志愿服务机构提供的社交机会对我而言很重要	3.01	7.75	29.62	25.41	34.21	3.801	1.086
我做志愿者是因为我认为志愿服务是一种建立社会联系的方式	2.16	6.44	21.71	33.13	36.56	3.955	1.016
我做志愿者是因为通过志愿服务我能交到新朋友	2.24	6.05	24.53	31.28	35.90	3.926	1.021
我做志愿者是因为我认为付出什么便会得到什么	11.88	16.31	31.05	19.44	21.33	3.220	1.280
我做志愿者是因为我认为善有善报	2.04	4.90	19.86	29.43	43.77	4.080	1.005
我喜欢帮助别人,因为我曾经处在困难的境地	2.74	6.90	23.99	30.78	35.60	3.896	1.053
志愿服务使我有机会能确保别人不必遭遇我所遭遇过的事情	2.39	8.37	25.03	31.32	32.90	3.840	1.051
我时常将我的志愿经历与我自己的个人生活联系起来	3.01	9.95	31.43	28.69	26.92	3.666	1.068
志愿服务能帮助我解决一些我自己的问题	5.90	15.04	34.55	23.72	20.79	3.384	1.144
我做志愿者是因为我认为志愿服务是一种让人感觉很好的体验	0.58	1.27	20.44	36.68	41.03	4.163	0.831
我做志愿者是因为志愿服务让我觉得我是一个好人	2.97	9.45	38.14	25.45	23.99	3.580	1.044
我做志愿者是因为志愿服务让我觉得我很重要	3.24	8.99	37.68	25.57	24.53	3.592	1.052
我做志愿者是因为志愿服务让我觉得我是一个有用的人	1.66	5.21	28.92	31.12	33.09	3.888	0.983
我做志愿服务是因为志愿服务让我感到充实	0.50	0.58	16.00	31.01	51.91	4.332	0.798

自尊动机反映志愿者通过志愿服务来提高他们的自尊和自我价值感，与认可动机来源于外部不同，自尊动机是内在的，来自内部，是志愿者的自我感知。深圳志愿者在自尊动机维度上的整体评分位列第二（3.911分），表明他们参与志愿服务的动机是想通过志愿活动获得更好的自我感觉。这种良好的自我感觉是无偿助人带来的快乐与充实，是“送人玫瑰，手有余香”的幸福感，是个人资源和能力得到有效利用的满足感。在该维度下，“我做志愿服务是因为志愿服务让我感到充实”和“我做志愿者是因为我认为志愿服务是一种让人感觉很好的体验”的平均分值分别为4.332分和4.163分，位列第三、第四。

深圳志愿者参与志愿服务的主要动机还有社会互动（3.881分）。社会互动动机反映志愿者尤其喜欢志愿活动的社交氛围。他们享受在志愿服务过程中获得建立社交网络和与他人互动的机会。在这一动机维度上的分值越高，说明志愿者们对通过志愿活动遇见和结识新朋友的渴望就越强烈。深圳是一座移民城市，“来了就是深圳人，来了就做志愿者”的口号深入人心、家喻户晓。当前的志愿者构成中，非户籍志愿者约占八成，可以想象，初来乍到的深圳人在此生活居住，都迫切需要在“陌生人社会”积累社会资本，而成为一名志愿者就为来深人员提供了一种融入这个超大城市的方式。志愿服务为志愿者们提供了认识新朋友、扩大社会交往范围、积累社会资本的机会，同时，还可以帮助人们消除在新环境陌生孤立和自我价值降低的负面感受，这对于深圳志愿者来说尤为重要。反映在动机细项上，社会互动维度下的四个细项平均分值较接近，有六成以上志愿者同意“我做志愿者是因为我认为志愿服务是一种建立社会联系的方式”（69.69%）、“我做志愿者是因为通过志愿服务我能交到新朋友”（67.18%）和“我做志愿者是因为我期待志愿服务中的社交事件”（62.90%），有约六成的志愿者同意“志愿服务机构提供的社交机会对我而言很重要”（59.62%）。

共情反应动机与互惠动机的分值非常接近，分别为3.696分和3.650分，但都要比前三项动机分值低一些。共情反应是指志愿者出于需要治愈或者解决自己过去的问题而参加志愿服务，这个维度的分值表明志愿者在多大程度上是出于在自己生活中“纠正错误”或“代偿”的心理需要而参与志愿服务的。调查结果显示，分别有66.38%和64.22%的志愿者同意“我喜欢帮助别人，因为我曾经处在困难的境地”（3.896分）和“志愿服务使我有机会能确保别人不必遭遇我所遭遇过的事情”（3.840分）。有共情反应动机的志愿者，往往具有较强的同情心、同理心，通过他们的无偿付出，使服务对象摆脱困境、得到帮助，能够使他们获得内心的平静、愉悦以及喜乐，也往往能够起到与自己过往经历和解、“自我救赎”的效果。这些共情反应，大多数来自个人过往生活经历。互惠动机则反映志愿者享受志愿服务，并将它视为非常平等的互惠。2000年，在日内瓦召开的联合国大会特别会议上，各国政府均认可志愿服务是“推动社会融合的又一机制”，这种对志愿服务作为社会融合力的认可，使志愿服务不再是传统的赐予关系，而是双方均受益的互惠关系。[①] 在我国文化语境下，可以理解为“施”与“受”、“付出”与“得到”的平衡。在这个维度上获得高分表明志愿者的服务动机是其认为志愿工作将会给个体带来某些好处，而低分则表明志愿者认为志愿服务带来的好处对他们来说不重要。深圳志愿者对互惠动机维度下的细项评分不集中，如有73.20%的志愿者同意“我做志愿者是因为我认为善有善报”（4.080分），而同意“我做志愿者是因为我认为付出什么便会得到什么”的只有40.77%（3.220分）。深圳志愿者在共情反应动机、互惠动机这两个维度得分中等，说明相比前述的三个动机，这两个动机并非主要类型。

职业发展动机得分最低（3.039分），分值接近李克特量表的中立选项。职业发展动机反映志愿者做志愿服务是因为希望在该领域获得经验和技能，最终可能有助于他们找到工作。在这个维度上得分较低表明志愿者对通过志愿服务为未来就业积累经验或建立工作联系的倾向较低。整体说来，职业发展动机并不是大部分深圳志愿者参与志愿服务的原因，但从结果上看，志愿

① 金安平主编《国际志愿服务重要文献选辑》，张俊虎、刘浩译，中国文联出版社，2018，第106页。

服务可提高个人的职业和社会技能，如同意“我做志愿者是因为做志愿服务能有机会锻炼我的工作能力”这一选项的志愿者有75.36%。这说明虽然志愿者并不期望通过志愿服务带来直接的工作机会或好处，但他们确实又喜欢在参与志愿服务中锻炼、提高自己的专业技能或综合能力，志愿服务所提供的个人能力锻炼、发挥平台是志愿者看重的。

五　深圳志愿者对志愿服务的评价

（一）志愿者对志愿服务理念的认知

从受访志愿者对经济补贴的态度来看，有46.16%的志愿者认为不应该收取经济补贴，其中，有39.53%的志愿者认为收取经济补贴违反志愿服务原则。有38.30%的志愿者认为应该收取经济补贴，其中，有24.49%的志愿者认为经济补贴有利于发挥志愿者积极性。15.54%的志愿者选择了“不知道，说不清”（见图11）。调查结果还显示了新老（或骨干与非骨干）志愿者对“志愿者是否可以收取经济补贴”的不同看法，新老（或骨干与非骨干）志愿者可通过服务时数测量。在志愿服务3000小时及以上的资深志愿者中，认为“应该，有利于发挥志愿者积极性”的占39.00%，远远高于认为“不应该，违反志愿服务原则”的志愿者所占比例；志愿服务时数为600~999小时这一组别中持上述两种观点的人数大体相当；其他组别认为“不应该，违反志愿服务原则”的人数占比均大幅高于认为“应该，有利于发挥志愿者积极性”的志愿者占比（见图12）。

从志愿者对志愿服务权益的关注情况来看，最受志愿者关注的三项志愿服务权益分别是“志愿服务组织安排志愿者参与志愿服务活动，应当与其年龄、知识、技能和身体状况相适应，并提供必要的保障条件”（58.77%）、“需要专门知识、技能的，志愿服务使用单位应当开展相关培训”（43.89%）和“志愿服务组织、志愿服务对象应当尊重志愿者人格尊严，未经志愿者本人同意，不得公开或泄露其有关信息”（43.50%）（见

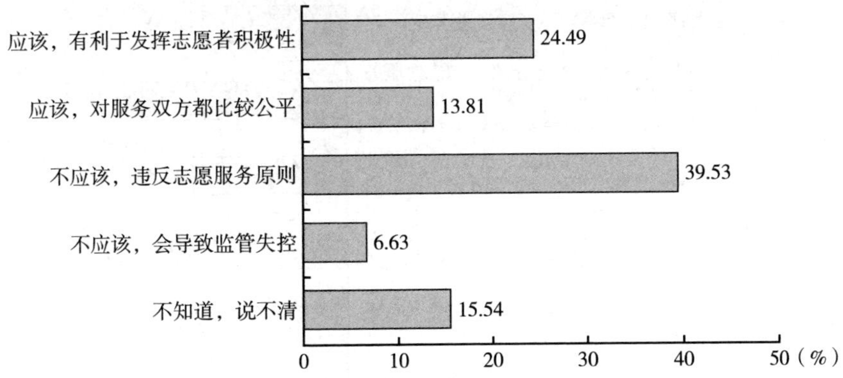

图 11　深圳志愿者对经济补贴的态度

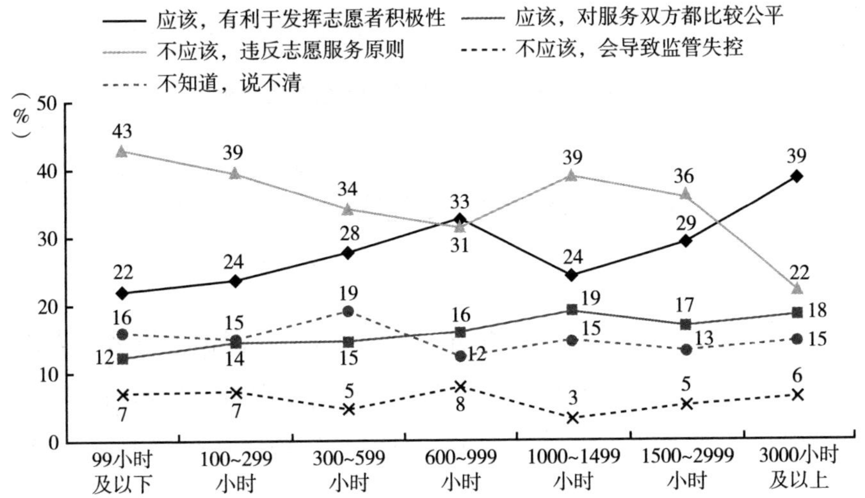

图 12　志愿服务时数影响志愿者对经济补贴的态度

图 13）。调查结果也显示，高中及以下学历的志愿者群体中关注培训权益的有 35.70%，而在本科、研究生学历的志愿者中关注培训权益的分别有 56.2% 和 64.29%。这说明志愿者受教育水平越高，对“需要专门知识、技能的，志愿服务使用单位应当开展相关培训”这一权益的关注和诉求就越多。

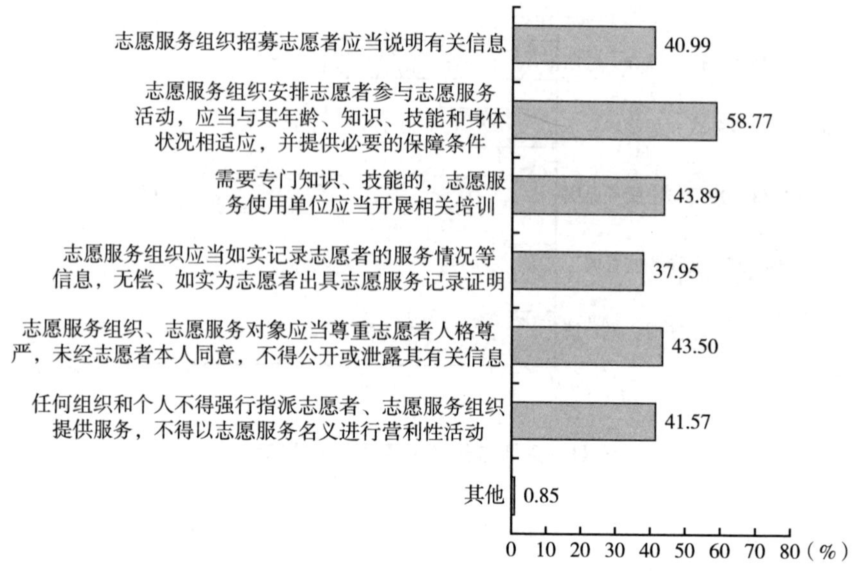

图 13　志愿者对志愿服务权益的关注情况

（二）志愿者参与志愿服务的心理感受

从受访志愿者对参与志愿服务的快乐指数的打分情况来看，快乐指数平均分为 8.92 分（满分为 10 分），可以看出，深圳志愿者在志愿服务的过程中普遍感到比较快乐。将性别、年龄等因素与快乐指数进行交叉分析和单因素方差分析可以发现，性别、年龄、户籍状况、月收入、服务时数对于志愿者的快乐指数的影响具有显著性差异（$P<0.005$），而政治面貌、居住年限、职业状态等则对快乐指数影响不具有显著性差异（见表 5）。从性别来看，男性志愿者快乐指数的平均数（9.029 分）、中位数（10 分）要高于女性志愿者快乐指数的平均数（8.859 分）、中位数（9 分）。不同年龄组别的志愿者参与志愿服务的快乐指数也具有显著性差异，整体来看，30 岁及以上志愿者的快乐指数要明显高于 30 岁以下志愿者；从细分年龄段来看，18 岁以下志愿者的平均快乐指数最低，为 8.224 分，60 岁及以上志愿者的快乐指数最高，为 9.409 分。从

户籍状况来看，非深圳户籍志愿者（9.054 分）要比深圳户籍志愿者（8.775 分）更快乐。从月收入情况来看，月收入在 5211～10420 元的志愿者参与志愿服务的快乐指数最高（9.152 分），月收入为 2200 元及以下的志愿者的快乐指数最低（8.561 分）。服务时数的长短也是影响志愿者快乐指数的因素，从调研结果可以观察到，服务时数越长的组别，志愿者的快乐指数越高，服务时数在 99 小时及以下、100～299 小时、300～599 小时、600～999 小时、1000～1499 小时、1500～2999 小时、3000 小时及以上的志愿者，其快乐指数平均值依次为 8.703 分、9.069 分、9.123 分、9.297 分、9.358 分、9.394 分和 9.440 分（见表 5）。也许感受到的快乐越多，志愿者越愿意持续地参与志愿服务。[①]

表 5　深圳志愿者参与志愿服务的快乐指数评分

	组	观测数	求和	平均	方差
年龄	18 岁以下	473	3890	8.224	3.340
	18～29 岁	401	3507	8.746	1.905
	30～39 岁	631	5743	9.101	1.771
	40～49 岁	745	6847	9.191	1.571
	50～59 岁	255	2318	9.090	2.358
	60 岁及以上	88	828	9.409	0.842
性别	男	950	8578	9.029	2.060
	女	1643	14555	8.859	2.233
户籍	深圳户籍	1231	10802	8.775	2.462
	非深圳户籍	1362	12331	9.054	1.882
月收入	2200 元及以下	900	7705	8.561	2.783
	2201～5210 元	851	7762	9.121	1.958
	5211～10420 元	623	5702	9.152	1.477
	10421～20840 元	166	1480	8.916	1.884
	20840 元以上	53	484	9.132	1.117

① 受限于调研时间和调研问题，本报告调查问卷尚未对此种论述进行验证。此处仅为推测。

续表

	组	观测数	求和	平均	方差
服务时数	99 小时及以下	1473	12820	8.703	2.516
	100～299 小时	421	3818	9.069	1.912
	300～599 小时	220	2007	9.123	1.679
	600～999 小时	138	1283	9.297	1.480
	1000～1499 小时	95	889	9.358	0.998
	1500～2999 小时	137	1287	9.394	1.005
	3000 小时及以上	109	1029	9.440	1.360

本报告还调查了受访志愿者对其过去一年参加的志愿服务活动的组织管理工作的满意度情况，结果显示，志愿者对志愿服务活动的组织管理工作较为满意，满意度平均分为 4.32 分（满分为 5 分）。由于大多数的志愿服务活动都依托志愿服务组织管理开展、几乎所有志愿者都被纳入至少一个志愿服务组织，满意度分值间接反映了志愿者对所属志愿服务组织工作情况的评价。

在问及未来参与意愿方面，有 91.59% 的志愿者表示会继续参与志愿服务活动，其中有 59.20% 的志愿者表示不仅会继续参加，而且将增加参与时间。这不仅说明大部分志愿者在过往的志愿服务经历中实现了自我价值与社会价值的共同提升，心理需求得到满足，也反映了志愿者高涨的志愿服务热情和持续的服务承诺。深圳志愿服务发展前景可期。

（三）志愿者的社会支持环境分析

问卷调查结果显示，家人、朋友、所在单位对志愿者参与志愿服务“比较支持、非常支持”的比例分别是 89.82%、86.5% 和 83.57%。这说明，志愿者所在的家庭环境、朋辈氛围、工作环境对其参与志愿服务较为友好，这也是志愿者能够持续投入、活跃于服务一线的重要原因。

当然，不少志愿者在参与志愿服务过程中也存在各种各样的阻力因素。最大的阻力是时间，有 84.61% 的志愿者选择了“时间因素，与个人生活、工作或学习时间冲突”；其次是距离因素，有 45.97% 的志愿者选择了“距离因素，服务地点太远不方便，或就近社区志愿服务机会少”。信息因素（20.86%）、经济因素（17.82%）也导致一部分志愿者难以进一步参与志愿服务。关系因素、情感因素和家庭因素对志愿者进一步参与志愿服务影响较小，分别只有0.62%、1.77%和1.81%的受访者选择了这些选项（见图14）。可见，要进一步推动志愿服务全民参与，就需要从政策、制度、设施、保障等方面尽量消除时间、距离、信息渠道、保障经费等障碍因素的影响。

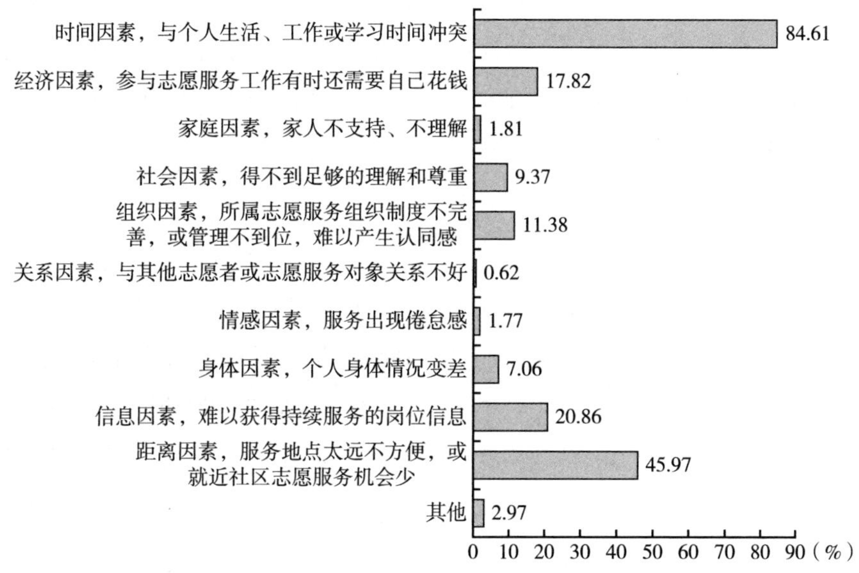

图14　阻碍志愿者进一步投入志愿服务的因素

（四）志愿者认可城市志愿服务发展成效

深圳志愿服务多项工作开全国先河，志愿精神已然融入城市文明。广大志愿者对深圳志愿服务30多年发展成效颇为肯定，也颇以此为自豪。问卷调查结果显示，有59.12%的志愿者认为深圳志愿服务发展很好，能够在全国起到示范作用，还有36.60%的志愿者认为深圳志愿服务发展较好，在部分领域形成了鲜明特色。这种对志愿服务成效肯定的背后，折射出的是志愿者对志愿服务理念、城市精神文明高度的认同感、自豪感和自信心。

六　对未来志愿者管理与服务工作的建议

志愿者是志愿服务的核心要素，广大志愿者立足新时代、展现新作为，弘扬奉献、友爱、互助、进步的志愿精神，以实际行动书写新时代的“雷锋故事”。定期开展以志愿者为研究对象的调查研究，能够为志愿服务的发展方向、规划思路提供参考，也能在做好志愿者管理、服务志愿者方面发挥重要作用。根据“志愿深圳”信息平台提供的资料和依托深圳市义工联面向不特定的志愿者开展的问卷调查结果，本报告提出以下几点有关未来志愿者管理和服务工作的建议。

（一）尊重志愿者，营造平等氛围

调查显示，有92.67%的志愿者表示“喜欢在对志愿者和员工一视同仁的志愿服务机构工作”，因为这能让他们感觉到被尊重、被认可。只有将志愿者视为平等的合作伙伴和珍贵的人力资源，才能缔结信任和互惠纽带、增强认同感与归属感、增强共同合作解决社会问题的凝聚力。在志愿服务发展的早期阶段，因人们对志愿服务理念的理解存在偏差，难免会出现个别单位将志愿者当作免费劳动力使用的情况。在志愿者资源丰富的高校、社区更容易在实际项目执行中出现这种情况，随着志愿服务文化氛围日渐浓厚，志愿服务管理也越来越规范，人们对志愿服务理念的理解也逐渐深入，这种情况也日渐减少了。

尊重志愿者不是一句空洞的口号，而是与国际接轨的发展理念，联合国志愿人员组织发布的《2015年世界志愿服务状况报告》就在前言中指出，志愿者个人的动机和承诺，需要得到政府和发展机构的尊重和支持，志愿者支持发展进程的能力取决于各国政府为志愿者参与和行动提供空间和良好环境的意愿。[①] 本报告认为，尊重志愿者，至少需要在三个层面上付诸行

---

① 《2015年世界志愿服务状况报告》，载金安平编《国际志愿服务重要文献选辑》，张俊虎、刘皓译，中国文联出版社，2018，第171～172页。

动。其一，在宏观层面，志愿精神和理念被更多市民理解和接受，志愿文化倡导更加强调志愿服务的自愿性、利他性，志愿保障体系更加健全。其二，在中观层面，志愿服务组织作为与志愿者联系最紧密的组织载体，应该将尊重、平等注入组织价值观，并在志愿队伍日常管理和志愿项目运作中一以贯之。其三，在微观层面，一方面，志愿服务项目设计应该注重细节、充满温度，不仅使服务对象受益，也对志愿者友善；另一方面，加强志愿服务活动的计划性，给予志愿者更多的自主权和能动性，发挥潜能。

（二）认可志愿者，重视激励机制

调查结果显示，认可动机和自尊动机是深圳志愿者参与志愿服务最主要的两个因素。志愿服务记录制度是志愿服务制度的重要组成部分，也是对志愿者的付出予以认可的基础形式，是当前激励措施的主要依据。对志愿者来说，他们的志愿服务被认可是非常重要的，及时准确地对千百万志愿者所付出的时间和努力给予记录，有助于增强志愿者的认同感，有利于调动志愿者参与志愿服务的积极性。2012 年，民政部印发《志愿服务记录办法》，促进并规范了志愿服务记录工作。2017 年施行的《志愿服务条例》也将“如实记录志愿者服务情况、培训情况等信息，无偿和如实出具志愿服务记录证明”作为一项志愿者权利确定下来。深圳市义工联也制定了《深圳市志愿服务记录办法》以规范志愿服务记录工作。在实践操作中，大部分服务记录是由志愿服务组织来录入完成的，具体是由志愿服务组织工作人员或骨干志愿者来完成的。因此，这个“把关人”的角色也就变得很重要了，“把关人”是否客观、公正、细心，会影响志愿服务记录的准确性与公平性。目前深圳市义工联面对的一个挑战是，在全市如此大体量的服务时数面前，如何针对每个志愿者的志愿服务记录做到更精细化的管理，如何监督“把关人”的工作。一种可能的思路是利用信息技术和物联网的力量，来实现大体量个体管理的精细化，在提高工作效率的同时减少“把关人”所需付出的时间成本。基于志愿服务记录的表彰和奖励是一种来自社会的、组织的正式认可，其激励作用毋庸置疑。然而，非正式认可也很重要，非正式认可大部分发生在日常生活与服务中，如志愿服务组织对志愿者的欣赏、关心志愿者的兴趣、记住他们的生日、日常沟通中的感谢、服务对象对志愿者的肯定等，这些非正式认可让志愿者团队更有人情味。

认可志愿者也要从完善激励机制入手。好的激励机制可以促使志愿者持续投入志愿服务、增强认同感和归属感。上文提到，不同年龄段志愿者有着不同的动机特征和激励偏好，激励机制也应该更具有针对性。从全市层面来看，当前的表彰和激励以精神激励为主，并以《深圳市志愿服务记录办法》规定的志愿服务记录为主要依据开展。深圳市义工联作为统筹全市志愿服务表彰与激励工作的机构，可以在结合深圳实际情况和前期探索实践的基础上，协同联动有关部门、群团组织、社会组织、企业等，织就严密的志愿服务激励沟通协作网络，丰富激励措施内容和形式，并重点开展礼遇激励、信用激励相关措施的研究和试点工作，如将志愿服务情况纳入信用体系、公共服务（图书馆、博物馆等）给予志愿者礼遇优待等。其他各级各类表彰与激励主体则可制定相关规章制度，在职权范围内对志愿者进行表彰与激励。在这种自主权下，各志愿服务组织制定的表彰和激励措施更应该符合本组织志愿者队伍特点。如以学生群体为主的志愿者队伍，可以适当设计增加其就学和就业机会的激励措施，志愿服务项目设计也可与学生群体渴望拓宽视野、增强技能的动机结合起来；以年长者为主的志愿者队伍，可以丰富精神激励、道德激励的形式，例如书写志愿者奉献故事、与青少年跨代交流志愿服务事迹等；“时间银行”“爱心积分”类型的服务激励会对女性志愿者和收入较低的志愿者更有吸引力。总而言之，认可志愿者，要重视志愿服务记录工作，并不断丰富、完善激励机制。当市民看到志愿者活动的贡献，见证志愿者被社会充分认可，认识到志愿服务是社会参与的一种形式，是一种有益于身心健康的生活方式时，他们就会受到鼓舞而加入。

（三）赋能志愿者，促进社会融入

绝大多数的志愿者参与志愿服务是不抱有功利目的的，但毋庸置疑，志愿服务能够带来积累社会资本、促进社会融入的好处。在个人层面，志愿服务可以增进个人的自尊感，提升职业技能或其他能力并帮助建立关系网络。通过咨询、建议和给他人以支持的志愿服务，人们能够从受助者转变为施助者，进而实现自我赋能。[①] 对整个社会而言，志愿服务可形成更高的社会融入度，可以带来更大的经济收益，并促进其发展成更强大、更包容的国家。特对是，对于青少年、老年人、妇女、流动人口、残疾人等群体，志愿服务能够为他们提供更多社会参与和融合的机会。

赋能一词最早源于积极心理学，后被广泛运用于管理学、社会工作等领域，其核心要义是提高能力、发掘潜力、促进个人发展。在志愿服务领域，为志愿者赋能最常用的形式是培训。志愿者培训的目的是让志愿者理解志愿服务理念和精神，掌握志愿服务必要的知识和技能，确保志愿服务达到预期的目的。适当的培训可提升志愿者能力，增强其服务的信心，促进志愿者团队建设。宝安区义工联自2008年起开展的“义工大学堂”项目，就是为志愿者赋能的一个典型案例。“义工大学堂”面向外来务工青年、新来深人士，将志愿者技能学习与兴趣培养融为一体，为广大市民、志愿者提供了一个自我提升、自我展示的平台。“义工大学堂”最具特色的部分，是赋能志愿者走上讲台、成为讲师，通过一套较为完整的讲师培训、选拔、培养和激励机制，培养一专多能的综合性讲师。

为志愿者赋能的另一种常用形式是赋予他们管理者的角色和责任。大部分的志愿服务组织专职工作人员都不充足，志愿者队伍的管理在很大程度上依赖骨干志愿者的协助，以及志愿者队伍的自我管理。邀请骨干志愿者参与志愿者队伍管理、志愿服务活动策划与组织，甚至邀请他们介入志愿服务组

---

① Haski-Leventhal, D., Ronel, N., York, A. S., & Ben-David, B. M., “Youth Volunteering for Youth: Who Are They Serving, How Are They Being Served,” *Children and Youth Services Review* 30 (7), 2008, pp. 834 - 846.

织运营与发展的决策咨询，都是为志愿者赋能的具体方式。如以笔者访谈的深圳市体育义工总队为例，其依托深圳市社会体育指导员协会提供的专职人员，将体育义工总队1.9万人按5个直属组、34个支队、10个小组来进行分层、分类管理，每个组或支队都由1名骨干志愿者担任组长或支队长，若干名骨干志愿者扮演其他管理协作者的角色，从而在资金不足、人力不足情况下实现了对志愿者队伍的有效管理。

赋能志愿者的益处不仅在于个人能力与潜力的挖掘，还在于志愿者因此而增加的社会融入机会。据深圳市义工联2015年的一份报告统计，深圳共带动超过62万外来人口在接受志愿服务后参与志愿服务。深圳志愿者队伍中非户籍人口居多、非全职工作者也比较多，像来深建设者、随迁老人、初入社会的年轻人、全职家庭照护者等，都需要友善的城市提供更多社会融入的机会。志愿服务组织需将促进社会融入的视角带入志愿者招募、管理和培训工作与志愿服务项目设计中来。

（四）呵护志愿者，健全保障体系

深圳是一座年轻的移民城市，20世纪90年代大量外来人口的流入，使人们在市场经济相对发达、社会关系相对薄弱的背景下，更渴望得到集体力量的支持和帮助，深圳市义工联——我国第一家志愿服务组织应运而生。义工“通过实际行动全心全意为人民服务，这在市场经济发达的深圳，尤其显得难能可贵”。[①] 可以说，从一开始，“奉献、友爱、互助、进步”就是深圳志愿精神的题中之义。时至今日，深圳人均地区生产总值突破三万美元，跻身发达经济体之列，而志愿服务精神在城市迎来粤港澳大湾区建设和社会主义示范区建设发展机遇时更加焕发蓬勃生机，在改革发展的浪潮中完整保存下来的志愿服务纯粹性愈加弥足珍贵。

上文提到的志愿者对经济补贴的态度，以及志愿者对激励措施有效性的

① 《参与 互助 奉献 进步——市委书记厉有为谈学习义工精神》，《深圳特区报》1996年8月21日，第1版。

评价，可以从侧面印证深圳志愿者对志愿服务纯粹性的坚持。在志愿者选择的对提高其积极性最有效的激励举措方面，深圳志愿者的选择排在前三位的是“公共服务机构（博物馆、公园、图书馆等）对有良好志愿服务记录的志愿者给予优待”、“将志愿服务时间计入社会信用体系”和“开展星级资质认证、及时宣传表彰志愿服务的优秀人物与事迹”，而上海志愿者的前三项选择是“志愿服务时间计入社会信用体系”、“建立‘时间银行’制度换取相应服务”和“提供求职或求学使用的服务证明”。[①] 相比于上海志愿者喜欢务实类的服务激励和信用激励，深圳志愿者更青睐礼遇激励和精神激励。考虑到深圳发达的市场经济和深圳志愿者以非户籍人口为主等特点，志愿者对志愿服务的自愿、无偿、利他的坚持就显得更加纯粹、更加可贵。这样纯粹的志愿服务精神是需要呵护的，健全志愿服务保障体系就是维持志愿服务纯粹性的重要方面。

志愿服务保障体系是由不同层面的保障措施构成的，其目的是保护志愿者的权益，为志愿者、志愿服务组织参与和开展志愿服务清除障碍。它至少包括以下几个层面的内容：法律保护、技能培训、资金支持、健康和安全管理制度、志愿者个人发展支持机制。在法律保护方面，应该根据上位法并结合深圳志愿服务实际尽快启动《深圳市义工服务条例》的修订工作，以法制建设引领深圳志愿服务在新时代再上新台阶。志愿服务的使用单位也应该遵照法律要求，规范合理使用志愿者，避免陷入志愿活动形式主义以及将志愿者视为免费劳动力的认识误区。志愿服务的资金投入也应该在政策法规层面给予保障，特别是那些涉及基础公共服务的志愿服务。在认同“服务无偿、成本有偿”的基础上，市、区应该将志愿服务工作经费纳入年度财政预算。除了财政资金外，志愿服务管理部门、统筹机构也应该积极调动社会力量，以捐赠、慈善信托、公益金融等方式为志愿服务提供充足的资金保障，以满足志愿服务事业发展的需求，如可以利用社会资金设立志愿服务发

① 《2018 年上海志愿服务发展报告》，载上海市精神文明建设委员会办公室主编《上海志愿服务发展报告 2019》，社会科学文献出版社，2019，第 22 页。

展的慈善信托，专项用于培育、扶持社区志愿服务组织、草根志愿服务组织的可持续发展，以及行业生态圈建设；企业可以资助特定领域的志愿服务项目，推动深圳志愿服务品牌化、专业化发展。拓展多样化的资金支持，才有可能缓解志愿者交通、误餐、保险、培训、服装等保障的经费困难，并为志愿服务组织可持续运营的管理经费提供一定保障。

B.3

深圳志愿服务的经济与社会贡献报告

陈永杰　王潇　徐祯*

摘　要： 自2011年提出系统性建设"志愿者之城"以来，深圳市志愿服务蓬勃发展，其产生的直接或者间接经济价值也日益受到关注。本报告发现，2019年深圳市志愿服务经济价值为10.68亿元，占第三产业增加值的0.07%；志愿服务组织对地区生产总值的贡献值为715.35万元。近年来，深圳市持续推动志愿服务工作从社会服务到社会治理全面转型，探索出了志愿服务与水环境治理、食品安全监管等领域相结合的新模式，不仅加快了政府职能转移，也激活了社会力量，充分显示了其在社会治理现代化进程中的重要作用。然而，本报告也发现，当前经济价值统计测算，尚存在着统计制度不规范、基础数据质量不高、经济价值测算方法不够精细化、长期经济社会效益难以测量等问题。本报告提出，为提高经济测算结果的精度，一方面，必须加强对志愿服务组织工作的支持和对相关人员的培训、建立完善的志愿服务组织财务审计制度，以提高基础数据质量；另一方面，还要加快探索完善志愿服务测算方法，对不同类型和经济价值的志愿服务进行分类测算，并将非正式服务纳入测算范围。同时，必须关注志愿服务在盘活社会资源、构建社会治理体系上带来的长远社会效益，致力于构建科学的志愿服务经济价值评价体系。

* 陈永杰，中山大学政治与公共事务管理学院副教授，研究方向为养老服务、社会组织、高等教育；王潇、徐祯，中山大学政治与公共事务管理学院行政管理专业研究生。

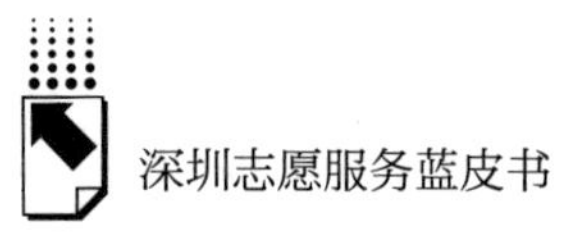

关键词： 志愿服务组织　经济价值　社会治理

一　引言

志愿服务是社会文明进步的重要标志，是培育和践行社会主义核心价值观的有效载体。在十九大报告中，习近平总书记指出，中国特色社会主义已进入新时代，这对志愿服务也提出了新的要求，必须“推进诚信建设和志愿服务制度化，强化社会责任意识、规则意识、奉献意识”,① 使“奉献、友爱、互助、进步”的志愿服务精神在全社会蔚然成风。

作为全国志愿服务的发源地之一，近年来，深圳市积极响应党中央、国务院的决策，持续推进“志愿者之城”3.0 建设。深圳市志愿服务工作正从提供社会服务向参与社会治理迈进。目前，深圳市志愿服务已从敬老爱幼、帮扶弱者层面，向深度参与城市治理、食品药品健康等转变，进一步满足社会不同群体的需要，在全社会形成“奉献、友爱、互助、进步”的志愿服务精神，并在环境治理、食品药品公共安全、城市安全生产、道路交通、应急救援等领域取得了一系列重要成就，其产生的经济价值与社会效益不容忽视。

参考《志愿服务条例》第二章第六条相关规定，本报告将志愿服务组织定义为“依法成立的，以开展志愿服务为宗旨的非营利性组织”，其中并不包括未独立注册的志愿服务组织及个人。此外，为了更好地贴合《志愿服务条例》的界定，本报告在进行深圳市志愿服务组织经济价值的调查统计时，从深圳市登记注册的一万余家社会组织中，以“志愿”与“义工”为关键词进行检索，共检索出 213 家社会组织,② 并以其中提交了 2018 年度工作报告的 152 家为最终样本进行统计研究。

---

① 习近平：《决胜全面建成小康社会　夺取新时代中国特色社会主义伟大胜利——在中国共产党第十九次全国代表大会上的报告》，人民出版社，2017，第 30 页。

② 本报告将这些社会组织界定为志愿服务组织，并划分为社会团体、民办非企业单位和基金会三类，并以此来测算志愿服务的经济价值和社会贡献。

志愿服务的经济价值即志愿者在开展服务期间所创造的经济效益，通常用各个领域志愿者参与志愿服务的时长或产品与服务的货币价值来表示。然而，由于并没有相对应的市场价格来确定其供需变化，该价值长期以来被官方统计所忽略，难以被计入地区的发展绩效。相比近年来志愿服务的快速发展，中国的志愿服务价值测算起步较晚，其相关理论与实践仍处于探索的阶段。

目前与志愿服务价值测算最为相近的是“无酬劳动经济价值”测算，该研究起源于对女性在家庭中的劳动价值进行的研究，至今已被不少学者在概念介绍、理论回顾、方法综述上讨论过。齐良书等基于投入法，采用机会成本替代法，以2009年中国劳动统计年鉴中的不同性别平均工资、不同产业平均工资及城镇家庭平均收入为基础，估算调查对象的有酬小时工资，并以此作为无酬劳动的机会成本替代工资，进而估算无酬劳动经济价值。[①] 此后，学者王兆萍和张健及李浩杰等对工资率等指标进行了改进，分别讨论了每种方法的优缺点。[②③] 因此相对来说，此方法已有相对成熟的讨论，本文将借鉴“无酬劳动经济价值”的方法对志愿服务的经济价值进行测算。

二　经济效益

（一）直接经济效益

1. 志愿服务的经济价值

联合国统计司（United Nations Statistics Division）表示，“在经济学领域里，志愿服务是一个比较麻烦的概念，因为没有市场价格来确定其相对于供

① 齐良书、安新莉、董晓媛：《从时间利用统计看我国居民的有酬劳动》，《统计研究》2012年第4期，第72～80页。

② 王兆萍、张健：《无酬家务劳动价值的新估算》，《统计与决策》2015年第5期，第15～19页。

③ 李浩杰：《关于我国居民无酬劳动经济价值的估算与分析》，博士学位论文，清华大学，2017。

需变化的价值”。[①] 各个国家和地区对于志愿服务经济价值的关注和测算发展较晚。目前，主流的志愿服务经济价值测算方法有两种，即产出法（output-related method）和投入法（input-related method）。[②] 产出法是从生产角度核算志愿者在服务期内创造的价值，同时，基于市场价格对志愿服务产生的效益进行计算。然而由于该方法需要大量的数据，包括无酬服务的产出数量、相应市场替代服务的价格等，因此，操作难度较大，在实际测算中使用较少。目前常用的是投入法，该方法是从投入要素成本的角度核算志愿者在服务期内创造的价值，即根据相应的工资标准，对志愿服务的投入时间进行测算。此方法需要较为准确的志愿服务时长记录，并确定适当的工资标准，相对而言操作较为方便。

根据工资标准确定方法的不同，投入法又分为机会成本法（opportunity cost method）和市场成本替代法（replacement cost method），前者将志愿者从事有酬生产活动所获得的工资视为从事志愿服务的机会成本，即以参加志愿服务放弃的工资收益作为其产生的经济价值。后者则是按照市场上同类型的有偿劳动报酬来进行等价计算，通常以同类职业的平均工资或本地最低工资为标准。机会成本法的局限性在于以下两点：一是对数据计算的要求很高，且大部分志愿者的工资水平难以确定；二是志愿服务的价值通常与志愿者的身份无太大关系，如清扫社区，无论志愿者是官员、学者、银行家，还是普通工人、失业者，其服务成果都很相似，因此经济价值也没有明显差别。[③] 整体来看，市场成本替代法更合适，实际应用也更为广泛。同时，市场成本替代法被国际劳工组织（International Labor Organization）所推荐，并在《2018 年中国志愿服务发展指数报告》中得到实际应用，因此，本报告将采用此法对 2019 年深圳市志愿服务经济价值进行测算，即志愿服务经济

---

① UNSD, *Handbook on Nonprofit Institutions in the System of Nationla Accounts*, New York, 2003.

② 关成华、张佑辉：《志愿服务经济价值的测算方法及其应用——以北京市为例》，《北京社会科学》2018 年第 1 期，第 4 ~ 13 页。

③ 关成华、张佑辉：《志愿服务经济价值的测算方法及其应用——以北京市为例》，《北京社会科学》2018 年第 1 期，第 4 ~ 13 页。

价值 = 社会服务行业雇员平均工资（元/小时）×志愿服务时数（小时）。

从参与社会组织的志愿者发展情况来看，深圳市拥有的志愿者数量始终居于全国前列。2019 年，深圳市志愿者注册人数达 1853902 人，服务次数为 5595308 次，服务时长达到了 15778366.04 小时（见表 1）。[①] 但由于多种原因，仍有大量的志愿服务尤其是社区志愿服务未被计算在内，统计值仍相对偏小，且各统计口径数据存在偏差。

由于志愿者是无偿劳动，故志愿者的平均工资需参考《2019 年深圳市城镇单位就业人员年平均工资数据公报》中“城镇非私营单位就业人员的平均工资为：125612 元/（人·年）”，按照实际工作日 232 天（每天工作 8 小时）计算，可得志愿者平均工资为 67.68 元/小时。

根据市场成本替代法可推算出 2019 年深圳市志愿服务经济价值约为 10.68 亿元，占当年深圳第三产业增加值 16406.06 亿元的 0.07%。

表 1　2019 年深圳市志愿服务经济价值估算

	志愿者人数（人）	志愿服务次数（次）	志愿者服务时数（小时）	志愿者平均工资（元/小时）	志愿服务贡献值（亿元）
志愿服务组织	1853902	5595308	15778366.04	67.68	10.68

资料来源：“志愿深圳”信息平台。

2. 志愿服务组织地区生产总值贡献值

志愿服务组织的地区生产总值贡献值就是经济增加值，不同于志愿服务，该指标反映的是志愿服务活动所产生的经济贡献。整体上看，学界对社会组织地区生产总值贡献值测算的研究起步较晚，目前尚无成熟的研究方法与测量框架，其研究也一直处于探索的阶段。早期有学者基于公共财政学的分析视角，将社会组织经济价值的测算框架分为资源配置、收入分配、经济增长与稳定的影响三个部分，[②] 并进一步细化了各部分的指标，但却未明确

① 数据来自“志愿深圳”信息平台。

② 黄春蕾：《非政府组织的经济效应：基于公共经济学视角的分析框架》，《当代财经》2007 年第 9 期，第 41～46 页。

讨论社会组织对经济贡献的测算方法。直到2016年，“中国社会组织经济规模（N－GDP）测算研究”课题组明确用GDP贡献值作为测量社会组织经济效益的直接指标，对我国社会组织的GDP贡献值进行了测算研究，实现了该领域研究零的突破。[①] 而后王玲玲和李芳林、杨莹等学者，通过延伸探讨GDP与第三产业等之间的关系，又进一步对GDP贡献值的间接测量指标进行了补充。[②③]

目前GDP的主流测算方法主要有生产法、支出法、收入法3种。生产法主要是将各经济部门生产品的总产出，扣除中间环节的投入，从而得到增加值。这一方法对数据和资料的要求较高，不适用于数据基础薄弱的第三产业核算。支出法是从最终使用的角度计算新增加的服务和产品去向，不太适用于社会组织。而收入法则是从生产过程的角度去计算收入的增加值，可由劳动者报酬、固定资产折旧、生产税净额、营业盈余四个部分组成，这一方法较为适用于社会组织的统计核算。此外，马庆钰、杨莹以《联合国国民账户体系》（SNA 2008）和《联合国非营利机构手册》为基础，并参考此方法，对北京市社会组织的地区生产总值贡献值进行了测算。[④] 因此，本报告将采用收入法对2018年深圳市志愿服务组织地区生产总值贡献值进行估算。

首先是劳动报酬的核算部分，此部分包含劳动者从事生产活动所获得的工资、奖金和津贴等报酬。由于缺少志愿服务组织专职工作人员的统计数据，因此直接从“现金流量表”中的“给员工以及为员工支付的现金”中提取，共计558.78万元，其中社会团体为479.15万元，占85.7%。其次，

① 王冰洁：《“中国社会组织经济规模（N－GDP）测算”研究成果发布　2016年全国社会组织经济贡献达2789亿元》，《中国社会组织》2018年第14期，第43～44页。

② 王玲玲、李芳林：《中国社会组织发展的社会经济效益量化测度与分析》，《统计与信息论坛》2017年第3期，第42～49页。

③ 杨莹：《供给侧结构性改革视角下的社会组织GDP贡献研究》，《宏观经济管理》2017年第9期，第54～59页。

④ 马庆钰、杨莹：《北京市社会组织对GDP的贡献》，《中国社会组织》2019年第22期，第50～52页。

固定资产折旧的数据从“资产负债表”中的“减：累计折旧”一行中的“末数”减去“初数”计算得出，为18.98万元。此外，志愿服务组织产生的税收和接受政府补贴的金额相对有限，因此，生产税净额大致估算为应交税金额，为34.34万元。最后，营业盈余采用净资产变动额来近似替代，从“业务活动表”中的“净资产变动额本年累计数合计”中直接提取，为103.25万元（见表2）。

表2　2018年深圳市志愿服务组织地区生产总值贡献值估算

单位：万元

	劳动者报酬	固定资产折旧	生产税净额	营业盈余	志愿服务组织地区生产总值贡献值
社会团体	479.15	20.90	20.28	-15.77	504.56
民办非企业单位	19.53	-2.35	14.00	-69.67	-38.49
基金会	60.10	0.43	0.06	188.69	249.28
合计	558.78	18.98	34.34	103.25	715.35

资料来源：2018年社会组织年度工作报告。

据此可得，深圳市2018年志愿服务组织地区生产总值贡献值估算为715.35万元，总体上看，除基金会运作较为良好，社会团体和民办非企业单位均处于亏损状态，说明目前深圳市志愿服务组织市场化运作和可持续运营能力较弱，发展成熟度较低，仍需要政府的大力扶持。

然而值得注意的是，该测算方法仍存在以下方面的不足：第一，志愿服务组织本身是不以营利为目的的，因此采用现有的核算方法势必是不够准确、合适的；第二，本报告使用的是“志愿深圳”信息平台和社会组织年度工作报告数据，即统计的均为已登记的志愿服务数据，仍有大量的社会组织的志愿服务及其他个人、企业开展的志愿服务未被统计在内，因而数据偏低，难以客观反映志愿服务的价值。因此，深圳市需进一步推动志愿服务组织的标识申请和年报填报工作，若有条件，可逐步建立贡献值测算的统计数据指标体系，只有这样，才能从数据源头上保证志愿服务组织地区生产总值贡献值测算的科学性和规范性。

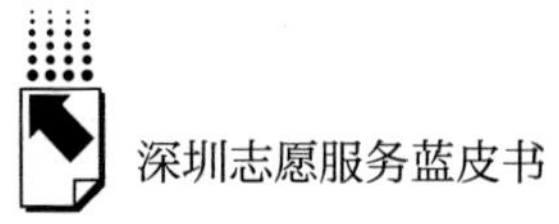

3. 志愿服务组织资金

（1）收入结构

截至 2018 年底，深圳市志愿服务组织总收入为 5193.6 万元，同比增长 3.7%；从收入构成来看，深圳市志愿服务组织的收入主要分为提供服务收入、捐赠收入、政府补助收入、销售商品收入、会费收入、投资收益及其他收入等 7 个类别。

从志愿服务组织级别上看，市级志愿服务组织收入为 3204.11 万元，占比为 61.7%，同比下降了 9.4%；区级志愿服务组织收入为 1989.48 万元，占比为 38.3%，同比增长了 35.5%，增长幅度较大。其中，市级志愿服务组织提供服务和政府补贴的收入分别为 1741.94 万元和 64.70 万元，同比下降了 26.3% 和 21.4%；然而，区级志愿服务组织这两项的收入则增长了 21.2% 和 24.9%。由此可见，政府购买和补贴的减少是导致市级志愿服务组织收入下降的主要原因，这也在一定程度上表明深圳市政府将相关资金向区级志愿服务组织倾斜有助于志愿服务的普及开展。

从志愿服务组织类型上看，社会团体的营收占志愿服务组织总收入的 78.8%，为 4091.96 万元。其次是基金会及民办非企业单位，它们在 2018 年的收入分别为 1002.06 万元和 99.58 万元，其中民办非企业单位只占总收入的 1.9%（见图 1）。总体上看，社会团体是志愿服务组织创收的主体，而民办非企业单位的营收能力需要进一步加强。此外，与 2017 年相比，只有基金会在营收上呈上升趋势，主要依靠捐赠收入和其他收入增长了 73.5%；而社会团体和基金会则分别下降了 3.7% 和 44.0%，其中，民办非企业单位收入下降的原因是提供服务的收入迅速减少。

而从志愿服务组织的收入构成来看，2018 年，志愿服务组织提供服务收入为 2536.72 万元，占比为 48.8%，是志愿服务组织最主要的收入来源。其中，社会团体提供服务收入最多，为 2463.92 万元，占该项收入的 97.1%。可见，一方面，社会团体是志愿服务的主要承载形式；另一方面，鼓励社会团体提高服务的数量和质量，是保证志愿服务组织收入增长的重要手段之一。其次，捐赠收入和政府补贴收入分别为 1868.51 万元和 484.11

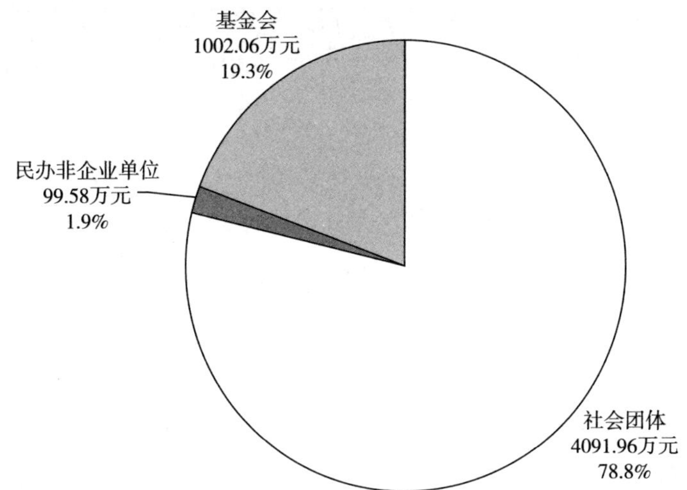

图1　2018年深圳市各类型志愿服务组织的收入情况

万元，占比分别为36.0%和9.3%。最后，商品销售收入、会费收入、投资收益及其他收入占比仍较低，合计不到6.0%（见图2）。

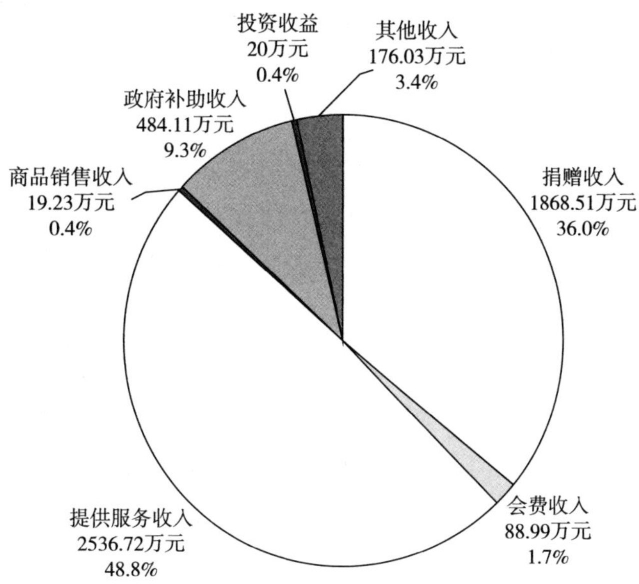

图2　2018年深圳市志愿服务组织收入来源构成情况

捐赠收入是体现社会组织吸纳与整合社会资源的核心指标之一。虽然2018年深圳市总收入增幅较小，但与2017年相比，捐赠收入增加了545.2万元，实现了41.2%的高增长。此外，除去民办非企业单位，基金会与社会团体均实现了捐赠总收入的增长，其中，深圳市志愿服务基金会捐赠总收入增长幅度最大，达88.7%，其次是社会团体的捐赠收入实现了17%的增长，这说明深圳市志愿服务组织吸纳社会资金来推动志愿服务发展的能力在不断增强。

（2）费用支出

2018年，深圳市志愿服务组织总费用支出为5495.01万元，比2017年增加261.05万元，增长率为4.99%。相较2017年，深圳市志愿服务组织整体费用支出稳定增长，支出略大于收入，志愿服务事业平稳发展。其中，深圳市志愿服务组织的支出类型可以分为业务活动成本、管理费用支出、筹资及其他支出等4个类别。

从志愿服务组织的类型来看，社会团体的费用支出占志愿服务组织总支出的82.65%，为4541.45万元。其次是基金会，2018年费用支出为813.37万元，占志愿服务组织总支出的14.80%。最后是民办非企业单位，费用支出为140.2万元，占志愿服务组织总支出的2.55%（见图3）。总体上看，社会团体、民办非企业单位支出大于收入，基金会收入大于支出。其中，民办非企业单位的费用支出较2017年有一定幅度的增长，基金会和社会团体的费用支出相比去年则有所下降。

从支出类型来看，相较2017年，深圳市志愿服务组织的费用支出结构整体上变化不大。业务活动成本仍然是志愿服务组织的主要支出，费用总计为4444.61万元，占比为80.89%；其次是管理费用支出①，为906.38万元，占比为16.49%；筹资费用（1.31万元，占比为0.02%）及其他费用（142.64万元，占比为2.60%）支出占比较低（见图4）。可见，深圳市志

① 由于深圳社会组织年报统计口径方面的原因，本报告统计的管理费用支出并不包括筹资活动开支。

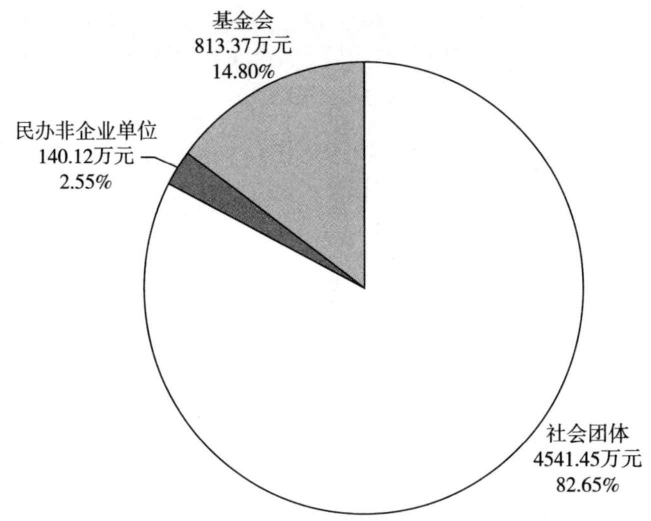

图3　2018年深圳市各类型志愿服务组织的支出情况

愿服务组织的资金绝大部分投入到了志愿服务各项业务活动的开展中，各组织通过开展各项业务活动，充分发挥自身服务社会、奉献社会的功能，实现自我价值。但从行政管理成本支出占比仍可以看出，深圳市志愿服务组织支出结构还能够做得更加完善，提高志愿服务组织支出绩效的空间还是存在的。

（3）投资保值、增值情况

志愿服务组织的非营利定位，并不意味着志愿服务组织不能进行投资。根据《中华人民共和国慈善法》（以下简称《慈善法》）第五十四条的相关规定："慈善组织为实现财产保值、增值进行投资的，应当遵循合法、安全、有效的原则，投资取得的收益应当全部用于慈善目的。"这一规定表明，法律明确允许志愿服务组织进行投资，但要求投资收益不得在发起人、捐赠人以及慈善组织成员中分配，必须全部用于慈善目的。相应地，对于志愿服务组织而言，合法的投资能够为志愿服务组织带来更多的"源头活水"，通过科学、合理的投资方式对现有资产进行管理，能够在一定程度上提高志愿服务基金的安全性，不失为志愿服务资金保值、增值的一种可行手段。

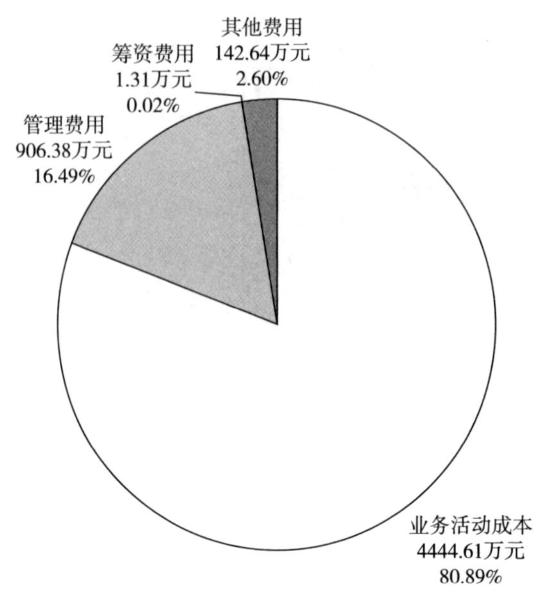

图 4 深圳市志愿服务组织支出类型情况

然而，目前深圳市志愿服务组织较少重视本组织的投资活动，2018 年，深圳市志愿服务组织投资收益总额仅为约 20 万元，其中基金会的投资收益占了绝大部分，为 16. 7 万元，其他志愿服务社会团体或民办非企业单位将资金以投资方式进行保值、增值。虽然相较于 2017 年的投资收益为 14. 82 万元来说，2018 年深圳志愿服务组织投资收益增加了 0. 497 万元，增长率高达 33. 5%，但具体来看，呈现迅猛增长趋势的主要为基金会，社会团体和民办非企业单位则较少进行投资活动，在收入上多依赖于政府补贴与社会捐赠。

（二）间接经济效益

伴随着经济社会的快速发展，社会问题也日渐增多，公众对于公共服务的需求也呈现多层次、多样化的特点。[①] 社会治理作为促进公共治理多元化

---

① 方琳主编《深圳义工改革发展实录》（第一辑），社会科学文献出版社，2020，第 156 ~ 177 页。

的一项系统性工程，为行政机关以外的社会各界民众参与社会治理提供了更加便利的平台。[①] 当前，深圳市志愿服务组织蓬勃发展，已经成为参与社会治理的重要载体。开展志愿服务是创新社会治理的有效途径，志愿服务组织深入参与城市治理，有利于理顺政府与社会的关系、激活社会力量参与社会治理的潜力、拓展多元主体参与社会治理的社会化渠道。

当前，深圳市政府积极给予志愿服务组织以经费支持，指导并协助其开展日常活动，将分散的民间志愿资源纳入政府体系。因此，对志愿服务组织经济价值的测算，不应当仅仅拘泥于其所产生的直接经济价值，因为志愿服务组织属于第三部门，区别于市场部门的商业组织。商业组织的价值在于创造经济效益而志愿服务组织的价值在于参与社会治理，提供服务以更好地满足社会需要。志愿服务的目的并不在于创造经济效益。经济效益这一概念，更多的是作为衡量志愿服务组织的社会价值而出现的一种替代性测量工具。因此，要更加全面地了解深圳志愿服务所带来的经济效益，就必须关注近年来深圳市志愿服务组织所参与的各项社会治理活动，深刻理解其在盘活社会资源、构建社会治理体系上带来的长远的经济价值与社会效益。

1. 探索参与食品药品安全治理，培育食品安全社会共治新力量

传统的行政管理工作，由政府各职能部门按政策法规执行，传统的职能部门尽管可以胜任日常的行政审批工作，但如果涉及实施监督和深度治理工作，就可能因人力短缺的问题而无法全面掌握治理对象信息及动态变化情况。因此，就更加需要在治理中让其他相关利益主体，以不同的形式参与进来。志愿服务为普通人参与社会治理提供了平台。

食品药品的安全问题关乎人民群众的切身利益。近年来，深圳市政府面对食品安全问题监管难、执法成本高等一系列的困难，积极探索如何广泛发动社会力量主动参与食品安全治理，配合监管部门更高效、更精准地

---

① 康晓光、张哲：《行政吸纳社会的“新边疆”——以北京市慈善生态系统为例》，《南通大学学报》（社会科学版）2020 年第 2 期，第 73 ~ 82 页。

开展工作，推动构建完善食品安全社会共治格局。在此背景下，深圳市市场监督管理局招募吸收社会力量，成立了食品药品安全志愿服务队伍。为了更好地保障志愿者的权益，2018 年 5 月 1 日，《深圳经济特区食品安全监督条例》正式实施，其中明确赋予志愿者社会监督职责，鼓励和支持志愿者开展宣传教育、对违法进行举报和对食品安全工作提出建议，从而为志愿者提供了法制保障。深圳还通过多种形式的专业培训，逐步将食品药品安全志愿者打造成为具备食品安全督导员、餐饮巡查员等身份的队伍，扩充监管执法力量。

根据深圳市食品药品安全志愿服务总队介绍，食品药品安全志愿服务队伍建立之初，就得到了社会各界的积极参与和支持，众多食药志愿者小组多次开展有针对性的暗访或监督，并配合执法部门多次开展专项执法行动，在整治农贸市场环境方面取得了良好的效益。为了响应校园周边食品安全综合治理工作的要求，食品药品安全志愿服务队伍积极开展校园食品安全监督行动，并积极招募学生家长作为志愿者，对学校周边的餐饮门店和流动食品摊位进行检查，积极向相关市场监管部门提供食品违法经营线索，群众通过参与食品药品安全志愿服务活动，与辖区市场监管部门联动治理，增强了自身的参与感，同时，这也提高了政府的行政效率。此外，食品药品安全志愿服务队伍还积极组织具备相关专业知识的志愿者开展用药指导、失效药品上门回收等活动，并配合辖区内行政机构开展食品安全宣传周、食品药品安全民生微实事报道等活动，还借助大众传媒对相关部门的行政工作建言献策。[①] 深圳市食品药品安全志愿服务队伍工作灵活性强，通过暗访摸底工作，收集了丰富的现有食品药品安全问题的一手资料，有效地协助了政府整治食品药品环境，维护了公民的生命健康安全，避免了很多因为食品药品安全问题所带来的生命健康与财产损失。据深圳食品药品安全志愿服务总队估算，食品药品安全志愿者参与治理，每年能减少相关损

① 方琳主编《深圳义工改革发展实录》（第一辑），社会科学文献出版社，2020，第 156 ~ 177 页。

失约3000万元，对居民的生命与财产安全起到了重要的保护作用[①]。在食品药品安全领域引入志愿服务进行社会治理的过程中，相关行政部门不仅能够较好地掌握治理对象的信息和动态变化情况，也能收集来自社会各界的意见和建议，提高行政效率。与此同时，公众通过参与志愿服务组织在食品药品安全领域开展的各项活动，积极向相关部门提供非规范经营业主的线索，增强自身的参与感和提高了对相关部门工作的满意度，成为食品药品安全治理中支持和配合政府行政的重要力量。相关行政部门与社会各界力量相互补充，共同构建食品药品安全社会共治格局。

2. 参与水环境治理，改善城市生态环境与居民生活质量

2018年，深圳市从参与水资源保护、水环境治理等生态文明志愿服务入手，深入推进志愿服务参与社会治理行动。针对中央环保督查中反映的问题，共青团深圳市委联合专业社会组织专门成立了水环境治理的志愿服务队，开展“河未来·益起行”志愿服务助力治水提质工作行动，组建“志愿者河长”、“河小二”、“护水骑兵”和“红领巾小河长”等水环境治理志愿服务队伍，开展常态化巡河护河活动。通过建立护河治水U站和常态化的水环境治理志愿服务监测点，水环境治理志愿者们围绕护河治水开展节水知识进校园、圆桌对话、节水护水知识普及等活动。目前，由志愿者河长牵头，带领10万余名“河小二”护河志愿者常态化开展水环境治理志愿服务，取得了良好的经济社会效益。

如果水环境治理仅靠纯公共治理的方式进行，则政府将会投入相当大的人力、物力成本。与此同时，由于纯公共治理方式下公众的参与积极性不高，治理效率也可能会相对偏低。而在水环境治理领域，深圳市民通过志愿服务平台积极参与治理，逐渐达成了“治水提质，人人有责”的普遍共识，护河治水志愿服务参与率明显提高，不仅有效降低了因水污染、水浪费所带来的财产损失，减少了生态环境破坏行为，改善了区域内的河流水质，还有效地提高了市民对市政工程的参与感和满意度，起到了改善区域

① 数据由深圳食品药品安全志愿服务总队于访谈中提供。

内生态环境和人居环境的作用。当然，水环境治理更多依靠的是专业力量，在未来进行水环境治理时，应更多地运用技术力量开展水质监控与水质改善工作，这样不仅能够进一步提高水环境治理的效率，也能够让当前参与水环境治理的众多志愿者在其他公共治理领域参与服务，使具备不同技能的志愿者能够在其所擅长的领域发光发热，最大限度地利用有限的志愿服务资源。

综上所述，志愿服务是公众参与社会治理的有效途径，也是市民实现自我价值、提升城市认同感的重要形式。志愿服务的无偿性不仅可以以低成本完成各项活动，极大地节约人力、物力，其所具有的参与灵活性和志愿服务项目的多样性又有较大的吸引力，使具有不同技能的志愿者能够分层次承接和推进志愿服务项目，产生间接的经济价值和长远的社会效益。

三　现存问题

上文基于近几年深圳市志愿服务相关统计数据与案例，对其产生的经济与社会效益进行了探讨。不难看出，目前深圳市志愿服务发展势头良好，且已经取得了较多成就。然而，仍需看到其在志愿服务经济价值的测算层面依旧存在较大的可提升空间。因此，本报告将对当前深圳志愿服务组织经济价值测算的现状与问题再作讨论。

（一）志愿服务统计制度不规范，用于经济测算的基础数据质量不高

当前，志愿服务组织中负责财务统计管理的专业人员较少，各志愿服务组织中的表格内容、统计指标设置不统一，甚至部分志愿服务组织对财务数据的填报不够重视，导致统计数据的规范性、准确性不足，用于志愿服务经济测算的基础数据质量不高。首先，在本报告所使用的志愿和义工组织统计文件中，部分基础数据存在填写不规范、错填漏填、数据真实性不足等情

况。其次，在部分志愿服务组织年报中，志愿服务组织在填写具体开展的活动名称时出现了意义较为模糊的“/”“空白”“无”等内容，[①] 志愿服务组织活动资金的流向模糊，资助收支数据的规范性和真实性不足，影响了数据的进一步测算，最终导致深圳市志愿服务组织经济价值的统计存在偏差。此外，有关志愿服务组织的财务审计制度也不够完善，目前，深圳市志愿服务组织接受财务审计的比重较低，即便接受了财务审计，审计流程也不够规范，往往流于形式，[②] 未能较好地发挥外部审计力量对志愿服务组织内部财务管理的监督作用。

（二）现行志愿服务经济价值测算方法不够精细，部分经济贡献量流失

一方面，志愿服务工作的经济价值含量不同。根据专业程度不同，志愿服务一般可以分为较为简单的、大多数志愿者均能胜任的一般志愿服务（如清扫社区等）与拥有某类专业知识或技能的志愿者才能胜任的专业志愿服务（如医疗护理等）。由于数据统计和测算成本较高、对数据测算的要求也相对较高，现有的志愿服务经济价值测算方法并未将价值含量不同的志愿服务进行区分，而是简单地计算为：志愿服务经济价值 = 社会服务行业雇员平均工资（元/小时）× 志愿服务时数（小时），低估了专业志愿服务的真实经济价值，从而导致部分志愿服务的经济贡献量流失。

另一方面，志愿者提供的服务除了通过志愿服务组织向受助者提供的正式服务，还有部分志愿者未通过志愿服务组织而直接向受助者提供服务，这部分非正式服务提供者依旧可以创造经济价值，不在注册系统内，另外，平

---

① 陈永杰、王潇：《深圳社会组织经济贡献报告》，载深圳市社会组织管理局、深圳国际公益学院主编《深圳社会组织发展报告（2019）》，社会科学文献出版社，2020，第 148 ~ 173 页。

② 马庆钰、杨莹：《北京市社会组织对 GDP 的贡献》，《中国社会组织》2019 年第 22 期，第 50 ~ 52 页。

时参与志愿服务活动时也可能并没有进行登记，因此，在进行经济价值测算时往往被忽略，导致最终测算结果出现偏差。

（三）志愿服务组织的长期经济社会效益评价体系未建立，经济和社会效益被低估

由于志愿服务的无偿性、服务行为的公益性和服务时间灵活，志愿服务过程的产出不同于一般商品，难以形成一套比较科学、合理、有效衡量志愿服务经济效益和社会贡献的评价体系，上文所分析的深圳志愿服务组织经济效益和社会贡献很可能被低估。

首先，志愿服务组织的产出往往具有滞后性特征，超过即时的、直接的收益。如在水环境、水污染的治理中，水环境改善所带来的对人体健康和生态环境间接、长期的社会效益难以测算。其次，志愿服务组织的产出具有无形化特征，其服务产生的效益，诸如志愿服务组织成员在参与社会治理时所进行的倡议，精神层面的爱、道德等促进社会和谐的文化内容难以直接转化成经济指标进行量化测量。多年来，各种志愿服务组织为数千万名困难群众提供了不同形式的救助和帮扶，从而使其得以成长而创造的经济社会价值被忽略。对于志愿服务所带来的无形的、长期的经济与社会效益的测算，在未来仍需要进行深入讨论。

四　建议与展望

（一）加快探索形成更加成熟的志愿服务经济价值测算方法，构建志愿服务经济价值评价体系

当前，已经有学者做出了志愿服务测算方法优化改进的有益探索。关成华和张佑辉为了更加精准地测算志愿服务的经济价值，尝试将志愿服务分解为专业服务（例如医疗、教育、法律咨询等）和普通服务两类，并分别赋予不同的工资水平：普通志愿服务的小时工资，继续参考使用当地社区服务

业类的平均工资水平进行计算，而对专业志愿服务小时工资的测算，则参考志愿者所提供服务的行业平均工资水平。[①] 除了按照志愿服务的内容，将志愿服务分为专业服务和普通服务之外，还可以按照志愿服务提供者是否在志愿服务组织进行注册，将志愿服务分为正式服务和非正式服务两种。值得注意的是，部分没有在志愿服务组织注册、直接向受助者提供服务的个人所提供的非正式服务，当前尚未纳入经济价值的统计范围。考虑到非正式服务提供者也可以创造志愿服务经济价值，为了更加精确地进行志愿服务经济价值的统计，对于提供非正式服务的个人，在后续工作中，相关部门必须给予高度重视，做到如实登记和如实上报。

此外，在进行志愿服务组织经济价值测算时，要将志愿服务组织的可视效益和无形效益结合起来，既要注重对志愿服务组织吸纳政府、社会各类收入、服务支出等可视化资金的评估，又要将无形的经济效益，如志愿服务组织对失业、待业人员进行再培训使其能够走上岗位并创造出的价值转化成可衡量指标，全面衡量社会组织的经济效益。并且，要将志愿服务组织的当期效益和给经济社会带来的长远效益结合起来，[②] 在计算志愿服务组织经济效益的时候，不仅要重视评估当期经济效益，也要将非即时、超长期的经济社会效益纳入评价指标体系中，探讨构建更加科学、规范的志愿服务经济评价体系。

（二）加强对志愿服务组织的支持与相关人员的培训，提高基础数据质量

基础数据的质量决定了志愿服务经济价值统计结果的数据质量。因此，必须加强对各志愿服务组织财务管理人员的培训。由于志愿服务组织行政人员配备不足，行政人员一般要负责各项烦琐的日常行政工作，还要负责安排

---

① 关成华、张佑辉：《志愿服务经济价值的测算方法及其应用——以北京市为例》，《北京社会科学》2018 年第 1 期，第 4 ~ 13 页。

② 刘惠苑、叶萍：《社会管理体制创新视角下社会组织评估指标体系研究——以广州市社会组织评估指标体系为例》，《学会》2014 年第 9 期，第 54 ~ 57 页。

志愿服务活动的开展，其能够投入到财务管理和统计方面的精力非常有限，而统计工作又较为耗时、耗力。为了减轻志愿服务组织行政人员的工作压力，同时，提高基础统计数据的质量，必须一方面加强对志愿服务组织财务人员相关技能的培训，提高其统计方面的技能，以提高基础数据的准确度，另一方面辅之以更加完善的统计体系，可以建立统一的数据收集标准，并借助更加便捷的统计系统与软件，以方便工作人员进行日常志愿服务活动与数据的登记与填报。这样不仅可以大大提高工作人员的效率，也能减轻年终统计时的压力，还能避免错漏，提升基础数据质量。

（三）建立完善的志愿服务组织财务审计制度，引导志愿服务组织认真落实财务管理

要提升基础数据的准确性和真实性，除了从志愿服务组织内部入手，提高统计人员的专业水平，还需要加强外部监督，以监督引导志愿服务组织财务管理和统计事务向规范化发展。为此，政府相关部门必须充分认识到志愿服务经济价值测算和规范志愿服务机构财务管理的必要性，加快建立健全针对志愿服务组织的财务审计制度，完善审计流程，对志愿服务组织提交的财务表单等进行严格审计。通过对志愿服务组织的统计月报、季度和年度报告进行严格的审计，以及制定一定的奖惩措施，可以引导相关行政人员重视完成各项汇报任务，认真进行数据统计，减少数据错漏、捏造情况的发生，以提高基础数据的质量。

B.4

深圳大学生志愿服务发展报告

唐 昊　许砺丹　王晓淇*

摘　要： 高校大学生志愿者拥有专业的知识、良好的社会责任感，是深圳志愿者的重要组成部分，并在深圳城市服务和社会治理中发挥着越来越重要的作用。现阶段，在粤港澳大湾区和中国特色社会主义先行示范区建设的背景下，深圳大学生志愿者被赋予新的使命，大学生志愿服务队伍也面临转型升级的要求。本报告在对深圳大学生志愿服务现状进行深入调查分析的基础上，从高校管理、志愿服务活动、志愿者队伍建设等方面总结发展经验；从志愿服务氛围营造、志愿服务信息管理、大学生志愿服务保障和激励机制等方面，探究其所面临的问题；从外部环境建设和内部队伍建设两方面，提出了促进深圳大学生志愿服务进一步发展的建议。

关键词： 大学生志愿者　校园志愿服务建设　志愿服务管理

一　研究背景及方法

2015年3月16日，教育部出台的《学生志愿服务管理暂行办法》将学生志愿服务定义为："学生不以获得报酬为目的，自愿奉献时间和智力、体

* 唐昊，深圳国际公益学院教授、副教务长，社会政策研究中心主任；许砺丹，深圳大学管理学院学生；王晓淇，广东财经大学人文与传播学院学生。

力、技能等，帮助他人、服务社会的公益行为。”而本报告所分析的大学生志愿服务，是指高校大学生不以获得报酬为目的，自愿无偿帮助他人的行为活动。这些高校大学生指的是正在接受高等教育、还未毕业走向社会的、具备全日制高等教育学籍的高校学生，包括专科生、本科生、硕士研究生和博士研究生。

截至2019年底，深圳共有13所普通高等学校，在校学生11.32万人。[①]深圳拥有数量庞大的大学生群体，深圳大学生已成为深圳志愿服务中不可或缺的力量。深圳大学和深圳职业技术学院更是紧跟深圳建设“志愿者之城”的号召，走在时代前列，提出了建设“志愿者之校”的倡议。最新数据显示，深圳大学的志愿者人数为37865人，志愿服务时长达1515994.4小时；深圳职业技术学院的志愿者人数为22965人，志愿者注册率高达96.11%。[②]作为深圳创办的创新型大学，南方科技大学非常重视志愿服务工作，截至2020年8月，志愿服务参与达14050人次。本报告将以这三所在志愿服务领域有突出表现的深圳高校为重点，展现和归纳深圳大学生志愿服务的发展现状和特点。

深圳大学生志愿服务在深圳城市服务和社会治理中发挥着越来越重要的作用，这主要得益于国家层面的重视和扶持，以及大学生志愿者群体自身能动性的发挥。具体说来，有以下几点。

首先，国家高度重视青年志愿者特别是大学生志愿者积极参与志愿服务活动，并为此出台了一系列重要政策。2009年教育部出台的《教育部关于深入推进学生志愿服务活动的意见》，对各级各类学校开展志愿服务活动进行统筹规范。2012年教育部等部门出台的《关于进一步加强高校实践育人工作的若干意见》进一步凸显了志愿服务是推进实践育人的重要途径。2015年3月16日，教育部出台的《学生志愿服务管理暂行办法》明确将志愿服务作为加强大学生思想政治教育和未成年人思想道德建设的重要举措。

① 《深圳市2019年国民经济和社会发展统计公报》，http://tjj.sz.gov.cn/zwgk/zfxxgkml/tjsj/tjgb/content/post_7294577.html，最后访问日期：2020年9月20日。

② 数据来源于访谈。若无特别说明，本报告数据来源于访谈和问卷调查。

2016年，中央宣传部、中央文明办、民政部等部门出台了《关于支持和发展志愿服务组织的意见》，文化部下发了《关于印发〈文化志愿服务管理办法〉的通知》等。2017年4月13日，中共中央、国务院印发的《中长期青年发展规划（2016—2025年）》提出了“坚持围绕大局、服务社会、突出青年特色，深化青年志愿服务工作”的战略布局。这一系列文件对大学生志愿服务的方方面面做出了规定，极大地规范和推动了大学生志愿服务的法制化、健康化发展。

其次，除政策规定，国家顶层设计也为大学生志愿服务提供了新的契机。2016年12月，中央全面深化改革领导小组审议通过了《关于加强“一带一路”软力量建设的指导意见》，将青年志愿服务工作纳入“一带一路”倡议的总体工作。2017年12月14日闭幕的“一带一路”志愿服务论坛暨第二届国际志愿者交流营上，与会嘉宾提议启动建立“一带一路”志愿服务联盟，并发出“理解信任，团结合作，志愿相知，服务人民，奉献、友爱、互相、进步，让民心相通，心意相连”的志愿服务倡议。[①] 利用此发展契机，深圳大学生志愿者可以将改革开放以来的志愿服务经验积极传播出去，即成功“走出去”，同时“引进来”其他国家的优秀志愿服务经验，从而推动深圳志愿服务事业的发展。

再次，在地方层面，深圳切实执行国家政策法规，积极推进大学生志愿服务落地。2020年4月29日，深圳市委市政府发布的《深圳青年发展规划（2020—2025）》提出，积极扶持、鼓励深圳高校志愿服务组织和大学生广泛参与国际化志愿服务活动，打造全国高校志愿服务模范和标杆，加强与港澳台地区志愿服务组织之间的交流合作，“引进来”和“走出去”相结合，区域协调组织参与、开发更具国际性、更加吸引大学生的志愿服务项目。

此外，2019年2月，中共中央、国务院印发了《粤港澳大湾区发展规

① 初梓瑞、李昉：《“一带一路”志愿服务联盟启动》，http：//gongyi. people. com. cn/GB/n1/2017/1218/c151132－29712285. html，最后访问日期：2020年8月13日。

划纲要》；2019 年 8 月，中共中央、国务院印发了《关于支持深圳建设中国特色社会主义先行示范区的意见》。在这一政策背景下，深圳、香港、澳门三地高校志愿服务组织合作更加密切。因深圳具有毗邻香港的特殊地理位置和作为国家改革开放先行先试的特殊经济地位，深圳的大学生志愿服务活动也有其特殊性。在“一带一路”倡议和粤港澳大湾区建设大背景下，深圳大学生志愿服务可利用深圳的地理位置优势，拓宽志愿服务区域，积极与港澳台及海外志愿服务组织展开交流合作。

无论是国家战略还是地方政策，都给大学生志愿服务提供了政策支持和发展契机，有力地促进了大学生志愿服务的良性发展。在此基础上，深圳市开展大学生志愿服务活动，对于将政策导向与本地实际结合起来、切实推进深圳大学生志愿服务工作就显得非常必要。

本报告以“深圳高校大学生志愿服务”为研究内容，采用定性和定量相结合的方法，对深圳 13 所高校的专科生、本科生、研究生展开调查。具体研究方法有如下几种。

1. 问卷法

问卷围绕三个方向，即高校大学生对志愿服务的认知、参与情况及校园志愿服务建设情况，设置问题。此次调查设置了两份不同的问卷，其中一份问卷的调查对象是参加过志愿服务的大学生，另一份则是未参加过志愿服务的大学生。对两个不同主体进行问卷调查能够更全面地反映现阶段深圳高校大学生对志愿服务的认知情况。通过滚雪球的方式在各高校中发送问卷，共发放问卷 809 份，回收有效问卷 792 份，有效问卷回收率为 97.90%。其中，女性占 66.16%，男性占 33.59%，性别不详占 0.25%；大专生占 47.73%，本科生占 42.80%，硕士研究生占 8.96%，博士研究生占 0.51%。

2. 个案访谈法

采用非结构式访谈的方式，对 3 所高校内主管志愿服务组织的老师进行了深度访谈，这 3 所高校分别是深圳大学、南方科技大学、深圳职业技术学院。通过访谈，更详细地掌握了高校各具特色的大学生志愿服务发展情况及相关数据，更直接地了解了高校志愿服务发展面临的挑战和问题。受时间限制，仅对志愿服务规模较大的3所高校进行访谈，没有对其他10所高校的志愿服务发展情况进行访谈。

二　深圳市大学生志愿服务发展情况

通过对深圳市大学生志愿服务情况进行的深入调查，本报告认为，深圳大学生志愿服务在认知层面、行动层面、组织层面、环境层面、发展层面都取得了相当高的成就，但也存在一些尚待解决的问题，并具有认知状况良好、富有积极行动力、重视志愿服务团体建设、志愿服务环境友好、改进空间较大等特点。

（一）认知层面，志愿服务精神融入高校，大学生普遍了解志愿服务

志愿服务精神是引领高校志愿服务工作的重要指挥棒，大学生对于志愿服务精神的认知和了解直接影响志愿服务的开展和延续。在“请问您认为参加志愿服务活动最需要的条件是什么呢”这一题中，有94.95%的大学生认为志愿服务最需要的条件是爱心/正确态度，有71.57%的大学生选择了时间/精力，只有不到1.00%的同学认为金钱是需要的条件。

在被问及对于志愿服务的看法时，大部分大学生非常同意“志愿服务是公民的责任和义务”（占43.72%），选择“非常同意”与“比较同意”的受访者合计共占80.66%。大学生志愿者中非常同意“志愿服务是弘扬雷锋精神，践行社会主义核心价值观”的占57.29%，非常同意“志愿服务是以‘奉献、友爱、互助、进步’为核心宗旨和精神”的占54.69%，非常同意“志愿服务既是一种利他行为，也是个人自我价值的实现”的占53.82%。非常不同意“志愿服务活动纯粹是做宣传的形式主义”的占34.05%，非常不同意“志愿服务活动是多余之举”的占51.66%。在“志愿者是免费的劳动力”这一观点上“非常不同意”和“比较同意”的同学占比大致相当，有28.14%的受访者选择“一般”，保持中立态度（见表1）。

表1　深圳大学生志愿者对志愿服务的认知情况

单位：%

观点	非常不同意	不太同意	一般	比较同意	非常同意
志愿服务是公民的责任和义务	2.74	3.75	12.84	36.94	43.72
志愿服务是弘扬雷锋精神，践行社会主义核心价值观	0.72	0.72	3.9	37.37	57.29
志愿服务活动纯粹是做宣传的形式主义	34.05	33.77	8.66	10.39	13.13
志愿服务是以“奉献、友爱、互助、进步”为核心宗旨和精神	1.01	0.14	4.76	39.39	54.69
志愿服务既是一种利他行为，也是个人自我价值的实现	1.44	0.72	5.34	38.67	53.82
志愿者是免费的劳动力	15.73	30.59	28.14	15.01	10.53
志愿服务活动是多余之举	51.66	25.97	7.07	6.78	8.51

在志愿服务对城市经济社会发展的哪些方面作用较大这一问题上，选择“帮扶社会弱势群体”的占64.79%，选择“为城市大型活动提供服务”的占39.83%，选择“促进社区建设”的占32.61%。而选择“抢险救灾”和“提供法律援助”的占比较低（见图1）。这说明大学生对于志愿服务功能认知有其自身的特点。

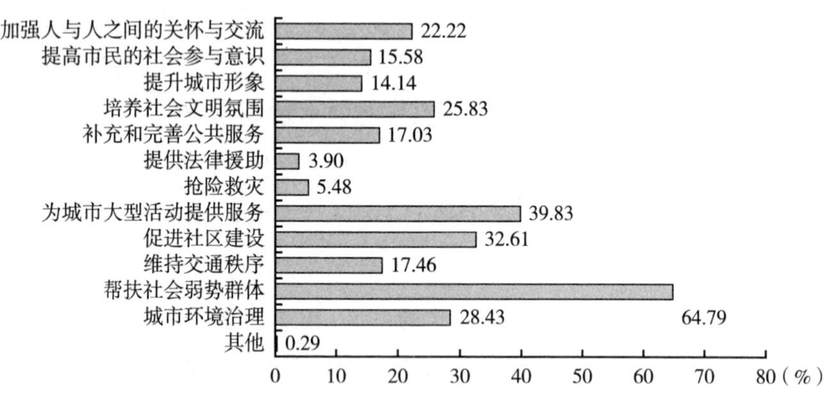

图1　深圳大学生志愿者对志愿服务对城市经济社会发展作用的认知

应该说，调查中所反映出来的深圳大学生对于志愿服务的认知状况较为良好。在深圳的高等院校中，志愿服务精神已经融入学校教育，大学生们也普遍认可、了解志愿服务。

（二）行动层面，积极参与志愿服务，成为高校生活新风尚

大学生志愿者是大学志愿服务的主体，大学生参与志愿服务的热情和积极性是高校志愿服务的重要基础。问卷调查结果显示，在13所高校的受访大学生中，有87.59%的大学生表示参加过志愿服务，只有12.41%的大学生从未参加过志愿服务。

除此之外，按照《深圳市注册志愿者管理办法》规定的程序，在"志愿深圳"信息平台注册登记，并常态化参加志愿服务活动，拥有志愿者号或电子义工证的大学生占77.15%，未注册的大学生占22.85%。在问及是否自愿参加志愿服务时，有93.36%的大学生表示自愿参加志愿服务。

由此可见，深圳大学生参与志愿服务的覆盖率较高，大学生注册成为正式志愿者的热情极大，积极性较高，普遍积极参与志愿服务。

在被问及大学生所在的社会环境对参加志愿服务的支持程度如何时，选择学校"非常支持"这一选项的占66.81%，朋友、同学非常支持的占51.37%，家人、亲戚非常支持的占45.74%（见表2）。可见，大学生所处的社会环境广泛支持其参与志愿服务，志愿服务不仅受志愿者本身的肯定，也广泛受到外界的好评和鼓励。

表2　社会环境对深圳大学生参与志愿服务的支持程度

单位：%

社会环境	非常不支持	不太支持	一般	比较支持	非常支持
朋友、同学	1.44	0	9.52	37.66	51.37
家人、亲戚	1.59	1.44	13.13	38.1	45.74
学校	1.44	0.14	4.76	26.84	66.81

在被问及参加志愿服务时的心理感受时，有67.39%的大学生认为大多数时候快乐，有24.53%的大学生认为总是非常快乐，选择"大多时候不快乐"和"总是不快乐"的大学生均只占0.29%。在被问及未来是否继续参与志愿服务时，有57.72%的受访者表示"会，并将增加参与时间"，有

28.57%的表示“会，将保持现有参与时间”，只有不到1.00%的人选择“不会”。可见大部分志愿者在服务过程中感受到了快乐，获得了满足感，未来参加志愿服务的积极性也较高。

（三）组织层面，高校志愿服务组织建设质量高，大学生得到切实的成长机会

从大学生志愿者参与志愿服务的原因来看，选择“获得社会实践经验，开阔视野”的占比为84.56%，选择“学习新技能，综合能力得到提升”的占比为47.04%，选择“帮助有需求的人，实现个人价值”的占比为29.15%，选择“展示个人能力，更好地运用专业知识”的占比为19.91%（见图2）。可以看出，随着志愿服务领域越来越广，内容越来越丰富，除了受到社会责任感和助人精神的指引外，深圳大学生也看重志愿服务所提供的自我实现的机会，希望能在志愿服务中获得成长。

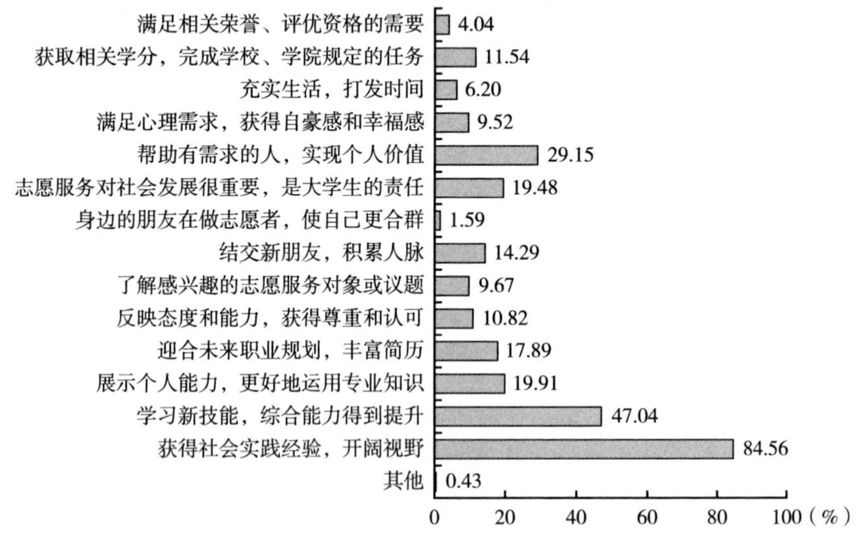

图2　深圳大学生志愿者参与志愿服务的原因

从大学生志愿者参与志愿服务项目的情况来看，选择“大型活动”的占比为58.44%，选择“帮困助弱”的占比为45.31%，选择“文体科教”的占

比为44.16%，选择“环境保护”的占比为37.37%，选择“交通治安”的占比为15.73%，选择“专业技能”的占比为15.44%，选择“志愿防疫”的占比为15.44%（见图3）。可见，深圳大学生参加大型志愿服务活动的次数更多，在内容上更偏好文体科教领域。

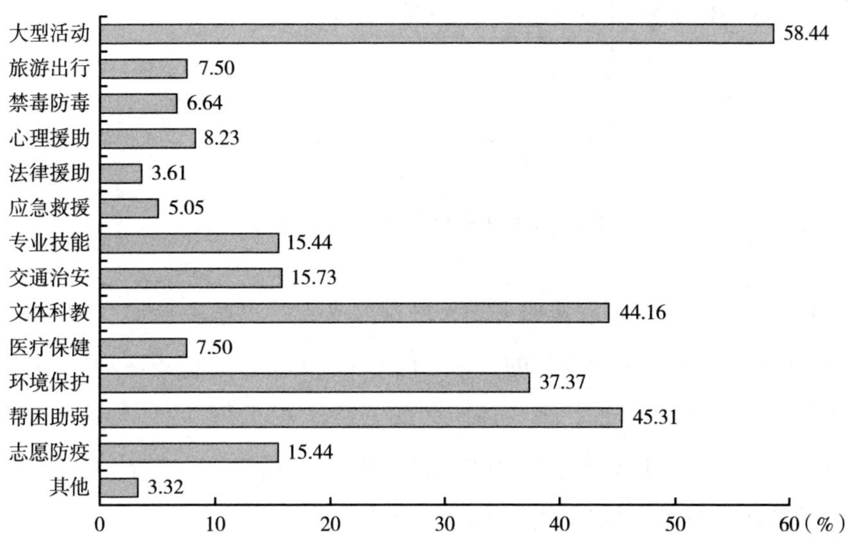

图3　深圳大学生志愿者参与的志愿服务项目

从高校大学生对校内志愿服务社团的打分情况来看，大学生志愿者对志愿社团的活力、志愿社团的影响力、志愿服务项目的丰富程度和志愿服务项目的质量打分为5分的比例分别为46.46%、44.16%、45.45%和43.72%。大学生志愿者对这四项的评价的平均得分别为4.3分、4.2分、4.2分和4.0分（见图4）。大学生非志愿者对这四项打分为5分的比例分别是35.35%、35.35%、34.34%和33.33%。由此可见，大学生志愿者普遍认可校内志愿服务社团的发展，对其组织的志愿服务活动较满意。大学生志愿者的打分普遍高于大学生非志愿者，可以推测，对志愿服务组织及其活动的了解度和认可度偏低是部分大学生较少参与志愿服务活动的原因之一。

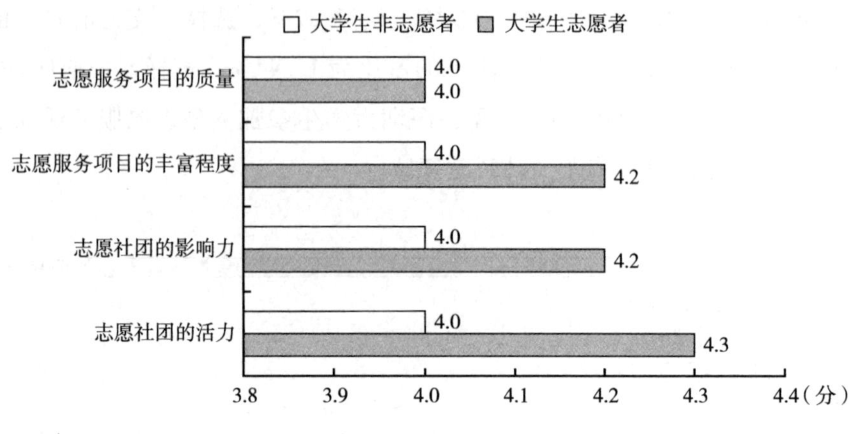

图4　高校志愿服务社团的得分情况

从大学生志愿者对志愿服务类型的偏好来看，更愿意参加“与本专业知识相关的”“只需短期参与的、临时性的”“大型志愿服务活动（如大型赛事等）”“没参与过的，多去体验”的志愿服务活动的占比均超过七成，分别为70.27%、71.86%、73.16%和75.47%（见图5）。以上对志愿服务类型的偏好反映了深圳大学生志愿者的特点，能够指引志愿服务社团为大学生志愿者提供更有吸引力的志愿服务活动。

大学生志愿者认为志愿服务社团开展的活动还存在不足，选择“活动形式老套、缺乏创新”、“宣传力度不够”、“人员不够稳定”、“服务缺乏长期性”和“资金不足”的分别占39.39%、30.45%、27.99%、26.84%和25.40%（见图6）。作为校园志愿服务的重要组织者，高校志愿服务社团还有很大的发展空间，需要在志愿服务项目培育、文化宣传、组织结构、资金支持等方面做出更多的努力。

（四）环境层面，高校志愿服务建设成效显著，学生普遍认可

深圳各高校志愿服务发展情况良好，高校大学生对校园志愿服务发展情况较为满意。问卷调查结果显示，大学生志愿者对“本校志愿服务的整体满意度”、“学校对志愿服务的氛围营造和文化建设力度”、“学校对本校学

将五个程度选项分别赋值1~5分，计算出这9项志愿服务保障措施享受情况的得分，从中可以看出，在高校志愿服务中大部分志愿者只偶尔享受过部分保障措施，在志愿服务的保障层面还存在不足，特别是在“签订相关协议，明确志愿者的责任和相关权利”、“为志愿者提供基本补贴”和“为志愿者提供人身保险”等方面。

表3　深圳大学生志愿者享受志愿服务保障措施的情况

单位：%，分

保障措施	从未有过	偶尔有	只部分服务有	大多数服务有	每次都有	平均得分
签订相关协议，明确志愿者的责任和相关权利	23.23	21.07	20.92	22.51	12.27	2.8
对志愿者进行管理、监督、指导	3.32	8.66	12.70	41.70	33.62	3.9
为志愿者提供相关培训	4.47	10.68	19.91	42.14	22.80	3.7
对志愿者进行评估和奖励	12.41	17.46	24.96	30.01	15.15	3.2
提供正式的志愿服务证明	9.96	12.55	17.46	35.50	24.53	3.5
为志愿者提供基本补贴	10.39	21.07	30.01	26.26	12.27	3.1
为志愿者提供安全保障及适合的医疗卫生条件	12.27	14.14	22.37	31.17	20.06	3.3
为志愿者提供人身保险	19.05	15.44	20.92	27.27	17.32	3.1
服务出现问题时有应急制度	12.41	15.87	21.36	31.17	19.19	3.3

从大学生志愿者对培训内容的偏好来看，大学生志愿者希望得到的培训内容的前三项是“专项服务的知识和技能培训”“应急技能和风险防范培训”“志愿服务理念、精神、文化培训”，占比分别为71.57%、51.8%和48.48%（见图8）。这说明，大学生志愿者希望通过志愿服务培训，提高自身的综合能力，得到多方面的发展，符合大学生志愿者的参与动机，因此志愿服务组织应该重视大学生志愿服务的培训，满足大学生志愿者自我实现的需求。

2. 在激励方式上，高校志愿者更喜欢精神激励，希望学校能提供更多样的激励方式

问卷调查结果显示，最受大学生志愿者欢迎的激励形式是“颁发荣誉

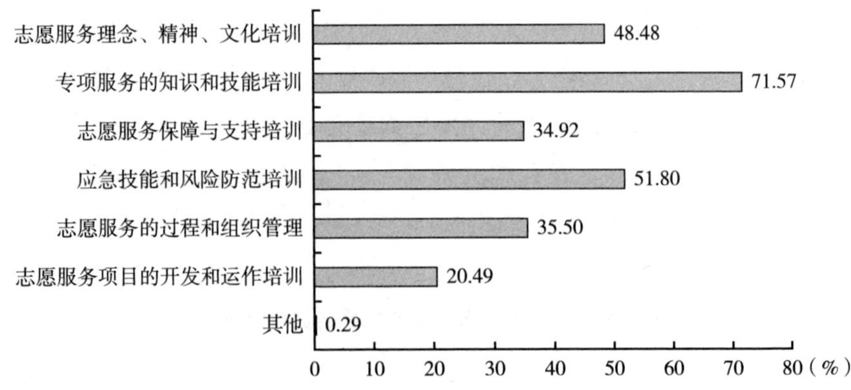

图8　深圳大学生志愿者对培训内容的偏好

证书、荣誉称号、荣誉勋章”，这说明大学生志愿者更喜欢精神激励。同时，倾向于“将志愿服务作为学校评奖、评优、评先的重要标准”、“设置志愿服务专项奖学金”和“提供活动纪念品、奖品等”激励形式的受访大学生志愿者均超过半数，说明多元化的激励形式能有效促进大学生持续参与志愿服务（见图9）。与前述四项激励措施相比，选择“对志愿服务先进事迹、先进个人的宣传和报道”的大学生明显较少，在访谈中了解到，这是因为，一方面，大学生社会化程度较低，志愿者参与志愿服务更多的是出于自我发展的动机，而非社会认可；另一方面，也有对个人隐私的保护以及对面向公众带来的压力的担心。除此之外，还有个别同学选择了“其他”，并认为激励措施是不必要的，参加志愿服务活动不需要上述激励措施。

从大学生对志愿服务课程的需求来看，有26.70%的大学生志愿者表示“已开设”志愿服务相关课程，包括理论通识、必修课程、选修课程、实践课程等，有26.26%的表示“未开设，不需要”，有30.88%的表示“未开设，需要”，有16.16%的表示“无所谓”。在大学生非志愿者中，选择“已开设”的占31.31%，选择“未开设，不需要”的占19.19%，选择“未开设，需要”的占30.30%，选择“无所谓”的占19.19%（见图10）。调查发现，部分高校已经开设了志愿服务的相关课程，通过课程设置来营造校园志愿服务

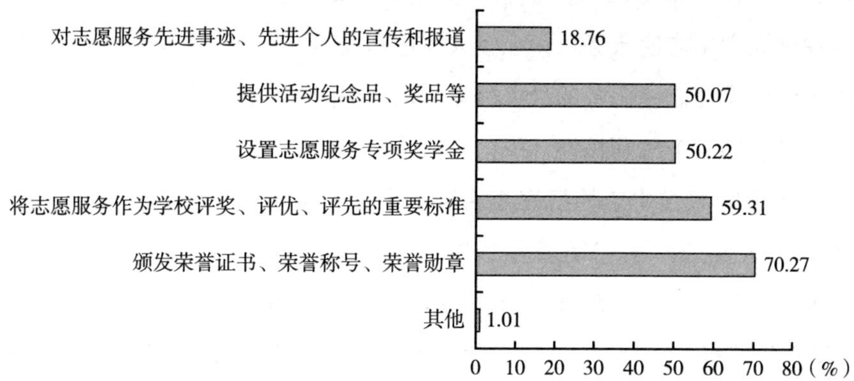

图 9　大学生志愿者对激励方式的偏好

氛围。对于未开设相关课程的高校大学生而言，大部分同学认为需要开设志愿服务相关课程，高校可以通过设置相关课程，制定与学分挂钩的制度来激励大学生积极参与志愿服务活动。

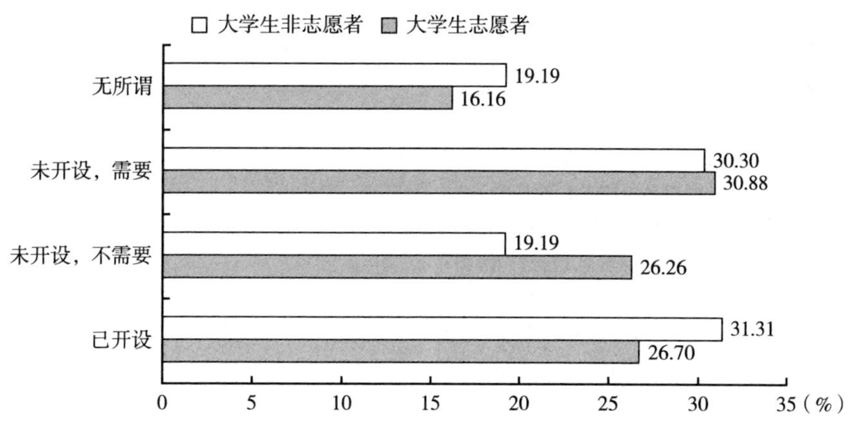

图 10　深圳大学生对志愿服务课程的需求

（五）发展层面，深圳大学生志愿服务尚存在较大发展空间

调查结果显示，深圳大学生志愿服务要在以往成绩的基础上取得更大的

进步，需要在几个方面补齐短板，优化环境，完善激励机制。在这几个方面，深圳大学生志愿服务还存在较大改进和发展的空间。调查发现，时间是影响大学生参与志愿服务的最大因素，加强保障和激励制度的建设能提高大学生参与志愿服务的积极性。

关于影响大学生志愿者在志愿服务上投入更多的因素，有 90.10% 的大学生志愿者选择了“随着年级的升高，学习和工作的时间变紧”，有 25.26% 的选择了“参与志愿服务工作有时还需要自己花钱”，有 20.82% 的选择了“实际参与感受与预期有差距”，有 19.45% 的选择了“服务出现倦怠感”，有 17.06% 的选择了“参加服务的流程和途径不方便”，有 16.72% 的选择了“服务时得不到足够的理解和尊重”，有 15.36% 的选择了“志愿服务活动内容重复单调，没有吸引力”，有 13.65% 的选择了“在志愿服务中没有收获，不能满足需求”（见图 11）。可以看出，影响大学生志愿者进一步参与志愿服务的最大因素是学业上时间变紧，除此之外，志愿服务的保障措施、志愿服务活动质量、志愿服务的心理感受等方面也是降低大学生志愿者参与志愿服务积极性的重要因素。

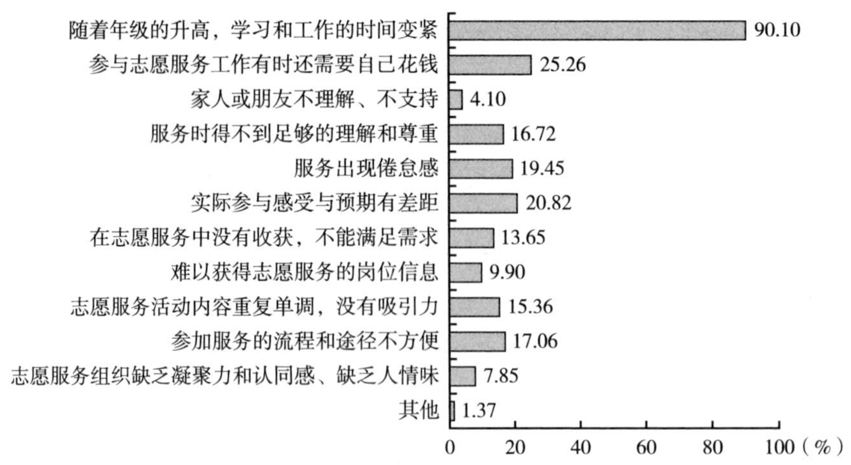

图 11　影响深圳大学生志愿者在志愿服务上投入更多的因素

在大学生非志愿者暂未参加志愿服务的原因上，选择“参与志愿服务的时间与个人生活或学习时间冲突”的占81.82%，选择“想参加，但缺乏了解报名志愿服务的信息渠道”的占41.41%，选择“觉得自身还不具备参与志愿行动的能力”的占37.37%，选择“校园内志愿服务氛围不足”的占17.17%，选择“志愿服务工作内容单调，不感兴趣”的占10.10%（见图12）。

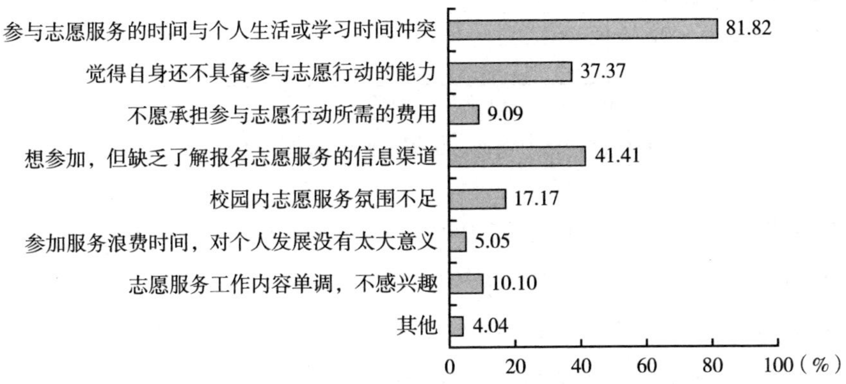

图12　深圳大学生非志愿者暂未参加志愿服务的原因

从高校开展志愿服务面临的困难来看，占比最大的前五项是“志愿者流动性大”、“活动流于形式”、“志愿者参与不足”、“志愿者的激励机制不健全”和“经费不足”，它们的占比分别是45.74%、39.39%、32.47%、28.72%和24.24%（见图13）。

在被问及“大学生志愿服务还需加强的方面”时，大学生志愿者选择“完善大学生参与志愿服务的保障体系，如开展岗前培训、购买保险、出具服务证明、提供安全培训、提供补贴”的占75.76%，选择“加大大学生参与志愿服务的激励力度，开发和创新更有针对性的激励措施”的占60.32%，选择“将志愿服务纳入学时管理，保障学生参与志愿服务的时间”的占43.00%，选择“加强志愿服务理念、先进事迹的推广与宣传，营造志愿服务参与氛围”的占24.68%，选择“扩大志愿服务交流与合作，提

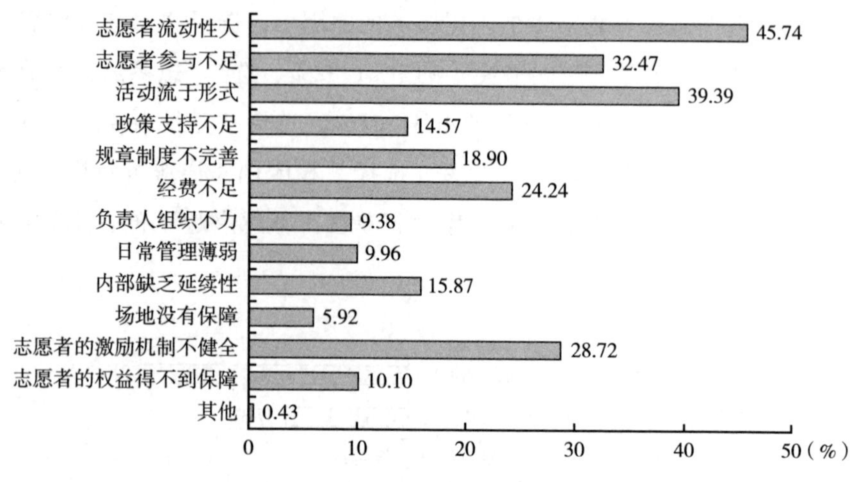

图 13　深圳高校开展志愿服务面临的困难

供更多的志愿服务机会”的占 37.95%，选择“推动志愿服务得到全社会的广泛认可”的占 15.44%。对于大学生非志愿者而言，认为“完善大学生参与志愿服务的保障体系，如开展岗前培训、购买保险、出具服务证明、提供安全培训、提供补贴”能够吸引他们参加志愿服务的占 72.73%，选择“加大大学生参与志愿服务的激励力度，开发和创新更有针对性的激励措施”的占 54.55%，选择“将志愿服务纳入学时管理，保障学生参与志愿服务的时间”的占 49.49%（见图 14）。由此可见，完善保障措施体系和激励措施是高校志愿服务建设的重要部分，是提高志愿服务积极性和营造校园服务氛围的重要手段，这一方面可以保障大学生志愿者的权益，另一方面可以扩大高校志愿服务的范围。

三　深圳大学生志愿服务的发展经验

在深圳推动高校志愿服务发展的过程中，可以总结出许多宝贵的成功经验，这些经验有的是基于深圳自身的城市发展特点而总结出来的，但更多的是具有普遍适用性的经验，可以为更多地区志愿服务的发展提供借鉴。深圳大学生志愿服务的发展有以下一些经验。

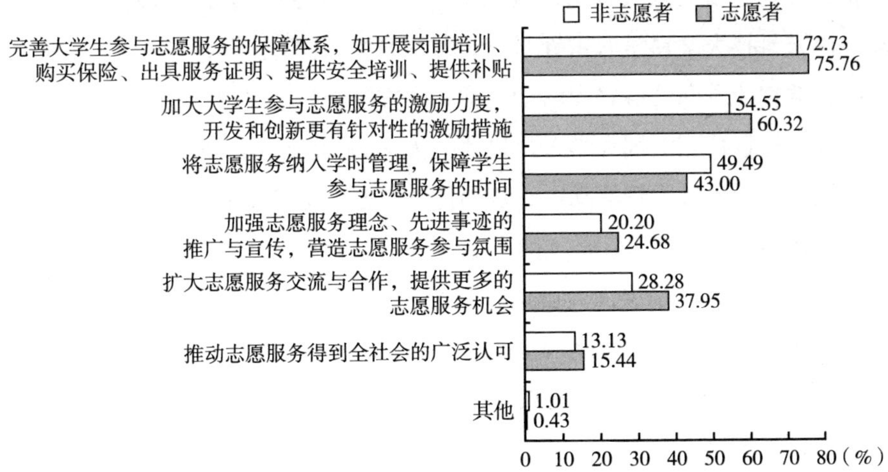

图 14　深圳大学生志愿服务还需加强的方面

（一）高等院校高度重视志愿服务工作

以服务第 26 届世界大学生夏季运动会为契机，深圳于 2011 年提出大力推动“志愿者之城”建设。紧随市委、市政府指引，深圳部分高校，如深圳大学、深圳职业技术学院等，也提出了建设“志愿者之校”的目标。深圳职业技术学院专门成立了“志愿者之校”建设工作指导中心，按照“制度化引领、品牌化塑造、基地化建设、数字化管理、课程化推进、模块化培训、专业化发展、媒体化营造、科学化激励、人性化保障”的“十化”工作机制，不断深化“志愿者之校”建设。深圳职业技术学院志愿服务发展成效显著，有注册志愿者 22965 人，注册率高达 96. 11%；开展志愿服务活动 2878 次，服务 37284 人次，服务总时数为 158388. 5 小时。

各高校将志愿服务作为学生成长成才、参与社会建设的重要途径，鼓励大学生在服务中发挥专业技能，找到人生价值。除了使大学生获得精神和能力层面的提高，志愿服务还起到了促进就业的作用，高校内的部分大学生通过志愿服务找到了未来的职业方向。为培养全方面发展的高素质人才，做好大学生思想政治教育和理想信念教育工作，深圳高校将志愿服务氛围培育作为精神文明建设的重要部分，在校园内举办多样的志愿服务宣传、实践活动。南方科技大学在学习雷锋日（3 月 5 日）、国际志愿者日（12 月 5 日）组织公益宣传月和公益之夜活动，并在官方公众号上设置专栏对优秀的志愿者代表进行宣传。深圳大学采取班团一体化的管理机制，鼓励班级团支部将志愿服务融入班级团日活动中，从而能够更好地保障志愿服务精神在学校各个层级传播，更好地落实志愿服务氛围营造工作。

在志愿服务激励层面，各高校推出多种志愿服务奖项，在精神层面鼓励大学生积极参与志愿服务活动，如深圳职业技术学院评选的“志愿服务校长奖”、南方科技大学评选的“十佳义工”“年度公益大使”等。除了纯粹的精神激励，深圳高校还根据自身特色创新激励方式，深圳大学和深圳职业技术学院作为深圳老牌高校在这方面表现得更为突出。深圳大学设置的“公益之星”专项校级奖学金，根据不同志愿服务时长标准划分奖项，不同奖项再对应不同的奖学金额度。奖学金的设置反映了深圳大学对在校学生在保证学业不受影响的前提下利用课余时间积极参与志愿服务活动的支持和鼓励。深圳职业技术学院制定了志愿服务时数学分置换机制，志愿服务作为学校的选修课程之一，学生可以用 108 个小时的志愿服务置换两个学分。

高校也在资金、场地等方面给予了志愿服务组织、志愿服务活动支持。正因为深圳高校对志愿服务发展的高度重视，才有了如今深圳大学生志愿服务发展的丰硕成果。在各高校的努力下，“来了就是深圳人，来了就做志愿者”成为来深求学的大学生们的价值观念。

（二）高校志愿服务需要取得社会认可和支持

目前，深圳高校大学生志愿服务活动开展种类多、涉及领域广、数量丰富。既有校内的常态化志愿服务活动，也有校外的大型赛事志愿服务活动；既有短期、临时性的志愿服务活动，也有长期、稳定的志愿服务活动。

在校内，校义工联联动校内各职能部门开展志愿活动以服务师生、建设校园。例如深圳大学校义工联推进校园志愿文化建设，组建了文明出行、节能环保、公益服务、爱心传递等 4 类 40 项的校园志愿服务活动。南方科技大学义工联协助公共宣传与关系部举办第三届书法名家送春联活动，协助招生办公室举办 2019 年春季学期校园开放日活动，联合校园服务办开展食堂餐厅监督员活动，协助安全、健康与环境办公室开展湖畔食堂自行车道秩序维护活动，协助收发室开展“双十一”志愿服务活动，协助教育基金会举办松禾马拉松活动，等等。这一系列志愿服务活动受到师生的广泛好评，反响良好。

在校外，南方科技大学义工联根据学生的兴趣爱好、专业特点开展个性化的志愿服务活动，下沉到街道、社区、党群服务中心等服务、奉献社会。例如，深圳职业技术学院利用职业院校的学科建设和人才培养模式，鼓励志愿服务与专业实践相结合。深圳职业技术学院与包括深圳自闭症研究会、福永敬老院和华富街道青少年活动中心等 68 个志愿服务基地长期合作，开展深圳春运志愿服务、普法宣讲、义务文化宣传、食品药品安全等多个校外志愿服务项目。

多个高校义工联的志愿服务受到社会的广泛认可，备受政府部门、上级团组织、活动主办方和广大市民的信任和赞誉。例如深圳职业技术学院义工联连续六年被评为“深圳市先进义工组织”；2015 年、2017 年，获评广东省文明办“最佳志愿服务组织”奖。深圳大学义工联助老分会参加的 2019 年青春伴夕阳——“心系老年”孝心工程在全国高校开展的陪伴实践赛中荣获一等奖。2018 年，哈尔滨工业大学（深圳）义工联获得“2018 年深圳市志愿服务重大项目突出贡献奖”。深圳高校义工联获得的多个奖项体现了深圳大学生回馈社会的优良表现和突出贡献。

（三）积极参与城市建设和社会治理

参与社会治理是大学生培养社会责任感、回馈社会的重要途径，同时，也可以弥补政府和市场的不足。大学生志愿服务具有巨大的社会效益，在城市建设中发挥了不可忽视的作用。

深圳是一座移民城市，外来务工人员多，其子女教育和陪伴需求成为社会领域亟待解决的问题之一。深圳大学生关注到了外来务工人员子女的教育及陪伴问题。深圳职业技术学院连续13年共计12支团队进社区开展“四点半课堂”项目，与周边社区合作，为社区内儿童提供课业辅导。深圳大学持续四年举办面向外来务工人员子女的教育类活动“城市萤火虫计划”，并联动深圳大学和粤桂社区、南油社区、滨海社区等，开设语数英基础课程与国学、音乐鉴赏、心理、手工等特色课程，丰富了孩子们的暑期生活，缓解了他们假期无人陪伴的孤独感。根据深圳市民的需求，深圳大学生在志愿服务中发光发热，为提高市民的生活幸福感奉献力量。

深圳大学生志愿服务的一大特点是结合深圳地缘特色，如深圳大学举办的深圳湾口岸义工活动、深圳职业技术学院服务春运的活动等。深圳湾口岸是深圳与香港之间重要的陆路边境口岸，深圳大学志愿者每周末前往深圳湾口岸协助民警维持秩序，为游客指引、解答。

在新冠肺炎疫情防控期间，深圳大学生积极投身抗疫工作，部分大学生在当地成为疫情防控志愿者，与社区工作人员一起为社区居民的安全健康保驾护航。各高校也组织了特殊的抗疫志愿服务活动，如南方科技大学组织“抗疫一线医务人员家庭手拉手专项志愿服务活动”，大学生志愿者发挥专业优势，为身处抗疫一线的医护人员子女提供“云辅导”服务。在医务人员子女需求和志愿者之间精准匹配后，志愿者精心备课，在微信、QQ、腾讯会议等多个平台进行线上一对一辅导。据统计，2020年3月2日后共有135名志愿者提供了学业辅导服务，为一线医护人员排忧解难，用实际行动助力抗疫工作。

人民群众广泛参与社会治理是时代发展的趋势，鼓励青年大学生融入社会、建设城市也是共青团深圳市委的目标。在环境保护、扶孤助残、扶贫支教等领域都能看见深圳大学生志愿者的身影，为深圳的发展做出了重要贡献。

（四）积极参与大型赛会服务，展示志愿者风貌

深圳作为国际化大都市和改革开放先行示范区，具有独特的政治和经济优势，每年都会承办各类大型国际赛事，而深圳大学生就成为服务大型赛会

志愿服务的生力军和后备力量。

2011 年，深圳举办第 26 届世界大学生夏季运动会，提供志愿服务的大学生志愿者超过 2.6 万名，占本届大运会核心赛会志愿者总数的九成以上。志愿者主要来自 3 所高校——深圳大学、深圳职业技术学院、深圳信息职业技术学院。其中深圳大学生志愿者达 11433 名，占据“半壁江山”；深圳职业技术学院派出 9015 名赛会志愿者、76 名城市志愿者和 153 名管理人员，服务 26 天，累计服务 72 万多小时，服务运动员、技术官员和观众 120 多万人次。深圳职业技术学院依据学生专业分配对口服务岗位，如商务外语学院的志愿者发挥外语优势提供翻译等服务，医学技术与护理学院医疗急救类志愿者提供医疗辅助服务，应用化学与生物技术学院食品安全志愿者提供营养结构和食品安全义工服务等。在大运会开幕式上，一位“互动哥”走红网络，当时这位深圳职业技术学院大一的志愿者李栋站在媒体席的看台上激情互动，扯着嗓子呐喊长达几小时，媒体纷纷报道。志愿者“互动哥”参与热情、投入程度和志愿服务的激情点燃了现场气氛，诠释了志愿服务精神，彰显了深圳大学生志愿服务的责任担当，是深圳广大大学生志愿者的缩影和真实写照。

每年有万余名默默奉献的深圳大学生服务各类大型赛事。2017 年第 19 届国际植物学大会在深圳举办，1000 名服务主会场的志愿者从深圳大学定向招募，54 名命名法规会议会场志愿者从北京大学深圳研究生院定向招募。2018 年，来自全球 100 多个国家、200 多个政党的嘉宾相聚鹏城，参加中共中央对外联络部主办的中国共产党与世界政党高层对话会专题会议。300 余名深圳大学生志愿者经过严格筛选、全面培训后，以饱满的热情投身于本次专题会议媒体报道、外宾接待、随团翻译、会场布置、人员指引、安全保卫等多方位的志愿服务工作。近年来，深圳大学生志愿者服务海峡两岸学生棒球联赛总决赛、中国杯帆船赛、第十七届中国国际人才交流大会、宝安国际马拉松赛事、国家杯电子竞技大赛、RoboMaster 全国大学生机器人大赛、深港城市建筑双城双年展、高交会等赛会，提供了优质服务，得到了参会代表和举办方的一致好评，为深圳“志愿者之城”3.0 建设提供了有益探索。

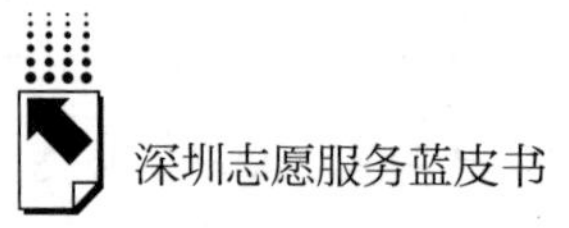

四　深圳大学生志愿服务发展存在的问题及对策建议

（一）存在问题

1. 存在误解志愿服务理念、随意调用志愿者的情况

部分大学生及活动举办方对志愿服务理念存在误解，存在“志愿者是免费的劳动力”的错误观念。问卷调查结果显示，对于“志愿者是免费的劳动力”这一观点，受访大学生志愿者表示“非常不同意”和“不太同意”的占46.32%，但仍有较大部分受访大学生志愿者选择“一般”、“比较同意”和“非常同意”（见图15）。志愿服务的精神是“奉献、友爱、互助、进步”，志愿服务是无偿地帮助他人、回馈社会，但这并不意味着“志愿者是免费的劳动力”，只有在特殊的用途、时间、地点下某种劳动才能被称为志愿服务。作为有专业能力和素质较高的大学生志愿者应该清楚志愿服务的内涵及意义。

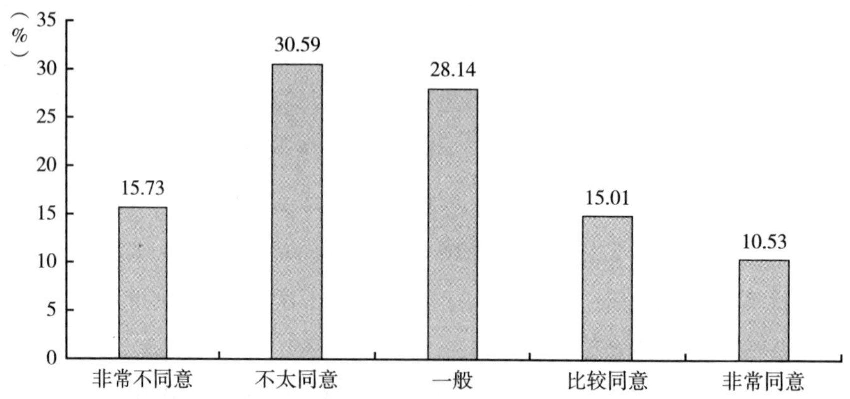

图15　深圳大学生志愿者对“志愿者是免费的劳动力”观点的认可情况

据访谈了解，部分高校师生对志愿服务的活动范围、内容、服务对象不够了解，甚至存有误解，因而不利于高校志愿服务活动的开展。例如部分老

师向校义工联索要志愿者，让他们帮助自己做相关工作而非提供公共服务，让志愿者无偿做实习生、私人助理等本应有偿的兼职工作。此外，一些大型赛事举办方在招募志愿者时提供的岗位信息不全、不真实，与实际工作需求有出入，对大学生志愿者的权益保障不够，容易引发大学生志愿者的负面情绪。如果对志愿者不够尊重、爱护，那么就容易让大学生对志愿服务失去激情和热爱，产生抵触和反感的情绪，失去了助人为乐的快乐感、满足感和幸福感。如何限制志愿服务范围，开展正确的志愿服务活动也需要高校严格把关、规范管理。

2. 大学生志愿服务活动的吸引力和创新力不足

高校志愿服务组织举办的志愿服务活动是大学生参与志愿服务的重要渠道。问卷调查结果显示，有62.63%的志愿者更愿意参加校内志愿服务组织举办的志愿服务活动。但现阶段，深圳高校志愿服务组织举办的活动还存在不足，在一定程度上会影响志愿者的积极性及对志愿服务的投入程度。

一方面，大学生社团每年都需更新换代，内部成员都面临着年级升高、时间变紧的压力，社团内成员不稳定，流动性大。因此大学生社团组织往往没有足够的时间、精力去策划如何增加、创新志愿服务活动，更多的是“换汤不换药”。问卷调查结果显示，有75.47%的大学生志愿者更愿意去体验没参加过的志愿服务活动，活动形式老套、缺乏创新的志愿服务活动难以吸引大学生志愿者参与。

另一方面，大部分高校对志愿服务组织偏向行政管理，包括思想、方向上的引领和资金、场地、活动的审批等，在志愿服务项目的培育和运作上缺乏专业的指导和培训。志愿服务活动不同于其他普通的校内活动，具有一定的特殊性和难度。高校大学生虽然拥有专业知识和参与志愿服务的热情，但在志愿服务活动的策划和运作上缺少相关经验、能力，缺乏志愿服务项目运作上的专业指导会导致项目寿命短，难以常态化运行；校内志愿服务活动同质化严重，缺乏创新性；活动参与体验差，与志愿者预期产生偏差，影响志愿者积极性。

3. 校园志愿服务信息平台系统建设落后

在大数据和“互联网+”快速发展的今天，深圳高校建设校园志愿服务信息管理数字化系统刻不容缓。据访谈了解，深圳部分高校早已开发校内志愿服务数字化平台。例如深圳职业技术学院开发了全国首个“志愿服务储蓄银行”系统，出台了《志愿服务储蓄银行及志愿服务证书实施办法》，实现了志愿服务时间认证记录和积分存储、查询、学分置换等功能。然而一些高校还未建设校级志愿服务数字化平台，部分已发展多年的高校志愿服务信息平台也由于时间久远、技术受限而存在很多不足。

但大部分高校的志愿服务信息无法与“志愿深圳”信息平台的系统数据实时对接，大学生志愿服务时数只能定期导入“志愿深圳”信息平台，甚至有些无法导入。大学生志愿服务时长无法及时在市系统和省系统中得到认可，高校信息平台与深圳市的“志愿深圳”信息平台之间存在信息不对等、数据更新滞后等情况。志愿服务时长不仅是校内评奖、评优的重要依据，也是社会上志愿服务相关荣誉的重要标准。校内信息不与官方系统同步，一方面损害了大学生志愿者的权益，影响了大学生志愿者在校外评奖、评优，另一方面阻碍了高校志愿服务发展成果的展现，不利于展示深圳高校志愿服务发展水平。深圳高校建设和完善校级志愿服务信息平台、促进志愿服务信息互联互通对于推动大学生参与志愿服务具有极其重要的意义。

4. 大学生志愿服务培训和激励机制有待加强

现阶段，深圳市大学生志愿服务在保障层面仍缺乏相应的制度约束和保障机制，导致制度在实际执行中缺乏规范性。问卷调查结果显示，有10.44%的大学生参加过志愿服务但并没有在“志愿深圳”信息平台上注册成为志愿者。由于参与志愿服务的大学生并不全是注册志愿者，也不全都拥有电子义工证，甚至，有些志愿服务项目在活动期间未购买意外保险，这些情况都会影响大学生志愿者在服务过程中获得保障。为志愿者购买保险是对志愿者权益的保障，也是对志愿者及服务对象负责。除了提供相应的安全知识培训，为志愿者购买保险也是志愿服务保障体系的重要部分。

据了解，深圳大学生志愿服务过程中的保险有学校购买、主办方购买和学生自行购买等方式，为了简化工作和减轻经济负担，高校应鼓励学生在“志愿深圳”上注册成为志愿者，使其能够纳入《深圳市注册志愿者管理办法》等规范性文件的管理范围，进而享受包括保险在内的更多权益和服务，得到更多的志愿服务保障。大学生尚未进入社会，没有稳定收入，有25.26%的志愿者表示“参与志愿服务工作有时还需要自己花钱”是影响自己进一步投入志愿服务的因素之一。针对大学生志愿者的特殊性，为他们提供适当的经济补贴也是志愿服务保障体系中需进一步规范的方面。高校可以划拨专项经费用于志愿服务组织为志愿者提供交通、误餐、通信等补贴。对部分特殊的、距离较远的活动，学校可以统一安排租车出行和用餐。

深圳高校对志愿服务的激励以精神激励为主，有60.32%的志愿者认为高校应加大对大学生参与志愿服务的激励力度，开发和创新更有针对性的激励措施。除了荣誉奖励之外，高校可以考虑将精神激励和物质奖励结合起来，例如深圳大学设置“公益之星”志愿服务专项奖学金。高校也可以将志愿服务纳入课程安排，深圳职业技术学院制定了志愿服务时数学分置换机制，鼓励学生用志愿服务时长置换学分。深圳高校应在保证志愿服务精神不受影响的前提下，丰富和创新志愿服务激励措施，吸引大学生在课余时间积极帮助他人、回馈社会。

志愿服务培训包括服务理念、文化培训，应急技能和风险防范培训，过程和组织管理、专项服务知识和技能培训等，主要围绕的是志愿服务精神和能力两个方面。志愿服务培训一方面使志愿者了解和认同以“奉献、友爱、互助、进步”为核心宗旨的志愿服务精神，另一方面保障志愿服务安全、顺利进行。

在问卷调查中，只有22.80%的大学生志愿者在每次志愿服务中都能得到志愿服务的相关培训，有75.76%的大学生志愿者认为大学生志愿服务应完善保障体系、加强岗前培训等方面，可见现阶段在深圳大学生志愿服务中志愿服务培训是相对不足的。据了解，在大型志愿服务活动前，主办方和学校普遍会为志愿者提供通识培训和专项的岗前培训，除此之外，校内其他常态化的、规模较小的志愿服务活动的培训则难以稳定提供。大型志愿服务活动之所以更受大学生的欢迎，在一定程度上是因为其更规范，在培训等方面更能满足大学生的需求。部分高校会为新注册志愿者提供培训，或通过深圳市义工联合会提供培训，或是学校自行设计了培训的课程内容，例如深圳职业技术学院按照《志愿服务培训方案》，每学年对新注册志愿者开展“志愿服务理念与心态”、“志愿服务的文明礼仪”、“活动的策划与宣传”、“团队的建设与管理”和“医学救护”5个模块6个学时的通用培训。但仍有部分高校未在学校层面为志愿者提供统一的培训，从整体上看，深圳大学生志愿服务应在培训方面加大投入力度。

（二）发展对策

1. 加强党团组织在志愿服务中的引领作用

高校是中国特色社会主义建设人才的聚集地。共青团是中国共产党的助手和后备军，是党联系青年、领导青年、团结青年的桥梁和纽带。问卷调查结果显示，大学生中团员和党员（含预备党员）参与过志愿服务的各占88.30%和87.50%，略高于群众中参与过志愿服务的人员占比（见图16）。

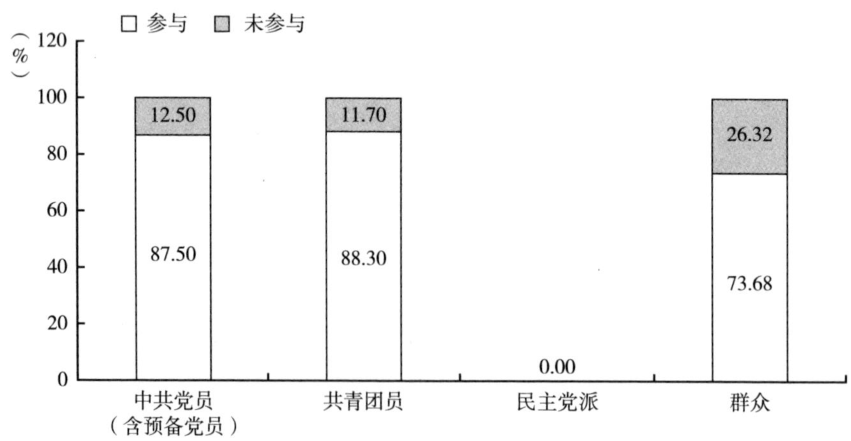

图16　各政治面貌大学生参与志愿服务情况

目前，深圳高校志愿服务普遍形成了由校义工联负责实施、校团委规划指导管理的机制，以“党建、团建＋志愿服务”的形式，在党员、团员中弘扬人人争当志愿者的风气，切实推动全体团员、党员注册成为志愿者，推动团员、优秀团员、团员学生干部、入党积极分子分层级参加志愿服务，并要求一定的时长，提高团员和党员注册志愿者的比例，号召党员、团员成为优秀志愿者骨干力量。广大团员和党员在高校志愿者群体中应当冲锋陷阵，发挥模范和示范作用，积极投身于志愿服务事业。

高校对于志愿服务的重视程度直接影响到大学生志愿服务的开展。学校层面应当强化组织领导，发挥基层党组织的战斗堡垒作用，将志愿服务纳入高校顶层设计，融入学校各项事业发展，出台纲要规划，明确阶段性发展目标，积极响应深圳“志愿者之城”建设。

加强党建、团建引领，将志愿服务精神融入校园文化建设绝不只是流于表面，只有多举措深化改革才能激发大学生志愿服务的热情，营造全校人人争做志愿者的氛围。

2. 重视高校志愿服务文化氛围营造

志愿服务的开展对于高校思想政治工作开展、践行社会主义核心价值观具有重要意义。大学生志愿服务不仅能够培养大学生的使命感、责任感，实施全方位育人，也是培养具有“家国情怀、全球视野、综合素养、创新能力”的一流创新型人才的坚实基础，是校园文化建设的重要举措。

一是重视线下校园志愿服务宣传。在线下建设校园志愿服务宣传专栏和文化走廊，开展志愿服务专项团日活动和主题班会、讲座，举办志愿服务月系列活动，在特殊节日如“学习雷锋日”、“五四青年节”和“国际志愿者日”策划志愿服务活动，营造校园志愿服务软氛围，推动志愿服务在高校的常态化、日常化。

二是探索新媒体宣传渠道。手机已经成为当今社会信息传播的重要工具，微信公众号具有时效性强、更新快、受众广的优势。必须重视校义工联微信、微博宣传阵地建设，及时、集中发布志愿服务招募信息，开设优秀义工专栏，增强志愿者体验感，提高志愿服务精神感召力和吸引力。同时，利用抖音、快手等平台宣传、推广本校志愿服务发展成果，使之成为对外宣传的名片，提高志愿服务信息的覆盖率和扩大其影响力。

三是加强校园志愿服务品牌建设。设计校义工联专属周边产品，比如设计校义工联吉祥物、标识，强化自身的志愿理念，塑造校园志愿服务形象。校义工联也可以设计带有本校特色的志愿工作服，团结、凝聚本校志愿者。可以通过统一着装，使大学生在志愿服务过程中更加具有使命感和归属感。

3. 志愿服务活动应贴合大学生自我实现的需求，通过提高活动质量来提高吸引力

如何提高大学生参与志愿服务活动的积极性是深圳高校普遍关心的问题。大部分高校会通过营造校内志愿服务氛围，帮助大学生了解、接受志愿服务精神。除此之外，通过贴合高校大学生的兴趣、专业、需求等方面来提高志愿服务活动自身的吸引力也是一个重要手段。在问卷调查中，有19.45%的大学生志愿者表示在服务中出现倦怠感，有13.65%的大学生志愿者表示在志愿服务中没有收获，不能满足需求，这些因素都降低了大学生志愿者未来投入志愿服务的程度。因此，志愿服务组织应站在大学生志愿者的角度，重视大学生志愿者的活动感受和需求，让大学生志愿者感受到被尊重和被认可，从而提高其参与活动的积极性。

有70.27%的大学生志愿者更愿意参加与专业知识相关的志愿服务活动，结合大学生志愿者在志愿服务中自我实现、自我提高的需求，高校应该鼓励各学院开展结合专业领域知识的志愿服务活动，比如法学院开展社区法律科普活动等。有64.07%的大学生志愿者更希望参加有一定难度，需培训学习专项技能的志愿服务活动，因此志愿服务组织应在志愿服务活动前为大学生志愿者提供岗前培训，普及应急知识、活动相关信息等，使大学生志愿者在提供服务之余能够开阔视野，有额外的收获。有60.46%的大学生志愿者表示会看重志愿活动的活动内容，更愿意参与好玩或感兴趣的志愿服务活动，这要求志愿服务组织创新和丰富志愿服务活动内容。高校应在专业指导及资金上给予志愿服务组织更多的支持，以提高志愿服务活动的专业化和规范化，提高活动吸引力，助力校园志愿服务建设。

4. 加强志愿服务组织交流，提高志愿服务广度和深度

目前，深圳高校志愿服务组织在对外交流合作方面尚有欠缺，大多自成体系，与其他高校、社会组织、企业、政府和其他国家或地区的志愿服务组织合作交流较少。在这方面要采取的改进措施包括以下几点。

一是加强校校合作，推动成立深圳大学生志愿服务高校联盟，加强高校义工联之间的志愿服务经验交流和分享，高校义工联可定期举行联谊会、分享会，交流志愿服务发展成果、经验、困惑。利用不同高校专业优势，整合深圳高校志愿服务资源，结成帮扶对子，形成优势互补，跨校联动满足不同志愿服务需求。

二是加强校社合作。深圳部分高校志愿服务范围局限于校内，较少在校外开展常态化的志愿服务活动。高校志愿服务组织应当积极与社区、街道、党群服务中心、校外志愿服务组织等开展合作，开展长效化、社会化的志愿服务活动。例如，深圳职业技术学院打造了68个志愿服务基地，包括深圳自闭症研究会、福永敬老院和华富街道青少年活动中心等，每个志愿服务基地至少已经有2～3年的志愿服务互动实践。与校外组织稳定合作，一方面可以开展常态化的高校志愿服务活动，增强大学生志愿服务的效果，另一方面可以为大学生校外活动提供更多的实践平台。

三是加强校政合作，深圳作为改革开放前沿阵地和经济特区，具有特殊的经济和政治地位，每年承办各类大型赛事机会较多。政府会组织动员大学生服务大型赛事。同时，共青团深圳市委、深圳市义工联应为高校志愿服务组织提供更多优质的志愿服务机会，对社会上的志愿服务活动、组织进行审核筛选，为高校提供高质量、可合作的活动、组织名单。在资源对接上给予高校志愿服务组织更多的支持和帮助。

四是加强高校志愿服务组织“引进来”和“走出去”，立足粤港澳大湾区并与“一带一路”共建国家和地区展开交流合作。深圳毗邻香港，然而目前深圳高校与香港等地志愿服务组织的合作较少。深圳高校应当发挥地缘优势，积极与港澳地区志愿服务组织交流互鉴，举办高校志愿服务合作（深圳）论坛，建立志愿服务长效合作机制。据了解，深圳市志愿服务基金

会计划围绕青年交流与合作主题发起“深港澳‘义’起行”大湾区青年志愿服务交流项目，计划每年组织 50～100 名深港澳青年开展以志愿服务为主题的交流活动，希望将志愿服务作为连接纽带，通过行业的交流、志愿服务项目的体验等，为深港澳青年搭建一个互相学习、互相交流与合作的平台，以此来构建粤港澳大湾区的青年公益圈。①

综上所述，深圳大学生志愿服务经过多年培育，已经形成了自身的发展特色和优势，为进一步将深圳打造成“志愿者之城”奠定了较为坚实的基础。特别是在高校志愿服务领域，学生们对于价值观的表达呈现积极向上的态势，符合主流思想和价值观，对于志愿服务的精神内涵及功能也有自己的思考。而在环境层面，现存问题的解决、优化大学生志愿服务环境、激励这些年轻志愿者的成长将为深圳志愿服务带来更加光明的未来。

① 吴梓欣、张玲：《深圳发布青年发展规划，建设青年发展型城市!》，https：//www. sznews. com/news/content/2020 －04/29/content_ 23109047. htm，最后访问日期：2020 年 4 月 30 日。

B.5 深圳社区志愿服务发展报告

范　军*

摘　要： 推动志愿服务社区化是推进居民参与社区治理比较有效、直接、可持续的途径与方法。各级党委和政府要为社区志愿服务搭建更多平台，更好地发挥社区志愿服务在社会治理中的积极作用，打造共建共治共享的社会治理格局。要完善招募、培训、调度、关怀、帮扶、激励和保障体系，推动社区志愿服务走向专门化、专业化、专项化、专职化和专班化。

关键词： 社区志愿者　志愿服务　志愿者服务能力

自1995年深圳市义工联合会（以下简称“深圳市义工联”）① 和万厦莲花北村管理处成立全国第一个小区义工站和组建全市首个社区志愿者协会以来，社区志愿服务就随着深圳改革开放的进程而方兴未艾，成为这座“志愿者之城”最坚实、最温情的底色。尤其是2013年7月，由共青团深圳市委、深圳市社会工作委员会、深圳市民政局联合印发《关于推动志愿服务社区化的意见》之后，深圳社区志愿服务迎来了蓬勃发展之机，志愿服务体系更加完善、公众参与面不断扩大，志愿精神成为社区家园意识和居民生活时尚的重要组成部分，成为居民参与社区自治、实现自我管理和自我服务

* 范军，深圳市坪山区公众力公益发展中心理事长、深圳社会组织研究院副院长。

① 其前身为深圳市青少年义务社会工作者联合会，2005年后更名为深圳市义工联合会，本报告用改后名称。

的有力抓手。

2019 年 1 月，习近平总书记专程考察天津市和平区新兴街朝阳里社区的社区志愿服务展馆。早在 1988 年，这里就由 13 位社区居民自发成立了全国第一个社区志愿服务组织，他们发挥各自特长为社区双职工家庭、社区残疾人家庭、社区孤老户等提供服务，30 多年来社区志愿服务已深入家家户户。习近平总书记视察时指出，“志愿服务是社会文明进步的重要标志，是广大志愿者奉献爱心的重要渠道。各级党委和政府要为志愿服务搭建更多平台，更好发挥志愿服务在社会治理中的积极作用”。[①] 当前，深圳迎来粤港澳大湾区建设和中国特色社会主义先行示范区建设的历史性机遇，国家对深圳全面打造高质量发展高地、法治城市示范、城市文明典范、民生幸福标杆和可持续发展先锋等方面提出了更高要求。深圳正持续以推动志愿服务社区化为抓手，逐步完善岗位开发机制、招募培训机制、长效激励机制和监督评估机制，推动志愿服务从提供社会服务向参与社会治理、凝聚社会共识跨越，促使志愿服务在社区共建共治共享治理现代化体系中发挥重要作用。

一　社区志愿服务界定和供给模式

（一）社区志愿服务界定

本报告所指的社区志愿服务是，志愿者、志愿服务组织和其他组织，在一个社区属地范围内自愿、无偿向社会或者他人提供的公益服务。尽管研究者们对社区有种种解释，但是在其构成要素上还是有共识的，大家普遍认为社区是聚居在一定地域范围内的人群所组成的社会生活共同体，至少应包含一定数量的人口、大小不一的地域、功能迥异的设施、多样特征的文化、一

① 《习近平在天津考察》，http：//www.xinhuanet.com/politics/2019－01/18/c_1124009647.htm，最后访问日期：2020 年 10 月 26 日。

定类型的组织和体系多元的服务等六个方面。每一个社区都各有特色、各具禀赋，是人们对衣食住行、生老病死、安居乐业、身心健康等美好生活向往的重要底盘和服务场域。本报告所指的社区是指深圳各街道办事处下设的法定行政社区治理单元，属地内可能有若干住宅花园小区、城中村、工业园区、商业区、学校和其他城市功能区，有社区党委、社区工作站、社区居委会和党群服务中心等基层治理组织和平台。

社区志愿服务对于深圳这座移民城市的家园构建无疑具有非常重要的意义。一方面，人们通过做志愿者这一行为，完成了从利己到利他的社会化转换，在服务过程中找到了“志”同道合的社群归属感，也用行动表达了对城市的文化认同；另一方面，无所不在的志愿服务，让被服务者感受到深圳人的温情和气度，由此也激发了人们参与志愿服务的热情。从某种意义上讲，截至2019年底，深圳正式注册的186万名志愿者①，都来自深圳的各个社区，属于某个社区的居民，因为他们加入的志愿服务组织不同，所以呈现的志愿服务范畴和特征也不同；深圳累计开展的1358291个志愿服务项目，② 都发生在深圳的某个社区，因为牵头主办的党委、政府职能部门和社会组织不同，所以表现出的志愿服务层级和效果也不同。

（二）深圳社区志愿服务供给模式

我们可以从四个不同的维度来看深圳社区志愿服务的供给模式：一是谁牵头发起，谁来领导支持；二是志愿者队伍主要来自本社区，还是其他多个社区；三是所开展的志愿服务，是属于社区常规议题还是职能部门专属议题；四是开展志愿服务频次，是长期在社区开展，还是不定期、随机开展。据此，深圳志愿服务供给模式也主要有以下三类。

一是由社区党委领导发起、以本地社区居民为主的志愿服务。由社区党委领导发起，委托社工、社区专干或者居民骨干带领，由社区里的（包含

① 数据来源于“志愿深圳”信息平台。

② 数据来源于“志愿深圳”信息平台。

户籍或非户籍、常住或流动、工作或生活）居民组成自然人志愿者群体，根据自己的时间、知识、技能、体力等从事志愿服务；或者以居民为主依法成立社会团体、社会服务机构、基金会，遵循自愿、无偿、平等、诚信、合法的原则，开展非营利性的志愿服务活动。他们关注的议题重点是本社区的，服务的对象主要也是本社区的，服务的时效是扎根的、长期可持续的。但是由于缺乏外部的专业支持或者政策引导，志愿者服务的深度、广度、专业度都不够，很难形成较大的影响力和做出志愿品牌。

二是由职能部门领导发起、不同社区居民组合的志愿服务。这是由深圳市各职能部门发起的，结合某一专项任务，建立起来的垂直化志愿服务。如深圳市市场监督管理局在全市层面组建了食品药品安全志愿服务总队，其在职能部门的指导下统筹开展全市食品药品安全志愿服务具体工作，领导各分队；各区成立分队，由各区市场监督管理局具体负责；同时，也会在各个社区成立志愿者分队，以争取广泛发动居民积极参与食品药品安全共治，引导形成正确的食品安全观念和良好的饮食习惯。这些志愿服务项目，会根据自身项目安排，组织社区以外的志愿服务组织或爱心人士，进入社区开展各种类型的帮扶助困、公益宣传、文明倡导和奉献爱心的志愿服务活动。他们关注的议题是与自身组织使命和愿望相契合的内容，服务的对象也具有一定的随机性，服务大多是一次性或者是项目化的，与社区的联结不是那么紧密。

三是由社区和各部门协同，以本社区居民为主推动的志愿服务。在社区提供志愿服务的人员以本社区居民志愿者为主，外部的志愿服务组织提供先进的服务理念、工具、技术、知识、平台和资金，这样既可以解决接地气和专业性的问题，也可以使志愿服务周期长短结合，还可以缓解本社区志愿服务资源之不足，形成条块协同、内外融合的化学反应，便于社区形成共建共治共享的治理格局。

（三）笋西社区志愿服务的跨越式发展

罗湖区笋西社区应急志愿服务就先后经历了以上三种模式，实现了社区志愿服务的跨越式发展，取得了比较理想的服务效果。笋西社区面积 0.75

平方公里，属于典型的商住混合型社区，社区总人口20000余人，常住人口11725人，社区商业企业519家，个体户831个。笋西社区集物流、仓储、商业、饮食、服务业、住宅于一体，形成了以汽车交易、家私家具、陶瓷工艺、药品配送、文具、人才交流等六大专业市场为主的商业区，其中不乏物资集团、澳康达、宝能集团等大型企业。

2018年以前，笋西社区志愿者队伍主要从事简单的活动协助、临时性的活动参与，志愿者缺乏自主性，个人特长、能力及意愿得不到发挥，志愿者参与志愿服务的动力随着时间的推移，逐渐降低。在提升社区志愿者积极性、增强志愿者自主性和能动性及规范社区志愿者管理等方面都需要更多的支持。随着2018年应急管理部挂牌成立，社区作为基层最直接的抓手，承担了辖区安全生产工作保障的重要责任，社区应急处理能力不足的问题愈发凸显。如何提升社区应急处理能力，在专业救援人员到来前做好前期处置工作，最大限度地减少社区居民的生命财产损失一直是社区工作中的难点。于是，笋西社区就有了建立一支社区级应急救援队伍的想法。

针对社区居民及社区志愿者队伍存在的问题，笋西社区通过以发展志愿者为切入点，在笋岗街道的支持下，利用“民生微实事”项目资金，开启了笋西志愿者培育发展计划，充分地赋权志愿者，并为社区志愿者提供服务、管理、议事机制建设等方面的支持。该计划的具体内容包括：一是通过社区动员挖掘社区能人，组建社区志愿服务组织筹备小组；二是通过充分赋权，设立常规的社区志愿服务体系，逐步完善社区志愿服务激励体系，吸引更多的居民参与社区服务；三是建立志愿服务组织，为志愿者主动参与社区服务构建沟通渠道，鼓励居民发声，增强居民在社区社会治理中的参与感。渐渐地，在开展社区服务的过程中，各小区居民间的互动多了，公民意识增强了，居民参与社区建设也有了渠道，志愿者的积极性、自主性得到增强，志愿者队伍管理规范也建立了起来。

笋岗街道在充分了解社区想法后，给予了肯定和支持，为社区发声，向罗湖区委、罗湖区政协、罗湖区应急局推荐，促成了笋西社区应急志愿者救援队建设项目的落地。在项目开展的过程中，笋西社区依据实际情况和存在的问题，通过开展社区联席会议、动员走访，得到了包括物资集团、华海达、艺展中心等十余家企业的支持，为笋西志愿者协会[①]的顺利注册提供了保障。同时，笋西社区应急志愿者救援队在社区居民、社区企业、物业单位员工的共同参与下得以组建完成，初步建立了包括社区直属分队、社区物业分队、社区企业分队三个类型七个分队的社区应急志愿者救援队。在罗湖区政协委员公益基金、壹基金等公益慈善力量的支持下，笋西社区应急志愿者救援队在社区隐患排查、“家庭—隐患点—社区”三级应急预案的制定、搜索与营救、应急指挥、应急演练与宣传等方面都得到了有效提升，为社区综合减灾能力的提升提供了保障。一方面，社区与社区企业的联动多了起来，社区应急志愿者救援队的建立使社区企业有了参与社区社会治理的渠道；另一方面，社区应急处理能力得到了提升，社区减灾工作上了一个新的台阶。通过区、街、社联动的模式，笋西社区成功打造成为深圳第一个“全国综合减灾示范社区”。

二 深圳社区志愿服务的实践经验

深圳建设“志愿者之城”经历了三次迭代发展。首先是社会化、项目化、活动型的1.0阶段，继而过渡到制度化、岗位化和信息化的2.0阶段，当下正在持续推进和升级到专业化、系统化和社区化的3.0阶段。经过居民广泛参与和志愿者长期实践，深圳通过建设社区U站、扩大社区参与、建设“社工+义工10分钟服务圈”等工作，使社区志愿服务在党建引领、制度建设、参与主体、社会联动、文化倡导等方面形成了完备体系。在“志愿深圳”信息平台搜索“社区服务”，通过汇总发现自2013年至今，有累计2326家社区志愿服务组织开展了569595项社区志愿服务项目，志愿者参与人数达373677名，服务次数达343万次，服务总时长为978万小时。在这一充满爱心的宏伟篇章中，社区志愿服务构筑起了先行示范最重要的基石和版图，成为新时代举旗帜、聚民心、育新人、兴文化、展形象的引领者。

① 深圳市罗湖区笋岗街道笋西志愿者协会于2019年9月5日注册。

（一）志愿服务全面覆盖深圳所有社区，“党建＋志愿者”成为“社区标配”

在2020年抗击新冠肺炎疫情中，社区是疫情防控的重要阵地和服务第一线。2月7日，共青团深圳市委印发《关于开展社区联防联控志愿服务工作的通知》，向深圳市共青团和志愿服务组织发出社区防控战斗集结令，发动组建了668个社区联防联控志愿服务队伍，按照“基层所需、群众所盼、志愿者力所能及”的原则，明确社区联防联控志愿服务项目库，重点开展“家户排查、设卡测温、物品转运、隔离关怀、心理疏解、社区宣传”六大服务，从人力支持、人情关怀、人心安定等角度参与筑牢基层联防联控的严密防线。志愿服务能够在抗击新冠肺炎疫情期间充分发挥作用，除了市、区、街道三级有力的领导支持和战时动员外，还得益于深圳近年来不遗余力推进志愿服务社区化的工作所沉淀下来的社区志愿者队伍。

2010年，深圳开始建立社区服务中心，着手打造综合性的社区服务平台，推动了社区服务的专业化发展。2013年，推出“社工＋义工”联动机制，加强专职社工和志愿者的联动互补，强化责任落实，把社区志愿服务工作纳入社区服务中心的评估范畴，定期开展监督评估。2014年7月，共青团深圳市委和深圳市民政局牵头，深圳市义工联联合深圳市社会工作者协会开展深圳市社区志愿服务记录制度试点工作，以各社区服务中心（现社区党群服务中心）为实施载体，通过全市统一的志愿服务系统，对社区志愿者服务实行信息化管理，并在深圳市义工联成立了一个新的直属服务组——深圳社区志愿服务总队。[①] 截至2020年7月，以社区志愿服务总队为主组织的注册志愿者已有3.68万名，下属子组织达到403个，累计发布项目11.85万个。[②] 社区志愿服务总队依托各社区党群服务中心，由社工在各社区组建社区志愿服务组织，一方面，开展志愿者招募与培训、制度制定、服

① 资料由深圳市社会工作者协会提供。

② 数据来源于“志愿深圳”信息平台。

务设计、服务时数记录与表彰激励等工作；另一方面，引导志愿者为社区居民开展助困扶弱、知识科普、环境提升、慈善服务等种类多样的志愿服务，有效地满足了居民的多样化需求。

2016 年 1 月，深圳出台《关于推进社区党建标准化建设的意见》，提出每个社区至少建立一个社区党群服务中心，在社区党委的领导下，整合各方面的力量开展社区服务，并在服务群众的工作中突出党组织的作用，树立党的形象。2017 年，深圳出台《关于推进城市基层党建“标准 +”模式的意见》，继而建成了“1 + 10 + N”党群服务中心联盟体系，即 1 个市级中心，10 个区级中心，以及一大批社区、产业园区、商务楼宇、商圈市场和大型企业、大型社会组织等党群服务中心。在“一核多元”的社区治理体系中，各个社区党委成为社区志愿服务的领导者，志愿者成为党委的好帮手、好助手，“党建 + 志愿者”成为社区治理的标配。

（二）志愿服务已覆盖社区治理各个领域，“红马甲”穿梭“街头巷尾”

深圳最早成规模的社区志愿服务发生在 1995 年的莲花北村。福田区为推进社区志愿服务事业规范化、制度化、项目化发展，于 2012 年 8 月把莲花北村义工站、莲花北社区义工队、党员义务巡逻队、管理处义工队、莲花北村雷锋班、莲花北社区青少年学雷锋志愿者服务队、莲花北村助残队、莲花北社区心灵援助中心义工队等 8 支志愿（义工）服务队（站）纳入社区志愿者协会统一协调管理，把各个层面、各个行业的爱心人士吸引到志愿者队伍中来，成为志愿者加强联系和发挥作用的纽带。当时的志愿服务停留在便民服务和爱心互助层面。

2013 年，共青团深圳市委和民政局提出打造“6 + 1”品牌社区志愿服务项目，依托社区 U 站、结合社区实际开展七类志愿服务活动。一是扶贫帮困服务，为社区老年人、未成年人、残疾人、病重者、低收入家庭等弱势群体提供帮助。二是教育培训服务，通过知识讲座、免费培训、义务家教、法律咨询等，推动科技、教育、卫生、法律等知识进社区。三是文化娱乐服务，依托社区图书室、文体广场、“大家乐”舞台等举办文体娱乐活动，培育社区广场文化、楼栋文化。四是居民生活服务，提供垃圾分类、“四点半学校”、义务护工等服务。五是社区平安服务，协助开展义务巡逻、安全检查、纠纷调解、驻点守护等志愿服务活动。六是社区矫正服务，协助开展青少年维权和特殊青少年社区矫正等工作。七是其他方便社区居民参与、服务社区民生的志愿服务活动。

2017 年，党的十九大提出要打造“共建共治共享的社会治理格局”，十九届四中全会强调推进“国家治理体系和治理能力现代化”。深圳扩大了志愿服务参与社会治理的领域，如以社区为单位建立了志愿者“河小二”、“护水骑兵”和“红领巾小河长”、水污染治理等志愿者制度，形成了志愿者常态化、全链条参与治水工作模式。深圳还将这一参与模式扩展到食品药品安全、垃圾分类处理、公共安全、社区禁毒、应急救援、心理干预、矛盾化解、海洋保护、自然教育等社会治理领域。在参与系统治理、依法治理、综合治理、源头治理的过程中，志愿者成了“共建者”、“共治者”和“共享者”。

（三）志愿服务机制与分类指引日趋完善，学雷锋也要“精耕细作”

在服务机制层面，深圳坚持以组织化和社会化相结合、固定岗位与流动岗位相结合，探索社区志愿服务岗位开发新模式；推动社区服务机构与志愿服务组织合作，在社区图书室、日间照料中心、福利院、党团员活动室等，开发定时、定点的常规化社区志愿服务岗位；以社区 U 站为主阵地，以“志愿深圳”信息平台和电子义工证为抓手，建立社区志愿者招募信息发布、资格审核、实名认证的招募管理制度；坚持基础理念培训和专业技能培训相结合、常规培训和岗前集训相结合，建立优秀志愿者代表、骨干志愿者、老志愿者对新志愿者“传、帮、带”的机制，通过邀请社区“五老”（老干部、老战士、老专家、老教师、老模范）担任义务培训讲师等，为社区志愿者每人每年提供不低于 6 小时的培训；将社区志愿者纳入“五星级志愿者”“百优志愿者”的评选范围；以社区为单位，定期开展社区志愿服务“每月之星”“年度优秀项目”等评选活动，加强对优秀志愿者和志愿服务项目的表彰激励。

在服务管理层面，共青团深圳市委、深圳市义工联自主开发的“志愿深圳”信息平台，完善了“志愿服务数字地图”“志愿服务时数”“在线预约服务”等功能，提升了社区志愿服务的运作效率。深圳积极探索志愿服务信息平台与社区家园网对接联动，将 80% 以上的社区志愿者纳入信息平台管理，实现了社区志愿服务需求、项目、岗位的在线发布和实时动态管理，实现了社区志愿者、居民、志愿服务机构三者互动和供需对接。深圳先后编制了《社区志愿服务记录工作指引》、《社区志愿者关系转接工作指引》、《社区志愿服务项目台账导出操作指引》和《社区兑换服务工作指引》，通过社区志愿服务的智能化、网络化、规范化管理，极大地提升了社区志愿服务管理效率和服务成效。

在分类指引层面，以深圳市宝安区为代表，宝安区于 2018 年“学雷锋纪念日”正式发布了《深圳市宝安区社区志愿服务分类指引》（以下简称《指引》），围绕民生关切问题，抓实抓细抓好社区志愿服务。从宝安区 10 个街道、124 个社区的志愿服务实践中归纳提炼出来的《指引》，凝聚了数十万名社区志愿者的智慧和心血。《指引》分为六个版块：一是社区志愿服务总指引，包括志愿者入门知识和社区志愿服务组织活动指引；二是各类社区志愿服务指引，包含工业园区、花园式社区、混合社区和城中村社区志愿服务指引；三是公共志愿服务指引，包含公共环境、社区环保和公共秩序志愿服务指引；四是各类关爱志愿服务指引，包含关爱社区老人、关爱社区残疾人、关爱社区困难家庭、关爱社区青少年、关爱优秀困难志愿者和关爱来深建设者及其子女志愿服务指引；五是各类群体志愿服务指引，包含党员、老年人、家庭妇女、学生志愿者的志愿服务指引；六是大型赛会志愿服务指引。分类指引细致全面，有利于社区志愿服务向规范化、专业化、常态化、标准化方向发展，为社区志愿服务深度参与社区治理提供了指导性工作方案，让志愿服务真正成为一种社区生活方式。

（四）志愿服务从单向输出到双向共享，志愿者激励成为助推动力

2011 年，深圳龙岗区南湾街道康乐社区在全市首创“双向循环志愿服务激励机制”——爱心银行模式。“用服务存储积分、以积分兑换服务，通过积分在不同的志愿服务之间的流转，实现志愿服务的可持续发展”是爱心银行的主要模式。2011 ~2014 年，康乐社区建设了八个爱心银行分行，吸纳不少参与常规服务的志愿者。① 鉴于康乐社区爱心银行的成功经验，在南湾街道工委、办事处的大力支持下，2015 年，南湾街道爱心银行志愿联合会成立，旨在整合协调全街道的资源打造具有南湾特色的爱心银行志愿服务体系，提供公益慈善、居民素质提升、文体服务、青少年关爱、城市文明建设、平安和谐社区建设、来深建设者关爱等志愿服务。截至 2020 年 8 月，该联合会已有会员 2 万人，其中活跃会员有 1600 人，骨干志愿者 50 人。②

2012 年，深圳市盐田区在国内首创“善行银行”，先是推出了志愿服务时间储蓄、爱心物资储蓄和公益善款储蓄三种储蓄方式，后来又加入了“助民微行动”和“社区基金会”。“善行银行”通过构筑“助人自助”帮扶机制，形成了“善心、善念、善言、善行”的长效机制。“善行银行”在运营方式上采用银行运营机制，总行下设分行，每个社区都有一个分行，所有社区居民都可以在“善行银行”开户，从而把社区居民发展成为互帮互助的生力军，有效地凝聚了辖区各方资源，解决了一大批影响居民幸福感的社区民生问题。

2018 年 10 月，习近平总书记视察深圳市龙华区北站社区时指示，要更好地坚持依靠居民、依法有序组织居民群众参与社区治理，为居民提供精准化、精细化服务，切实把群众大大小小的事办好，实现人人参与、人人尽力、人人共享。③ 以前北站社区的志愿者主要由社区工作人员和物业工作人员组成，

---

① 南湾爱心银行积分兑换志愿服务模式获点赞！https：//m. sohu. com/a/302569773_675286，最后访问日期：2020 年 11 月 4 日。

② 数据来源于深圳市龙岗区南湾街道爱心银行志愿联合会。

③《习近平：社区工作要为居民提供精准化、精细化服务》，http：//china. cnr. cn/gdgg/20181025/t20181025_ 524395212. shtml? _ t = 1540641791，最后访问日期：2020 年 10 月 26 日。

在小区内零星开展志愿服务，没有有效地发动居民成为志愿者参与社区治理。为了落实总书记的指示精神，北站社区发起成立“共享会”，旨在通过鼓励居民和商家分享时间、技能、民间智慧等资源，对接居民群众需求，形成良好的居民自助互助氛围，激发社区活力，共同构建美好、和谐社区。如今，在北站社区，“共享会”会员已扩展到辖区内的各类居民。根据会员的服务时间等实行积分制，会员用自己参与服务的积分可兑换维修水管服务、小礼品等；爱心商家则通过贡献面包、糖水、日用品等获得积分，来兑换平时“抢手”的党群活动场地等。“共享会”模式超越了“时间银行”的概念，强调居民是社区的主人，人人都是志愿者，人人都是受益者。首先，它打破了志愿服务专属的领域界限，让服务人群覆盖更广泛，服务内容更多元；其次，在社区党委的统筹领导下，利用相应的平台和制度激发居民参与社区治理的积极性，极大地改善了社区居民之间关系；最后，通过一起做公益，搭建了居民议事的空间，“大家的事大家议、议好的事义务做”，构建了共建共治共享的治理格局。

三　深圳社区志愿服务面临的问题与挑战①

整体来看，深圳社区志愿服务呈现生机勃勃、欣欣向荣的景象，涌现出了不少品牌志愿服务项目。但是，面对深圳建设中国特色社会主义先行示范区和推进社会治理体系与治理能力现代化的新期待和新要求，社区志愿服务在深度参与社区治理方面还存在一些困惑和挑战。

1. 社区志愿服务供需对接问题突出

文化、生活、教育等差异使社区居民呈现多样化、异质性特点。社区志愿服务作为提高居民生活幸福感水平的重要抓手，如何精准对接居民个性化公共服务需求、真正满足居民精神文化需要成为提升社区志愿服务水平的首要任务。一方面，当前的社区志愿服务偏向于满足自身项目指标，有些项目

---

① 感谢罗格斯大学公共事务管理学院程静妍同学对此部分内容的大力支持。

在设计时，往往没有充分考虑居民的需求；另一方面，因为社区志愿服务管理不够精细，“搭便车”现象明显，有些真正需要帮助的居民反而无法获得支持，导致资源无效投入，志愿服务的供需对接偏差有待解决。

2. 社区志愿服务可持续发展能力不足

整体来看，社区志愿服务组织力量还相对薄弱。在资金方面，大部分社区志愿服务组织缺乏稳定的资金来源，组织运营和管理经费、志愿者保障经费难以保障。这是因为，一方面，备案社会组织没有法人资格及完备的财务管理体系，因此较难承接政府购买服务、获得财政资金支持；另一方面，社区的其他资金来源，如社区基金（会）、爱心商户等，则因缺乏有效的联动协调机制而未能充分盘活。在人力资源方面，无论是社区支持成立的社区志愿服务组织，还是社区居民自发成立的志愿服务队伍（目前多为备案社会组织），往往缺乏专职工作人员，日常运营管理工作依靠社区工作者兼职或居民志愿者协助才能完成，志愿者管理工作和志愿服务队伍培育发展也因为缺乏稳定的、专业的人员支持而难以扎实推进。同时，不少社区志愿服务项目形式单一、服务内容重复，与志愿者能力、兴趣、专长匹配度不高，给志愿者的积极性和创造性带来一定影响。志愿者流动性大、流失率高、参与不够活跃的现象还是普遍存在的。这些因素都制约了社区志愿服务的可持续发展。

3. “互联网+”社区志愿服务需要进一步优化

尽管目前“志愿深圳”信息平台为深圳市广大志愿者和社区志愿服务组织提供了志愿者注册和登记、志愿服务组织信息查询等功能，但是还不能充分满足深圳600多个社区对志愿服务的精细化和多样化的需求。一方面，“志愿深圳”信息平台作为目前唯一的志愿服务信息化管理系统，其定位是全市志愿服务统筹、管理、协调的信息化平台，覆盖全市百万名志愿者及一万多个志愿服务组织（团体），这一“大而全”的定位、统一的功能设计与社区作为社会治理末梢单元的“小而细”的属性、多样化的特性较难适配。基本上，现有的信息化平台可以满足社区志愿者招募、志愿服务活动信息发布、志愿服务时数记录等功能，但对社区志愿服务的组织者和志愿者来说，则很难依托该平台实现队伍内部的沟通交流，也不利于面向非注册志愿者宣传推广相关活动信息，大大影响了工作的便捷性和高效性。另一方面，目前“志愿深圳”信息平台没有社区居民服务需求信息的登记和发布功能。居民无法直接在“志愿深圳”信息平台上发布志愿服务需求信息，社区志愿服务组织者和志愿者在策划和开展社区志愿服务项目时也容易因为缺乏对真实需求的了解而出现低效服务、资源浪费等。因此，如何利用深圳发达的科技产业优势，促进志愿服务信息化建设迭代升级，提升社区志愿服务管理效率、志愿者活跃度、社区居民参与度，是这个领域必须着手研究和解决的问题。

此外，哪些社会痛点、社会治理难点应该由志愿服务来解决？如何确定服务有偿、低偿、无偿的供给机制？居民“社群化、小众化、个性化”服务需求如何从被动供给转为主动响应？志愿者获得服务时数认定后，如何创新“服务换服务、时间换资源”的激励机制？这一系列的问题伴随着日常实践摆在社区志愿服务组织者的面前，值得我们深思。

四　志愿服务参与社区治理体系与能力构建

社区治理是指党委、政府、社会组织、企事业单位、社区以及个人等多元主体通过平等的合作、对话、协商、沟通等方式，依法对社会事务、社会交往和社会生活进行引导和规范，最终实现公共利益最大化的过程。在治理的语境下，社区志愿服务正逐渐从公益便民服务向复合社区治理转变，从单纯做好事献爱心的付出向履权责尽义务的赋能跨越。

（一）理顺参与逻辑，建立响应式、分担制、参与型的社区志愿服务共享系统

我们在探究社区志愿服务参与社区治理模式的过程中，需要不断思考动力的来源及其发挥作用的机制。这其中一系列关键的指标链就是“谁发球、谁买单、谁担纲、谁参与、谁决策、谁裁判、谁处置、谁受

益、谁兜底”。如果能够回答清楚这些问题，那么志愿服务参与社会治理的逻辑基本就理顺了。一是发现、梳理、规范、引导、创造有利于社会治理的党群服务。让更多的居民能够主动表达诉求，把个性化需求具体化，让第一个提出需求的人，利用居民或者业主的身份，去寻找到与其有同样需求的人（比如20~30人），成为一群人的共同需求。社区党委、居委会或者社区社会组织等快速响应，对需求进行策划、细化成可执行的方案，并通过内部或者外部来配置资源。开展赋权增能履责的系列活动，让居民成为项目的主办者、参与者、服务者和评价者。二是以志愿者为纽带联结更多社区人群。积极的社会治理就是要多关注各类人群，让各类群体逐步活出精彩，更好融入社会。三是倡导人人有份的发展理念，配以普遍利益的社会服务机制，实现每个人的社会权利。把社区治理还给居民，让治理变得简单起来，让无形的手和有形的手结合起来，兼容并蓄，齐头并进。

我们可以在一个社区范围内构建一套共享志愿服务系统。首先是要动员社区内的每个机关、企业事业单位、人民团体、社会组织都成立志愿者团队；其次是编制社区志愿者专业服务技能目录，形成若干个志愿服务项目，同时，在社区内部形成志愿服务共享机制和转介平台；再次是强化志愿伦理、弘扬志愿文化，强调专业的人做专业的事，专业的事由专业的人负责；最后是做好志愿服务与政府购买服务的衔接，善于用志愿服务来影响公共政策，以此提升治理能力现代化水平。在这套共享志愿服务系统中，最为关键的就是要加强对志愿者的服务、支持和赋权。

（二）构筑社区志愿者之家，完善社区志愿服务招募、培训、调度、关怀、激励和保障体系

社区党群服务中心是以社工作为运营主体的公共平台，在这其中，社区志愿者只是参与者，缺少真正的主人翁感受和体验。我们可以借鉴深圳宝安区航城街道草围社区的做法，以志愿者为中心设立单独的“社区志愿者之家”，推出系统化关爱服务。一是志愿者关爱保险服务。携手深圳市

慈善会成立草围社区志愿者关爱基金，为辖区优秀志愿者购买志愿者团体保险，为志愿者开展志愿服务提供保险服务保障，解决志愿者参与志愿服务的后顾之忧。二是志愿者家庭大病救助服务。在香草围义工之家成立志愿者家庭大病救助服务联络对接点，搭建起慈善组织和志愿者大病家庭供需服务平台，实现与各类慈善力量之间的信息共享，为志愿者家庭及服务对象大病救助争取资源支持，提供个性化、差异化、精细化的救助和服务项目。三是志愿者子女社区照顾服务。针对志愿者子女开发定制化社区照顾服务，如志愿者子女第四课堂等。四是志愿者家中老人关怀服务。针对志愿者家庭中的老人开展包括送餐、定期健康体检等系列关怀服务。五是志愿者成长服务。为志愿者提供包括外派交流学习、志愿者职业规划、定制化培训、文化服务等系列志愿者成长课堂，推动辖区志愿服务向纵深发展。六是支持志愿者开展社区公益项目。依托草围社区志愿者关爱基金，资助和支持有利于改善社区养老、教育、文化体育、邻里关系、环境卫生、社区救助等方面的志愿者公益项目，促进社区公共服务的发展和社区共融共建共享；培育社区公益志愿服务组织的能力。七是志愿者互助交换服务。建立志愿者服务时间、技能、物品交换和社区慈善组织捐赠回馈机制。通过志愿服务时间、技能兑换各种社区服务，社区慈善基金加以扶持回馈，形成志愿者慈善公益闭环，完善志愿者管理、激励、保障等工作机制。以上举措有力地推动了社区志愿服务活动健康有序、持续开展，社区志愿服务生态和民生保障服务呈现双螺旋上升的良好发展势头。

（三）组建社区志愿者技校，推进社区志愿服务走向专门化、专业化、专项化和专职化

国家鼓励和支持国家机关、企事业单位、人民团体、社会组织等成立志愿服务队伍开展专业志愿服务活动，鼓励和支持具备专业知识、技能的志愿者提供专业志愿服务。我们可以参照社区学院的模式，组建社区志愿者技校，对社区志愿者进行分类、分级、分科培训。

通过系统化的志愿服务技能培训，逐步建立起专门化、专业化、专项化

和专职化的社区志愿者队伍，如公共安全类、卫生健康类、文化体育类、环保教育类、公共法律类、政策宣导类、便民服务类、扶贫济困类、探访陪同类、社会研究类，定期开展自助互助志愿服务活动。建立健全社区志愿者培训制度，把社区志愿者初次培训、阶段性培训与临时性技能培训结合起来，提高志愿者的服务技能和服务水平。在一般基础知识培训的基础上，加强对社区志愿文化理念、人际交往能力、专业服务技能等方面的专业培训和系统培训，促进社区志愿服务队伍向规范化、专业化方向发展。制定服务时数与积分制度，用积分换服务，鼓励志愿者积极参加社区活动或提供服务。同时，设立党员服务达人榜，每月对党员志愿者服务时间进行统计，将当月服务之星在宣传栏公示，树立志愿服务的先进典型。普及志愿服务理念，营造良好的舆论氛围。

（四）引入服务设计理念，系统打造接地气、有温度、可持续的社区志愿服务生态圈

服务设计是商业领域和公共服务领域比较时兴的一种设计思维，强调有效地计划和组织一项服务中所涉及的人、基础设施、通信交流以及物资等相关因素，从而提高用户体验和服务质量，最终以为客户设计策划一系列易用有效、让客户满意和信赖的服务为目标。服务设计既可以是有形的，也可以是无形的；服务设计将人与其他诸如沟通、环境、行为、物资等相互融合，并将以人为本的理念贯穿始终。

我们可以以社区为单位，定期开展“社区志愿服务设计营活动”，邀请社区内的各方代表，以社区治理需求和问题为导向，就志愿服务活动的全周期、全过程进行优化设计，打造出接地气、有温度和可持续的志愿服务生态圈。

B.6
深圳企业志愿服务发展报告

曾伟玲　吕燕青*

摘　要：　企业志愿服务是企业履行社会责任的重要方式。本报告综述了国内企业志愿服务兴起与发展的背景，通过对深圳多家企业志愿服务案例的对比分析，指出深圳企业志愿服务呈现组织架构逐步完善、管理系统信息化提升、志愿服务项目多元化和社区化、志愿服务激励体系逐渐完备的特点。本报告还提出了深圳企业志愿服务面临的一些挑战，如动员外部资源的动力不足，与企业业务的关联性有待加强，志愿服务的专业性及项目成效有待提升等。据此，本报告对深圳企业志愿服务的发展趋势提出了几点展望。

关键词：　志愿服务　企业社会责任　员工志愿者

志愿服务强调奉献和回馈社会，是社会文明进步的标志。同时，志愿服务在团结社会力量、凝聚共识方面能发挥重大作用，也是培育和践行社会主义核心价值观的重要途径。根据《志愿服务条例》第六条，“志愿服务是指志愿者、志愿服务组织和其他组织自愿、无偿向社会或者他人提供的公益服务”。企业志愿服务则是指由企业发起并组织的志愿服务，是企业作为社会公民，承担和履行社会责任的重要方式。随着中国志愿服务事业的快速发展，

* 曾伟玲，深圳国际公益学院高级分析员；吕燕青，趣乐迪管理咨询（广州）有限公司高级顾问。

以及社会对企业社会责任的日渐关注，企业志愿服务也越来越受到重视。

企业志愿服务或称员工志愿服务是指，由企业发起、统一组织并提供相关支持，鼓励并允许员工参加志愿服务活动，是企业参与公益，帮助解决社会问题的重要方式。[①②] 换句话说，企业是企业志愿服务的组织者和资源提供方，员工利用时间、资源和技能开展服务，是企业志愿服务的主要实施方。张旭军和李宝梁认为企业志愿服务是以企业为载体，以员工为主体，带动身边人群共同参与，以履行企业社会责任、实现企业目标和员工个人追求为目标的志愿服务形式。[③] 这一定义将企业志愿服务的主体拓展至企业员工以外的人，并且强调了企业志愿服务结合了个人价值、企业价值以及社会价值，是企业履行企业社会责任的重要方式。

总而言之，企业志愿服务既具有志愿服务的一般特征，如无偿性、非营利性、利他性等，也具有一定特殊性，如企业的鼓励支持、员工的自愿参与等。作为志愿服务领域的重要分支和新生力量，企业志愿服务在微观层次上具有企业员工作为志愿者的个体价值的实现，在中观层次上具有提升组织内部凝聚力、提升工作绩效和塑造组织文化的作用，在宏观层次上具有回馈社会、承担企业社会责任和实现企业社会价值的作用，彼此相互交融、影响，发挥更深远的价值联动效益。

一　企业志愿服务的兴起与发展

（一）企业志愿服务的兴起与国内志愿服务的发展历程紧密相连

在我国，志愿服务最早与为人民服务的“学雷锋活动”相联系。自

① 孟慧文、王忠平：《中国企业志愿服务发展趋势探究》，《企业管理》2019 第 11 期，第 111～114 页。

② 王忠平、陈和午、张永敢、李颖：《中国企业志愿服务发展报告》，载中国志愿服务联合会编著《中国志愿服务发展报告（2017）》，社会科学文献出版社，2017，第 144－197 页。

③ 张旭军、李宝梁：《企业志愿服务创新机制的探索》，《中国社会工作》2018 年第 10 期，第 49～50 页。

1963 年起，每年的 3 月 5 日被定为“学雷锋纪念日”，全社会广泛开展“学雷锋做好事”活动。企业作为重要的社会主体，也陆续组织员工开展各种关爱社会的学雷锋活动，这也是当时企业参与志愿活动的主要表现形式。20 世纪 80 年代，西方的志愿服务理念和实践传入中国，全国各地开展了形式多样的志愿服务探索。[①] 1993 年底，铁路系统率先开展青年志愿服务活动，在京广铁路沿线开展为旅客送温暖的活动。越来越多的企业开始重视和发展企业志愿服务。2008 年的汶川大地震和北京奥运会让志愿服务更广泛地进入公众视野。志愿服务在应急救灾、大型赛会中发挥的作用得到了社会的认可。企业志愿服务发展也走上了快车道，一批有社会责任感的企业，通过组建企业志愿者协会、设立内部专责部门、成立企业基金会等方式，更全面、专业地开展企业志愿服务。

（二）志愿服务的制度化和规范化夯实了企业志愿服务发展基础

企业志愿服务的兴起与发展和国内志愿服务发展环境的优化密不可分。制度化和规范化建设为志愿服务发展夯实了基础，也为企业志愿服务发展指明了方向。2013 年，民政部提出建立志愿服务记录制度，并印发《中国社会服务志愿者队伍建设指导纲要（2013～2020 年）》，提及“建立志愿服务记录与志愿者升学、就业、享受社会服务挂钩制度，鼓励有关单位在同等条件下优先录用有良好志愿服务记录人员，鼓励公共服务机构和商业机构对有良好志愿服务记录人员提供优惠与优先服务”。同年，修订了《中国注册志愿者管理办法》。2014 年，中央精神文明建设指导委员会印发《关于推进志愿服务制度化的意见》，指出“要支持和发展各类志愿服务组织，推动企业、机关、学校、医院等成立志愿服务队进社区服务，引导公益慈善类、城乡社区服务类社会组织到社区开展志愿服务”。2016 年，中共中央宣传部、中央文明办、民政部、教育部、财政部、全国总工会、共青团中

① 魏娜：《我国志愿服务发展：成就、问题与展望》，《中国行政管理》2013 年第 7 期，第 64～67 页。

央、全国妇联八部委联合印发《关于支持和发展志愿服务组织的意见》，指出“倡导鼓励广大公务员、专业技术人员、企事业单位干部职工、公众人物等积极加入志愿服务组织，参加志愿服务活动，共产党员、共青团员要作出表率”。2016 年《中华人民共和国慈善法》和 2017 年《志愿服务条例》的相继出台进一步优化了志愿服务事业的发展环境。2018 年的《政府工作报告》中首次提出了“促进志愿服务健康发展”，2019 年党的十九届四中全会也明确要求“健全志愿服务体系”。社会对志愿服务的认可，和国家层面陆续出台的志愿服务相关政策也为国内企业志愿服务发展奠定了良好的基础。

（三）志愿服务的价值再发现成为企业开展志愿服务的内生动力

在企业社会责任和企业公民等理念影响下，开展企业志愿服务成为企业履行社会责任、塑造良好公民形象和提升责任竞争力的途径之一。2006 年，深圳证券交易所发布了《深圳证券交易所上市公司社会责任指引》，要求“上市公司应按照本指引要求，积极履行社会责任，定期评估公司社会责任的履行情况，自愿披露公司社会责任报告”。[①] 同年，中国石油天然气股份有限公司发布第一份企业社会责任报告，并将履行企业社会责任作为企业发展战略的重要内容。[②] 2010 年，国际标准化组织对外正式发布 ISO26000《社会责任指南》，大大推动了全球对于社会责任的关注，一些大型企业纷纷设立社会责任部门/岗位，检视和统筹企业履行社会责任的情况。2015 年，联合国发布 2015—2030 年可持续发展目标（Sustainable Development Goals，SDGs），明确提出了各国将志愿服务组织纳入推动可持续发展的参与方，许多创新企业也纷纷加入，以企业志愿服务的方式推动联合国可持续发

① 《深圳证券交易所上市公司社会责任指引》，深圳证券交易所，http：//www. csrc. gov. cn/pub/shenzhen/xxfw/tzzsyd/ssgs/sszl/ssgsfz/200902/t20090226_ 95495. htm，最后访问日期：2020 年 10 月 4 日。

② 孟慧文、王忠平：《中国企业志愿服务发展趋势探究》，《企业管理》2019 年第 11 期，第 111 ~114 页。

展目标的实现。[1] 随着经济全球化格局变动和“一带一路”倡议提出，越来越多的企业积极对标SDGs，注重企业可持续发展，将“企业社会责任”纳入公司战略发展重要内容，企业志愿服务作为企业社会责任的一种重要实现形式也随之发展起来了。

此外，志愿服务在员工参与和自我价值实现、团队建设和企业文化营造等方面也能发挥重要作用，从而有利于促进企业战略目标实现，发挥经济价值和社会价值的联动效益。研究发现，员工参与志愿服务对工作绩效有显著的正向影响。[2][3] 开展志愿服务对于企业营造企业文化、践行公益、搭建与社会沟通的桥梁有积极的作用。随着2004年《基金会管理条例》的颁布实施，国内第一家企业基金会香江社会救助基金会注册成立。企业基金会的成立为企业志愿服务提供了稳定的资金支持，推动了企业志愿服务的专业化发展。

二 深圳企业志愿服务实践的模式

深圳，既是改革开放的“窗口”和“试验田”，也是全国志愿服务的发源地之一，素有“志愿者之城”“慈善之城”之称。历经30余年的发展，深圳在志愿服务领域取得了让人瞩目的成绩。深圳企业志愿服务的发展，一方面得益于深圳的社会环境支持、浓厚的城市志愿文化氛围和毗邻香港的地缘优势，企业员工无论是在意识层面还是在行动层面，都能更容易地接纳和主动参与企业开展的志愿服务活动，另一方面得益于深圳得天独厚的改革红利吸引和聚集了一批理念先进、技术创新的企业，这为深圳企业志愿服务的蓬勃发展打造了高起点的平台。

---

① 王忠平、陈和午、张永敢、李颖：《中国企业志愿服务发展报告》，载中国志愿服务联合会编著《中国志愿服务发展报告（2017）》，社会科学文献出版社，2017，第144～197页。

② 李祥进、杨东宁、雷明：《企业社会责任行为对员工工作绩效影响的跨层分析》，《经济科学》2012年第5期，第104～118页。

③ 汪国银、李吟、陈刚、刘芳：《善有善报？企业员工志愿行为对工作绩效的影响机理研究》，《中国人力资源开发》，2018年第35期，第26～35页。

深圳企业数量多、规模大，上市公司数量也多。根据《深圳市统计年鉴（2019）》，截至2018年底，深圳市共有197．46万家企业。截至2020年6月，深圳本地在A股上市的公司数量累计达308家，排名全国第二。① 深圳有良好的志愿服务文化和浓厚的慈善发展氛围，企业积极参与公益事业，助力解决社会问题，其形式包括了设立企业基金会资助志愿服务项目、鼓励和支持员工参与志愿服务、提供资源支持志愿者关爱等。据不完全统计，深圳仅以企业命名或由企业发起的基金会就超过60家②，如腾讯公益慈善基金会、万科公益基金会、顺丰公益基金会、深圳市平安公益基金会等；由企业发起和组织，动员利益相关方参与志愿服务的数量不计其数；深圳面点王饮食连锁有限公司和中国银行深圳市分行也结合自己的业务优势支持志愿者关爱服务。在参与社会治理大背景下，为履行社会责任，深圳企业积极参与探索“志愿者之城”的转型升级之路，实现志愿服务由提供社会服务向参与社会治理、凝聚社会共识转变而努力着。由于缺乏归口统计，因而本报告难以呈现深圳企业志愿服务的全貌，根据企业注册性质分别选择了沃尔玛（中国）投资有限公司［以下简称沃尔玛（中国）］、星巴克（深圳）有限公司［以下简称星巴克（深圳）］、深圳市地铁集团有限公司（以下简称深圳地铁）、顺丰速运（集团）有限公司（以下简称顺丰速运）和中国平安保险（集团）股份有限公司（以下简称中国平安）作为外资企业、国有企业和民营企业的代表，对它们进行访谈，并收集其他相关资料，以对比研究的方式，力求管中窥豹，呈现当前深圳企业志愿服务的发展亮点及面临的挑战，并提出促进深圳企业志愿服务发展的若干建议。文中所用的企业志愿服务数据如无特别说明，均由各企业的被访对象提供。

（一）聚焦公共服务，强化组织体系，践行国企担当

国有企业普遍分布在关系国计民生的行业，深圳市属企业以“服务城

① 胡蓉：《深企上市越多深圳发展就越强》，《深圳商报》2020年6月12日第1版。

② 根据深圳市社会组织信息平台信息统计。

市、服务产业、服务市民”为使命担当，提升公共产品与服务的供给质量和效率，履行企业社会责任。在组织企业志愿服务方面，国有企业更多地聚焦在公共服务领域，回应党政方针和国家政策，以有组织、体系化的形式发展志愿服务，如深圳巴士集团党委以“服务基层、服务社会”为主题，组织党员志愿服务专题活动；深业集团打造深业泰然科技园区 U 站，以志愿服务助力科技园区发展等；深圳市地铁集团更是发起成立了深圳市地铁义工联合会（以下简称深铁义工联），开展组织化、规范化、标准化的志愿服务。

深圳市地铁集团有限公司成立于 1998 年 7 月 31 日，是深圳市国资委直管的国有独资大型企业。深圳地铁网线覆盖广，客运服务压力大。2019 年深圳地铁承担 283．85 公里深圳地铁线路的运营任务，线网日均客运量达到了 486．73 万乘次。[①] 2011 年世界大学生运动会期间，在共青团深圳市委、深圳市义工联的支持下，深圳地铁联合各街道义工组织，发动了 4000 余名志愿者，在 45 个车站提供了共计 41000 人次近 17 万小时的志愿服务。这一次大规模的志愿服务补充了地铁运营的力量，有效地增强了乘客安全文明乘车意识，但也暴露了当时地铁志愿者专业知识不足、服务不够规范、队伍管理松散和团队凝聚力不足等问题。有鉴于此，2012 年深圳地铁发起成立了全国首个轨道交通行业志愿者法人团体——深圳市地铁义工联合会，发动地铁员工及社会各界人士为市民的地铁出行提供志愿服务。截至 2020 年 6 月，深铁义工联注册义工人数达 24000 余人，每天组织安排 1100 人次，服务于 118 个车站，参与服务人数合计 120 余万人次，累计服务时间超 360 万小时，是深圳市最活跃的义工组织之一。截至 2019 年底，一共有 461 名来自深铁义工联的志愿者获得市级“五星级志愿者”称号，74 名获得市级“百名优秀志愿者”称号；“最后一公里，出行无障碍”项目获得国家级志愿服务大赛金奖、省级示范项目、市级“百佳市民满意项目”奖。

① 《深圳市地铁集团有限公司 2019 年年度报告》，https：//www．szmc．net/jituagaikuang/touzizheguanxi/niandubaogao/202006/81590．html，最后访问日期：2020 年 10 月 30 日。

深铁义工联在志愿服务发展方面注重组织体系建设、制度建设和管理手段优化。深铁义工联的关键管理岗都由地铁集团的中高层干部担任，分别有专职人员和兼职人员，负责深铁义工联的总体发展、日常管理和财务管理，其他的管理人员则均由来自社会的志愿者担任，保障志愿者队伍的自治管理权限。在制度建设方面，深铁义工联率先制定了27项管理规章制度，涵盖管理人员选拔任用、服务规范、志愿者管理、投诉处理、关爱制度等各方面，使志愿者管理有章可依。在管理手段方面，开发志愿者信息化考勤管理系统，优化志愿者管理考核方式，并建立激励机制和培训管理体系，稳定队伍，提升服务质量，搭建了“1+365+N”的志愿生态圈。[①] 深铁义工联创设的志愿者队伍管理规章制度，具有鲜明的行业特色，它不仅帮助深铁义工联实现了志愿者队伍的高效管理，同时，作为轨道交通行业志愿服务的探索者和实践者，深铁义工联这一整套的规章制度也作为管理技术输出至深圳机场义工联和前来深圳学习经验的兄弟城市单位。

（二）呼应总部战略，发挥业务优势，服务当地社区

外资连锁企业通常会制定企业社会责任战略，大型外资企业的志愿服务开展往往能呼应总部的企业社会责任战略，并以发挥业务优势、关怀和服务当地社区为出发点。此外，被访个案中的沃尔玛（中国）和星巴克（深圳）都十分肯定和重视志愿服务在提升员工凝聚力，增强企业文化建设和塑造企业品牌方面发挥的作用，通过设立社群分享、活动表彰、物质奖励等激励机制鼓励员工更多地参与志愿服务。

沃尔玛（中国）是世界知名的零售巨头，于1996年进入中国，在深圳开设了第一家沃尔玛购物广场和山姆会员商店，并把中国区总部设在深圳。

① “1+365+N”志愿生态圈的架构：通过1个地铁公益志愿平台，提供3种服务时间（早晚高峰常规服务、节假日服务、春运暑运服务）、6种服务岗位（站台引导岗、站厅疏导岗、购票指引岗、闸机服务岗、信息咨询岗、“S站”综合岗）、“5出、5化”管理机制（出文、出人、出力、出钱、出门；制度化、专业化、项目化、信息化、品牌化），N种多元化的义工服务和公益项目，为深圳市民提供365天“不打烊”的志愿服务。

致力于成为中国优秀的企业公民，沃尔玛（中国）把女性经济自立、儿童食品安全与营养及可持续发展与社区服务作为企业社会责任的重点。企业志愿服务被视为“服务当地社区”的重要组成部分。沃尔玛（中国）的企业志愿服务由公司事务部负责，设计整体的企业志愿服务战略和规划，组织公司层面的品牌项目，建立企业主导的平台型模式，并在公司层面成立了沃尔玛志愿者协会，定期组织志愿者活动，提供外部志愿活动信息，并且指导和支持公司各部门、各地区开展的志愿者活动。

沃尔玛企业志愿服务集中于特殊儿童与青少年关怀、社区孤寡老人关怀、环保宣传、食品安全科普教育等领域，参与服务的志愿者累计超过2万人次，截至2019年底，员工志愿服务已超过24万小时。在品牌项目方面，沃尔玛开展了“20周年20小时”的志愿者活动，在全国每一家沃尔玛商场成立志愿服务队，开展“食品安全进社区”“爱心走入长者家”和“阳光世界行动”的活动，给社区的居民带去食品安全知识，探访社区独居的老人，陪伴缺少关爱的儿童，让员工走进社区、回馈社区。此外，沃尔玛还结合业务优势，与公益组织共同打造了“沃爱下午茶”的品牌项目，沃尔玛为项目提供场地、物资和资金，并为自闭症青年提供工作技能培训，促进公众对自闭症青年劳动与创造社会价值能力的了解，支持他们的就业和社会融入。

星巴克在1999年开始进入中国市场，中国目前已成为星巴克发展速度最快、最大的海外市场。2002年，星巴克在深圳设立分公司，开拓深圳市场。作为世界知名的连锁咖啡公司，星巴克向来重视企业社会责任。从咖啡种植到零售门店，星巴克始终致力于通过社区服务积极打造社会正向影响力，秉持融入并回馈当地社区的核心价值观。与咖啡农、顾客和社区建立了紧密的情感联结。因此，推广志愿服务作为重要内容列入星巴克社会责任范畴，鼓励星巴克伙伴利用业余时间投身公益活动，服务社区，回馈社会，并带动顾客、合作伙伴等共同参与，倡导“人人公益”。

星巴克“全球服务月”始于2011年，秉持分享与责任的创设初衷，支持员工和客户在世界各地的星巴克门店开展大型社区服务活动。响应总部战略，星巴克（深圳）每年组织大型社区服务活动，自2011年至今累计参与人数达2500余人，志愿服务时数约为2万小时。回应当地社区的需要，星巴克（深圳）开展了多个特色志愿服务项目。深圳是一个外来人口集聚的城市，每年春运都会有大量的返乡人员，星巴克（深圳）于2008年率先发起“星暖回家路”项目。该项目由星巴克伙伴们穿上特有的绿色志愿者服在交通枢纽开展志愿服务活动，包括为旅客搬运行李、派发咖啡、协助工作人员维持秩序、慰问站台工作人员等，为奋斗在一线的工作人员、为归心似箭的返乡人送上热饮，送去慰问。据不完全统计，12年来累计近3000名星巴克（深圳）的志愿者参与过此活动，免费派发咖啡约10万杯。此外，星巴克（深圳）还参与“深圳读书月”组织系列活动，成立“深圳星巴克食品药品安全志愿者支队”，积极参与开展食品药品安全科普宣传等。

（三）成立企业基金会，以科技赋能探索服务专业化

民营企业数量庞大，覆盖面广，在体制机制上更为灵活。随着“企业社会责任”“企业公民”“企业责任竞争力”等议题的兴起，越来越多的企业重视其服务社会、回馈社会的责任。腾讯、万科、中国平安、顺丰速运等大量在深圳成长起来的本土企业纷纷发起成立基金会，组织和支持员工及其家人、客户和合作伙伴参与志愿服务，部分企业更借助科技优势搭建志愿服务管理平台，探索专业的企业志愿服务发展之路。

早在2007年，腾讯就成立了腾讯公益慈善基金会，搭建公益平台，支持乡村发展、科技创新、医疗健康、教育公平、立体救灾和员工公益。同年，腾讯在公司层面成立了志愿者协会，到2020年已发展至5000多名志愿者。腾讯的志愿服务项目既有传统的环境保护和关爱探访，也有很多数字化公共服务，如安全网络知识、文化数字保护等。万科也在2008年成立了公益基金会，并以“可持续社区”为目标，动员员工及利益相关方参与志愿服务，推动环境保护和社区发展。

中国平安于1988年成立于深圳蛇口，是中国第一家股份制保险企业，至今已经发展成为金融保险、银行、投资等金融业务为一体的整合、紧密、

多元的综合金融服务集团，拥有154万名内外勤员工。2018年，平安集团成立了深圳市平安公益基金会，进一步深化落实精准扶贫工作，践行“服务国家、服务社会、服务大众”的理念。同年，平安集团成立了平安员工志愿者协会，并以“三村工程”精准扶贫作为核心项目，持续推动扶贫项目落地，也为集团员工和合作伙伴提供公益平台。截至2019年底，已有员工志愿者46.5万人（含内外勤员工、代理人）；“三村晖”智慧公益平台总用户达到了195.7万人，上线282个活动。

在志愿者管理方面，平安集团制定了完备的制度和管理办法，并建立相关激励表彰制度，号召发动员工参与志愿服务。以集团的品牌宣传部带动员工志愿者协会，整合、沉淀内外部的公益资源，撬动社会力量构建共享公益生态。在志愿服务管理方面，平安集团充分运用了自身的科技力量，以移动化、智慧化管理赋能公益。通过“三村晖”智慧公益平台，可以实现注册成为平安志愿者，发布活动由线下组织承接活动落地，实现公益活动的追踪和量化。其次应用区块链技术，探索“时间银行”创新公益互助形态。通过平台，实现公益物资、扶贫对象、公益行为全链条录入，志愿者可以将参与公益服务的时间存入时间银行，形成公益互动。

在志愿服务项目方面，平安集团响应中央文明办的号召，积极开展新时代文明实践志愿服务活动，如与陕西空军总医院合作发起“送爱心，脑健康”志愿服务项目，并支持建设照金镇首个“新时代文明实践所”，助力新时代文明建设。2019年，中国平安联合深圳市城市公共安全技术研究院、深圳志愿服务基金会、深圳市公共安全义工联合会，发起“平安守护者行动”，通过普及急救、防灾减灾等安全知识，提升社会公众安全意识和技能。截至2019年底，“平安守护者行动”累计开展100场活动，累计培训1565人，累计覆盖37870人。此外，平安集团志愿者还开展了“春苗助学”“音服计划”等扶贫助困的教育项目。

顺丰速运是国内的快递物流综合服务商，也是一家具有网络规模优势的智能物流运营商，拥有“天网+地网+信息网”三网合一、可覆盖国内外的综合物流服务网络，其直营网络是国内同行中网络控制力强、稳定性高的综合性物流网络体系。2012 年，顺丰速运发起了顺丰公益基金会，招募专职公益团队，在项目设计中引入志愿者参与，有序引导志愿服务，倡导人人公益，2015 年研发志愿者管理平台，实现信息化管理，在各地共设立志愿者协会 20 个，有超过 10 万名志愿者，累计服务时数近 17 万小时。

顺丰速运的志愿服务实现了基金会和志愿服务之间的有机联动。一方面，基金会可以为志愿服务项目提供资金支持；另一方面，基金会的专职人员在慈善公益项目设计上引导志愿服务的内容，提升了志愿服务项目的专业化。从另一个角度来看，志愿服务也丰富了基金会项目的内涵，发动员工志愿者、合伙伙伴和其他利益相关方的参与，更好地调动了内部员工的积极性，也让基金会项目与企业发展有了更紧密的联系。在志愿服务管理制度上，顺丰速运明确了公益带薪假、购置保险、交通补贴、志愿评优等制度，保障了志愿者的合法权益，激发了员工参与志愿服务活动的积极性。通过建立志愿者平台，实现志愿者管理的信息化、便捷化和高效化。通过平台，志愿者可以报名参与志愿服务，记录志愿服务时长，获得服务证书等。

顺丰速运的志愿服务主要包括基金会的项目执行，如莲花助学、顺丰暖心、凉山爱心班等，志愿者协会自主发起的活动，如“壹个暖冬”“阳光善行”“邦木找茶”“纸箱回收”等，以及受顺丰速运资助的大学生自发组织的反哺计划活动，如“反哺”乡村支教、莲花助学公益行、母校分享会等。从内容上看，顺丰速运的志愿服务主要集中在教育发展、儿童医疗救助、扶贫济困等公益领域，其中顺丰莲花助学项目调动志愿者参与个案的实地走访核实，自 2012 年到 2020 年 10 月，已累计资助近 2.6 万人。

三　深圳企业志愿服务的特色

根据被访企业的情况，结合收集到的资料，上文分析总结了不同类型企业在提供志愿服务方面的特色及亮点。下文将横向比较不同类型企业在志愿服务设计、管理方面的情况，总结深圳企业志愿服务的特点有如下几个。

（一）企业志愿服务组织架构逐步完善，“互联网+”提升了管理效率

随着社会越来越关注企业社会责任，越来越多的企业开展志愿服务活动并把它作为履行企业社会责任的重要方式。员工志愿者的参与对企业来说尤为重要，这不仅可以增强员工对企业的认同感，还可以传递企业的文化、塑造良好的负责任的公众形象。从访谈情况来看，被访企业中都有专门的志愿服务管理部门，有的是企业社会责任部门，有的是品牌、行政和对外关系等职能部门，也有的是由企业基金会直接管理。企业通过制定志愿者管理制度，规范员工成为志愿者的流程和志愿者参与活动的流程，建立志愿者管理机制和激励机制等制度，完善员工志愿服务的参与流程。

由访谈可知，企业员工志愿者队伍日益壮大，中国平安现已有46.5万名志愿者，顺丰速运有10万名志愿者，沃尔玛（中国）有2万人次参与志愿服务。企业志愿者人数众多，就需要有完善的组织架构对其进行管理。得益于企业管理的经验，企业在志愿者的管理上也有科学的管理体系。从访谈资料来看，一般都会由专门的部门对志愿服务进行管理，甚至有专人专职负责。大型企业往往有地区分公司，也会组织相应的志愿服务或者成立内部志愿者协会，总部会分地区、分领域对志愿者及志愿服务进行统筹管理。根据访谈分析，有四家企业建立了志愿者协会或者志愿服务队，其中，深圳地铁建立了具有独立法人资格的深圳市地铁义工联合会，沃尔玛（中国）、中国平安、顺丰速运均在公司层面建立了志愿者协会。

企业志愿服务背靠企业，在企业管理以及企业资源的支持下，建立志愿者管理架构，并利用企业的资源，尤其是技术资源，提升了对企业志愿者的管理效率。近年来，随着互联网技术的发展，企业利用互联网技术管理企业志愿服务已经是大势所趋，企业往往开发独立的运营管理平台，或者借助已有的企业平台，如企业微信、官方网站等，对志愿者和志愿服务进行管理。例如，星巴克搭建了专门的社区服务管理平台，实现了社区服务的“员工自管理”；顺丰速运设计公益志愿者的专用平台；中国平安打造了“三村

晖”智慧公益平台，实现了对志愿者和志愿服务的管理。员工通过互联网进行志愿活动报名、发起志愿活动并获得志愿服务证书等，从而实现了志愿者管理的信息化、便捷化和高效化。由上可见，企业在志愿服务的管理体系建设上日趋完善，并向着高质量、高效化的方向发展。

（二）企业志愿服务项目向多元化、社区化、品牌化发展

企业在社会变革中希望扮演的角色以及如何参与社会事务，体现了其社会责任承担的程度。有责任担当的企业不再是单一追求经济效益的企业，如何最大化地实现社会效益、生态效益、经济效益的联动共赢，成为新时代企业发展的责任命题，也是时代的潮流和趋势。

以往志愿服务常被以为是“做好事”“做雷锋”，但近年来随着志愿服务的大力发展，尤其是《志愿服务条例》颁布后，志愿服务的项目化运作已经成为志愿服务团队的共识。从访谈来看，在志愿服务项目方面，外资连锁企业的志愿服务项目往往呼应总部战略，以关注社区发展为主，且紧靠其企业主要业务，突出企业的品牌。本土企业的志愿服务项目多响应国家政策、紧靠国家战略规划，如扶贫攻坚、新时代文明实践等。

通过访谈，我们发现，企业近年来注重发起较为持续的志愿服务项目，志愿服务项目化的思维逐渐趋向成熟。在企业志愿服务项目中，企业予以精细化管理，设定目标和计划，服务特定人群。设计志愿服务品牌项目已经成为企业志愿服务发展的趋势。例如，星巴克的“星暖回家路”，就是持续多年的志愿服务项目，其在春运期间为深圳为外来务工人员提供派发咖啡、搬运行李、维持秩序等志愿服务，通过企业的支持、宣传和扩展，成为由深圳扩展至珠三角地区甚至全国的志愿服务品牌项目。

企业与专业的社会组织或志愿服务团体合作开展志愿服务，可以最大限度地体现志愿服务项目的价值，也是企业开展志愿服务项目的趋势。以访谈的企业为例，沃尔玛（中国）开展的“沃爱下午茶”项目，就是和壹基金公益基金会、守望心智障碍者家长组织联盟合作的，主要为自闭症青年更好地社会融入做努力。项目由专业的公益组织进行策划设计，由企业参与，最

大限度地实现项目成效。以此项目为例，多方合作设计及实施的项目能通过宣传让更多人看到自闭症青年的能力，接纳他们，并且能发挥企业的业务优势，让他们获得工作技能培训，实现项目社会效益的最大化。

同时，除了直接设计、参与具体的志愿服务项目这种形式外，对志愿服务的行业支持也成为不少企业助力志愿服务事业发展的一项重要内容。在深圳，这方面的实践主要有两个方向。一是企业支持志愿服务行业枢纽组织发展，利用市场资源和客户资源优势，帮助传播、倡导志愿服务理念，使志愿服务获得更大社会效益。在这一个方向上，深圳面点王饮食连锁有限公司创新推出公益、志愿服务和消费相结合的模式，于2018年、2019年发起举办“你吃一碗面，我捐一块钱”活动，利用分店覆盖面广、客流量大的优势，动员百万人次的市民通过消费参与公益，将社会公益、企业效益和消费者个人利益有机地融为一体。二是企业支持志愿服务和金融相结合。2014年，为支持深圳志愿服务事业发展，中国银行深圳市分行创新思路发展，将公益应用融入金融IC卡中，与共青团深圳市委、深圳市义工联、深圳市志基会共同推出以金融IC卡为载体的电子义工证，并发起“‘义’证行动，十分关爱”活动。义工持“电子义工证”每刷卡消费一笔，中国银行深圳市分行便向深圳市志基会“义工关爱”专项基金捐赠人民币10分，帮助困弱志愿者，呵护善良，回馈爱心。

（三）完善企业志愿服务激励体系，促进员工参与志愿服务项目

志愿服务具有自愿性的特征，虽然在企业中，企业与员工是雇佣关系，但是在志愿服务中，企业仍需要有意识地营造志愿服务文化氛围，并制定一系列的激励措施调动员工参与志愿服务的积极性和持续性。只有这样才能确保志愿服务项目的可持续性，使企业内部的志愿服务文化充满活力、生机。企业在实施志愿服务管理的过程中，为员工提供志愿服务带薪假，为志愿服务活动提供资金、积极宣传志愿者的故事以及对优秀志愿者进行年度表彰等激励的措施，能够在一定程度上确保企业对志愿者的有效管理和企业志愿服务的持续性。

从被访案例来看，几个企业都建立起了志愿服务激励机制，通过多种方式激励员工参与志愿服务，其中，在年度会议中给予奖励是普遍的激励方式，还有其他种激励方式，包括给予员工公益年假、对优秀的志愿者和志愿服务给予支持等（见表1）。以顺丰速运的志愿服务为例，顺丰公益基金会制定了《顺丰公益基金会优秀志愿者团体、个人及典范项目评选方案》，其中的奖项激励制度非常完善，从组织到个人到项目均有涉及。在个人层面，顺丰公益基金会设置了优秀个人、优秀荣誉顾问、优秀服务、优秀组织、优秀传播和专业贡献共六个奖项；在志愿者团队层面，设置了优秀团队奖；在服务项目层面，设置了典范项目奖。获奖者除了有证书、纪念品等属于个人的奖品，还有行政嘉奖和公益带薪假等与企业制度相关的激励。为了激励员工继续参与志愿服务，对于优秀个人，有助学公益行的优先参与直通卡；制定《顺丰公益基金会公益基金奖励办法（试行版）》，为优秀团队和典范项目提供公益基金支持，确保了志愿服务的可持续性。

企业部门分工明确，每个员工基本上都有自己擅长的专业领域，例如计算机、财务、法务、专业技术等，在参加志愿服务的过程中，还应根据员工的特长、专业优势和企业的资源优势，对志愿服务进行专业设计。这既能体现员工的重要性，也能提升员工参与志愿服务的积极性。例如，平安集团的“平安守护者行动”，这个项目就充分发挥了员工在金融、安全意识等专业领域上的优势，为社区提供金融素养、安全教育等志愿服务。

四　深圳企业志愿服务面对的挑战

（一）企业志愿服务队伍自我运作能力尚待加强

企业志愿服务是基于企业资源而存在的，无论是在企业内部建立志愿者协会，还是独立登记注册志愿者协会，企业志愿服务均是依靠企业培土供给成长的养分。从访谈来看，现有的志愿服务项目除了顺丰有一项是由员工提出、基金会资助实施的以外，绝大部分企业志愿服务项目是由负责的部门策

表 1　受访企业志愿服务情况一览

	沃尔玛(中国)	星巴克(深圳)	顺丰速运	中国平安	深圳地铁
志愿者组织情况	沃尔玛志愿者协会	/	志愿者协会	平安志愿者协会	深圳市地铁义工联合会(法人组织)
志愿者管理部门	事务部	社会影响力及政府事务部门	顺丰公益基金会	品牌宣传部	深圳市地铁义工联合会
志愿者管理平台	邮件、企业微信	企业微信专区“星巴克社区服务”	顺丰公益志愿者平台	“三村晖”智慧公益平台	公众号“义工信息化考勤管理系统”
服务领域/方向	关爱弱势群体; 环保宣传; 促进残障融合; 食品安全科普教育等	社区关爱:关爱弱势群体,包括孤残儿童、孤寡老人、残障人士、农民工、留守儿童等; 社区治理:聚焦绿色环保(垃圾分类)、伴侣动物文明饲养、流浪动物救助、社区环境美化等; 社区参与:营造美好社区,包括支持大型赛会、应急救援、疫情防控、社区融合、食品安全科普教育、非物质文化遗产保护等	基金会项目执行(莲花助学、顺丰暖心等);志愿者协会活动(“壹个暖冬”等);反哺计划活动等	村医、村官、村教、环保、献血、特殊人群关爱、疫情防控等	地铁客运保障; 服务地铁建设; 无障碍出行
品牌项目	“沃爱下午茶”; 20 周年 20 小时	“星暖回家路”; “全球服务月”; “咖啡香飘读书月”	顺丰莲花助学; 顺丰暖心; “壹个暖冬” 阳光善行;	新时代文明实践志愿服务; 平安守护者行动; 平安支教行动; “春苗助学”; “蔚蓝行动”; “幕天捐书”; “音服计划”	“最后一公里,出行无障碍”;“世界上的另一种蓝”;一碗爱心粥,温暖千万人

续表

	沃尔玛(中国)	星巴克(深圳)	顺丰速运	中国平安	深圳地铁
激励措施	在公司年会上对表现突出的员工和团队进行表彰	(1)认可志愿者,分享志愿服务经验:“星巴克社区服务”每周分享1-2篇伙伴的社区服务故事,营造“人人公益”的氛围; (2)年度评选及志愿服务小额经费支持:评选并认可年度“好意在蔓延·社区服务优秀伙伴”	每年年底组织开展优秀志愿者评选活动,评选优秀个人、优秀志愿者团队、典范项目	(1)总结表彰会议或年度品牌会上,对优秀分会、项目案例、志愿者个人进行年度表彰并给相应奖励; (2)公益年假或带薪年假、年度表彰、集团活动优待;在晨会、官微、各媒体等内外部传播渠道上展示个人公益事迹及风采	(1)定期季度生日会; (2)重大节假日义工慰问; (3)评选优秀义工、星级义工,发放优秀义工文化衫等

划实施、员工参与的。但志愿服务是一项不计报酬，具有自愿性、无偿性等特征的公益行为，因此，调动员工的积极性并充分发挥其主观能动性是企业志愿服务的题中之义。目前，大部分企业并没有成体系的专业志愿服务培训，因此大部分员工对志愿服务及相关的社会问题认识不深，由此而产生的问题是，员工参与志愿服务的主体性被抑制。从企业的长远发展来看，如何保证企业志愿服务的可持续性，如何利用企业的资源激发员工参与志愿服务的积极性，是继企业志愿服务管理体系完善之后的又一重要课题。

（二）企业志愿服务项目仍需加强与企业的联结

志愿服务项目是企业履行社会责任的重要体现，从志愿服务项目与企业主要业务的关联可以看出，企业的公益理念甚至企业文化、与主要业务相关的服务项目更容易利用企业自身资源和优势，调动更多的资源支持员工参与志愿服务，如果志愿服务项目与企业的主要业务关联度较低，则员工参与志愿服务的行为就会较为零散，也不能很好地体现企业的社会责任，因此，企业需要对与其主要业务相匹配的志愿服务项目提供可持续性支持，在其开展志愿服务活动的同时促进企业社会责任目标的实现，从而保证了企业从事志愿服务的可持续性和取得更大的社会效益。企业志愿服务与商业利益的双赢能获得互相呼应、相得益彰的协同效应。但现阶段除了部分企业能够与自身的品牌相匹配，大部分企业在志愿服务项目的设计上与企业的品牌匹配度不高，如多点开花，以活动为主，缺乏系统性规划，不利于志愿服务项目的可持续性。另外，员工的专业性在志愿服务中也未能得到很好体现，降低了员工参与志愿服务的积极性。

（三）企业志愿服务项目的有效性仍需加强

企业志愿服务项目的有效性，即项目是否能够有效回应社会问题，企业所投入资源的回报率，项目的可持续性、实施效果以及影响力等均是企业在设计志愿服务项目时需要考量的内容。能够有效解决社会问题的志愿服务项目，不仅能够激发员工参与活动的积极性，而且能够提升企业在社会上的美誉度和可信度，体现企业履行社会责任的价值。近年来，企业及公益组织均会在设计志愿服务项目的时候充分考虑项目实施的成效，落实志愿服务项目的可持续性，让活动能够为服务对象带来长远的影响或解决社会问题。但企业在志愿服务项目的设计中，往往对于社会需求了解不够清晰，实施志愿服务存在一定程度的盲目性和随意性，最终导致服务效果不理想、效率低下；或在实施过程中部分忽视项目的有效性及其解决问题的重要性；或在志愿服务项目实施过后，缺乏对志愿服务项目的成效性评估，导致未能以最好的服务效果呈现和传播。

五　深圳企业志愿服务的展望

2020 年 7 月 21 日，习近平总书记在京主持召开企业家座谈会并发表重要讲话。在谈到希望企业家承担社会责任时，习近平强调，“企业既有经济责任、法律责任，也有社会责任、道德责任”，“任何企业存在于社会之中，都是社会的企业。社会是企业家施展才华的舞台。只有真诚回报社会、切实履行社会责任的企业家，才能真正得到社会认可，才是符合时代要求的企业家。这些年来，越来越多企业家投身各类公益事业”。[①]

企业履行社会责任、企业家投身公益事业的其中一个路径就是发展企业志愿服务。深圳作为“志愿者之城”，作为经济特区，在企业志愿服务的发展上，也应该承担相应责任，通过深圳得天独厚的土壤，探索属于深圳企业志愿服务的模式。

（一）对接志愿服务信息系统，创新企业志愿服务管理机制

过往，企业志愿服务的记录以企业内部信息系统统计为主，近年来，企业研发的志愿者管理系统亦承担着相应的功能。2017 年《志愿服务条例》

---

① 《习近平：企业既有经济责任，也有社会责任》，http：//finance.sina.com.cn/esg/2020-07-22/doc-iivhuipn4404838.shtml，最后访问日期：2020 年 10 月 26 日。

颁布后，志愿服务时数可通过全国志愿服务信息系统进行登记，企业应积极主动为员工做好登记，通过互联网技术手段，对接深圳及全国志愿服务信息系统，对企业志愿者的时数进行统计。做好企业志愿者的信息登记与全国志愿服务信息系统的联通，一是可以帮助员工享受政府、群团组织和深圳市义工联等相关部门和组织对志愿服务的激励政策，例如深圳的星级志愿者认证等，最大限度地激发员工的志愿服务热情；二是可以在企业披露志愿服务时数的时候更加客观和严谨，提升企业的美誉度和信誉度；三是通过深圳和全国志愿服务信息系统实现供需项目的匹配，及时获得志愿服务项目信息以及志愿者的需求信息。政府、群团组织和深圳市义工联也可以以企业的志愿服务时数作为树立企业志愿者服务典型的依据，从而带动更多的企业参与志愿服务。

在完善企业志愿服务管理机制的同时，培养员工志愿者骨干，鼓励员工志愿者实现自我管理，创新企业志愿服务的管理机制。仅靠企业志愿服务负责部门来管理企业志愿服务是不现实的，培养员工志愿者的自发性和积极性才是最重要的。以员工自我实现的需求为出发点，鼓励员工承担更多志愿服务项目的相关工作，包括志愿者管理、志愿服务项目策划、志愿服务项目实施等，企业 CSR 作为方向引领者和指引者为其提供支持，最大限度地激励员工成为志愿者骨干。

（二）以履行企业社会责任为基础，设计企业志愿服务品牌项目

党的十九大报告中提出打造“共建共治共享的社会治理格局”，强调社会治理的重心在基层，指出推动社会治理和服务重心向基层下移，把更多资源下沉到基层，更好地提供精准化、精细化服务。在建设和谐社会的大背景下，企业更应该通过多种手段履行社会责任，共同构建新时代下的社会治理格局。企业志愿服务作为其中一种推动社会治理的重要力量，应下沉到基层，发挥社会力量的协同作用。

企业志愿服务在设计之初，应注意企业与志愿服务项目的匹配度。第一种匹配是企业的主要业务与志愿服务领域两者的匹配。一方面，企业既可投

入高度匹配的资源，在志愿者管理、志愿服务项目的资金匹配等方面给予大力支持；另一方面，企业对其开展的志愿服务项目有核心优势，可以更好地让志愿者在志愿服务中展现其专业价值，激发志愿者的积极性。第二种匹配是企业从事的主要领域与志愿服务领域两者的匹配，随着社区服务作为社会力量协同促进社会治理创新的重要手段，企业以“社区＋志愿服务”的发展新模式，可让企业志愿服务成为社区创新治理的重要力量。深圳有足够多的、专业的服务社区的社会组织，企业可以深耕社区，在社区居民中建立品牌效应，也可提供足够多的资源，帮助专业社区社会组织解决社区问题，推动社区发展。

（三）建立企业志愿服务评估体系，展现企业社会责任的履行成效

近年来，随着志愿服务的快速发展，社会对于志愿服务的要求也越来越高；在投入志愿者以及资源后，企业也关心志愿服务效果，因为企业社会责任亦能通过志愿服务的成效体现，因此，建立企业志愿服务的评估体系是企业志愿服务发展的趋势。

企业可通过志愿服务项目的社会影响力测量等评估方式，了解其资源的投入成效和志愿服务的社会影响，从而衡量企业志愿服务项目的社会影响力，以获得正面的评价以及多样化的经济回报。在评估体系中，应包括对志愿者服务的评价、服务对象的评价、目标达成情况以及利益相关方的评价等。好的评估结果可以展现企业实施志愿服务的专业性、有效性，激励企业员工更加积极地参与志愿服务活动，从而更好地展现企业的文化以及履行社会责任的成效。

（四）支持员工提升志愿服务能力，增强企业志愿服务成效

企业志愿服务是企业承担社会责任的重要方式之一。如何以企业为载体、以员工为主体，带动更多人参与志愿服务事业，以及如何发挥企业资源优势、员工技能优势，是企业志愿服务需要持续跟进的事。

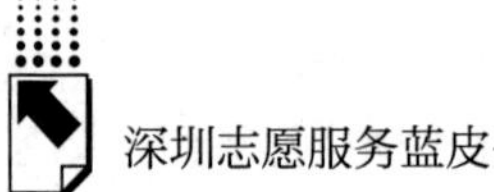

为进一步提升员工志愿服务的能力，提升企业志愿服务的成效，企业可以按照志愿者的特长、专业等进行分类登记，进行信息管理，并对应链接第三方专业志愿服务资源，开展志愿者培训工作，提高志愿者的能力和素养，构建完善的志愿者成长体系。

案例报告

Case Reports

B.7 “红马甲”在行动：深圳扶贫志愿服务

陈紫葳　沈丹雪*

摘　要： 2020年是我国全面建成小康社会和打赢脱贫攻坚战的收官之年。深圳利用自身第三产业突出的优势，在教育、医疗健康等领域支援对口帮扶地区。其中，社会力量，尤其是志愿服务组织与志愿者的积极参与，是深圳扶贫工作中不可或缺的一部分。以“红马甲”为标志的深圳志愿者，在其中发挥了重要作用。本报告结合深圳参与扶贫志愿服务的四个案例，从项目发起方式、项目实施路径、志愿服务工作保障方面总结了深圳扶贫志愿服务的类型，并指出深圳扶贫志愿服务正

* 陈紫葳，深圳国际公益学院课程研发部项目助理；沈丹雪，深圳国际公益学院课程研发部项目官员。

由物质扶贫向智力扶贫和技术扶贫转变，由短期服务向发展性服务转变。

关键词： 志愿服务 脱贫攻坚 精准扶贫

一 扶贫志愿服务工作概况

（一）全国扶贫志愿服务工作概况

2013 年，习近平总书记到湖南湘西考察时首次提出了“实事求是、因地制宜、分类指导、精准扶贫”的重要指示；[①] 2014 年 1 月，中央办公厅详细规制了精准扶贫工作模式的顶层设计，推动了精准扶贫思想的落地；2014 年 3 月，习近平总书记参加两会代表团审议时强调，要实施精准扶贫、瞄准扶贫对象，进行重点施策，从而进一步阐释了精准扶贫理念；2015 年，我国明确提出了脱贫攻坚的目标，即到 2020 年实现现行标准下贫困人口全部脱贫，贫困县全部摘帽，解决区域性整体贫困问题。[②] 经过了八年的精准扶贫工作，五年的脱贫攻坚战，现行标准下的农村贫困人口从 2012 年底的 9899 万人减少到 2019 年底的 551 万人，贫困县从 832 个减少到 2019 年的52 个。2020 年作为全面建成小康社会和打赢脱贫攻坚战的收官之年，全国还有 52 个贫困县未摘帽、2707 个贫困村未出列、建档立卡贫困人口未全部脱贫，已脱贫人口中有近 200 万人存在

① 《精准扶贫的分类管理与精准扶贫不同方式的应用》，北京市习近平新时代中国特色社会主义思想研究中心，http：//www. qstheory. cn/zhuanqu/bkjx/2018 - 10/22/c_ 1123593078. htm，最后访问日期：2020 年 11 月 12 日。

② 《国务院新闻办就决战决胜脱贫攻坚有关情况举行新闻发布会》，http：//www. gov. cn/xinwen/2020 -03/12/content_ 5490339. htm，最后访问日期：2020 年 8 月 28 日。

返贫风险，边缘人口中还有近 300 万人存在致贫风险。[①] 因此，脱贫攻坚仍是 2020 年的重点工作之一。

中国特色志愿服务是脱贫攻坚的重要方式，志愿服务具备的灵活性、及时性和民间性，是构建专项扶贫、行业扶贫、社会扶贫“三位一体”大扶贫格局的重要组成部分。2017 年，党的十九大报告提出，要提高人民思想觉悟、道德水平、文明素养，提高全社会文明程度；要推进志愿服务制度化，强化社会责任意识、奉献意识。[②] 同年，国务院颁布并实施了《志愿服务条例》，这更进一步说明了志愿者和志愿服务作为一种社会力量，已经成为我国现代化社会治理体系中的重要组成部分。

《国务院扶贫开发领导小组关于广泛引导和动员社会组织参与脱贫攻坚的通知》明确指出，“倡导志愿扶贫，支持贫困地区培育发展志愿服务组织，鼓励志愿服务组织到贫困地区开展扶贫志愿服务”。[③] 2020 年 7 月 26 日，民政部在贵阳召开民政领域脱贫攻坚兜底保障推进会暨民政工作年中分析视频会，部署安排下半年脱贫攻坚兜底保障和民政重点工作任务，并再次强调要“动员引导慈善组织、社会组织、专业社工和志愿者等社会力量有序参与”。[④]

（二）深圳市扶贫志愿服务工作概况

自 1990 年以来，深圳先后与全国 17 个省（自治区、直辖市）开展对口帮扶工作（见表 1）。从打好产业基础做起，推进平台合作、产业扶贫和消费扶贫；深入开展供需对接、技能扶贫、载体建设，强化劳务协作；保障

---

① 《民政部部长：全国还有 52 个贫困县未摘帽》，人民网，http：//yuqing. people. com. cn/GB/n1/2020/0327/c209043 - 31650150. html，最后访问日期：2020 年 11 月 12 日。

② 王华峰：《深圳以志愿服务助力社会治理分析与展望》，载陈少兵、熊瑛主编《深圳社会治理与发展报告（2018）》，社会科学文献出版社，2018。

③ 《国务院扶贫开发领导小组关于广泛引导和动员社会组织参与脱贫攻坚的通知》，http：//www. cpad. gov. cn/art/2017/12/5/art_ 50_ 74541. html，最后访问日期：2020 年 8 月 28 日。

④ 《民政部部署推动民政领域脱贫攻坚兜底保障和下半年民政工作》，http：//www. cpad. gov. cn/art/2020/7/28/art_ 22_ 182469. html，最后访问日期：2020 年 8 月 28 日。

教育、医疗和住房，聚焦民生。深圳的一系列对口帮扶工作，获得了中央、广东省的充分肯定。除了深圳市财政的大力支持外，全市还构建了以深圳市对口支援工作领导小组和深圳市扶贫协作和交流合作办公室为统筹核心的工作架构。

表1　深圳对口帮扶地汇总

年份	对口帮扶地
1990	广东梅州
1993	重庆巫山
1994	西藏林芝、西藏昌都
1995	广东梅州3县、广东河源1县
1996	贵州毕节
2003	广东河源东源、紫金、龙川、和平、连平
2008	甘肃陇南武都、文县、康县
2009	广东湛江、河源、汕尾
2010	新疆喀什
2014	四川甘孜
2014	广东汕尾、河源
2016	广西百色、河池
2020	新疆喀什、塔县；西藏察隅、察隅农场；四川石渠、德格和甘孜；重庆巫山；江西寻乌；广西百色、河池；云南昭通；贵州毕节；广东河源、汕尾

资料来源：《深圳经济特区对口帮扶工作纪实》，人民网，http：//sz. people. com. cn/n2/2020/0615/c202846－34087954. html，最后访问日期：2020年8月28日。

其中，以“红马甲”为标志的深圳志愿者，更是作为一股强有力的民间力量，持续助力深圳扶贫开发工作，在对口帮扶工作中也不例外。例如，自2016年5月起，共青团深圳市委为河源市和平县上陵镇三乐村派驻帮扶工作队，在扶贫工作的过程中，帮扶队也为三乐村链接了许多深圳志愿服务的各项资源，推动志愿服务参与脱贫攻坚工作。第一，帮扶队链接深圳志愿者组织筹集物资、善款，帮贫困家庭渡过难关，并与当地贫困家庭结对帮扶，协助村民进行农土特产销售、刺激消费，助推贫困家庭实现稳定脱贫；第二，组织志愿者举行各类群众联欢活动、公益讲座等，丰富三乐村的文化生活，同时，也开展各类扶贫助学志愿活动及亲子活动，开展“智力扶贫”工作；第三，依托志愿服务U站，开展公益募捐和贫困地区农副产品宣传，汇聚点滴爱心，拓展产品销售渠道；第四，了解三乐村就业需求，并通过深圳志愿者组织为三乐村链接企业资源，寻找爱心企业帮助三乐村实现精准就业。①

长期以来，如表2所示，以“志愿者之城”著称的深圳，无论是从官方发起，还是企业发起，抑或是志愿者及志愿服务组织发起的扶贫志愿服务项目，都有很多，涉及的领域也很广。但整体而言，其贡献主要集中在志愿扶贫倡导、教育扶贫及医疗/健康扶贫三个领域，深圳志愿服务组织及志愿者也始终在发挥自身优势，为深圳扶贫开发工作贡献力量。

表2 深圳扶贫志愿服务项目汇总（部分）

领域	发起方	项目
志愿扶贫倡导	官方发起 ……	深圳市志愿服务基金会“志愿服务U站”项目 ……
教育扶贫	官方发起 个人发起 官方发起 个人发起 个人发起 ……	大学生志愿服务西部计划 “募师支教”行动 “U爱筑梦”项目 “大地玫瑰”项目 “玫瑰工坊”项目 “热梦科巴”项目 ……
医疗扶贫/健康扶贫	个人发起 官方发起 企业发起 ……	“亮睛工程”项目 “健康直通车”项目 中国平安集团“三村晖”时间银行 ……

资料来源：作者自制。

1. 志愿服务理念倡导

人们常说，实践至上，理念先行。在现有的各种扶贫志愿服务中，大部分项目均集中在物资调配及直接提供服务，而在深圳，还有一种较为特色的

① 感谢河源市和平县上陵镇三乐村驻村干部王炜炜对本报告的大力支持。

扶贫方式，即志愿服务形式与理念的倡导。这种志愿扶贫方式的背后，是他们坚信发展志愿服务能够助力一个地区的经济发展和社会治理，其实质是将成熟的志愿服务模式以技术输出、理念输出的形式输送到被帮扶地区，为被帮扶地区传授志愿扶贫的有效工作理念，使被帮扶地区通过理念和模式的学习探索志愿服务本地化发展，例如，深圳市志愿服务基金会（以下简称深圳市志基会）通过捐建志愿服务 U 站，倡导帮扶地结合实际情况形成自己的“U 站模式”。另外，在志愿服务的过程中，通过深圳志愿者的身体力行，可吸引更多受助群体加入志愿扶贫队伍，形成志愿精神的有效传承。例如“热梦科巴”项目中的受助学生最终都加入了志愿者队伍，通过自身行动回馈社会。

2. 教育扶贫领域的志愿服务

虽然我国长期以来对贫困地区的教育投入很多，但截至目前，我国教育资源分布不均的问题仍然存在，中西部贫困地区的教育资源相对匮乏，师资力量不足、教育设施简陋等问题给当地学生的学习带来了许多不利影响。

为此，在教育扶贫领域，深圳志愿服务组织根据自身能力及优势，以不同方式支持贫困地区的教育发展。①通过物资捐赠、硬件设施完善等方式改善贫困地区教育环境，助力当地教育发展。例如，龙岗区义工联“U 爱筑梦”项目依托龙岗区城市志愿服务站（U 站）、学校、社区、企业等倡导市民将闲置的适合青少年的图书、文具、体育用品捐赠出来，再由志愿者挑选整理后送至全国贫困山区学校援建梦想图书室；深圳市义工联“大地玫瑰”项目和“玫瑰工坊”项目通过志愿者义卖、劝募的形式募集资金，前往西藏、新疆、广西、广东其他地区开展助学活动。②通过支教提升贫困地区学生的文化素养，或为贫困地区学生提供文化教育及艺术培训。例如，深圳职业技术学院 2007～2009 年有 430 人参加大学生志愿服务西部计划；[①] 2004～

① 《深职院获评全国毕业生就业工作先进》，深圳职业技术学院官网，https://www.szpt.edu.cn/info/1026/4871.htm，最后访问日期：2020 年 9 月 22 日。

2019 年，深圳大学有百余名学生参加了大学生志愿服务西部计划的支教活动;[①] 深圳市拥抱阳光艺术团"热梦科巴"项目的志愿者为青海藏区科巴村热爱艺术的孩子们提供文化及艺术类专业课程支持等。

3. 医疗扶贫领域的志愿服务

许多贫困地区都有公共医疗卫生条件差、医疗水平低、居民医疗健康意识不强等问题，也有许多人因贫导致就医不及时，从而影响身体健康。

鉴于此，医疗健康扶贫也成为深圳市志愿扶贫的重要领域，该领域的志愿服务主要集中在三个方面。①为贫困地区募集医疗资源，如深圳市志基会为当地困难群众募集了手术治疗费、生活补助费和常见疾病药物，为当地医院捐赠了医疗器械；龙岗区义工联"U 爱筑梦"项目的衍生项目"88 公益日大型扶贫劝捐活动"为 30 个贫困地区特困家庭先天性心脏病儿童募集到做心脏手术的费用。②为贫困地区提供直接的医疗服务，如深圳市志基会自 2017 年起就在对口帮扶地区开展"健康直通车"项目，为群众开展手术、义诊等服务。③向贫困地区输出医疗技术。如广东省亮睛工程慈善基金会采取在贫困地区援建眼科医院的方式，通过派遣医生志愿者到援助地的医院，培养当地的眼科医生，为当地留下带不走的医疗团队，从而达到提升当地医疗技术水平的目的。

整体而言，深圳扶贫志愿服务的发起方既有个人又有组织，既有官方又有民间，结合深圳市社会组织及志愿者在参与扶贫志愿服务工作的领域、具体内容，以及扶贫志愿服务项目运作的不同模式及取得的成效，本报告共选取了四个案例进行分析，通过对不同模式下的扶贫志愿服务项目进行阐述与剖析，进一步总结深圳社会组织及志愿者参与扶贫志愿服务的经验，以期其他地区的扶贫志愿服务工作可从中获得启示。

---

① 《深圳大学为 2019 年"大学生志愿服务西部计划"志愿者举行送行仪式》，深圳大学新闻网，https://news.szu.edu.cn/info/1003/6506.htm，最后访问日期：2020 年 9 月 22 日。

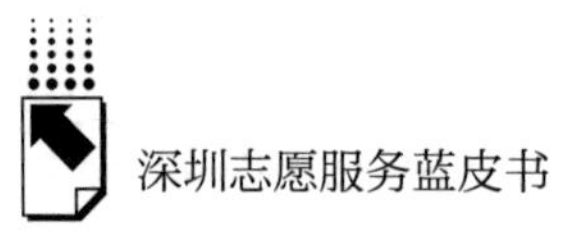

二　深圳扶贫志愿服务典型案例

（一）深圳市志愿服务基金会：志愿理念可推广

深圳市志基会[①]成立于2012年，长期以来，致力于关爱志愿者，资助“扶贫济困、帮孤助残、支教助学、青少年心理健康、生态环保、公共安全、社区建设、大型社会公益活动、应急救援”等志愿服务公益项目以及志愿者培训、志愿者权益保障等与志愿服务事业发展有关的项目。作为枢纽型社会组织，深圳市志基会通过自身经验，成功探索出以传播志愿服务理念、弘扬志愿服务精神为核心的、可推广的扶贫模式。

1. 发挥枢纽作用，搭建平台助力扶贫

深圳市志基会是深圳市志愿服务领域的枢纽型社会组织之一，为政府、各志愿服务组织及志愿者搭建平台，在志愿扶贫工作方面发挥了重要作用。

作为共青团深圳市委指导的公募基金会，深圳市志基会在团市委的指导下通过链接社会资源、组织志愿者持续开展志愿扶贫倡导、健康扶贫和教育扶贫工作，积极探索社会组织参与精准扶贫的模式与路径，动员深圳志愿者投身扶贫事业，捐赠资金达870万元，为许多没有公募资格的公益组织提供平台，向公众募集项目资金。2017～2019年，深圳市志基会通过“健康直通车”活动组织深港青年医疗卫生志愿者赴贫困地区做了37台手术，开展了22次义诊和17场医疗培训，服务当地居民4000余人次；派遣支教老师、修缮校舍、建设体育广场、搭建图书室和互联网教室、捐赠学习和生活用品，累计投入资助资金738万元。

2. 推广深圳U站模式，倡导志愿扶贫

为了传播深圳的志愿文化，同时支持对口扶贫地区的志愿服务事业发

① 感谢深圳市志愿服务基金会秘书长徐晓萌对本报告写作的大力支持，如无特殊说明，该部分资料由上述机构提供。

展，吸引更多的群众加入志愿扶贫队伍，深圳市志基会联合深圳爱心企业在新疆喀什、广西百色和广东河源捐建了志愿服务U站。

据深圳市志基会介绍，设置在喀什市人民医院东城分院内的喀什U站，复制深圳健康U站的模式，设置在医院大厅以提高导诊的效率、缓解医患矛盾。百色U站设置在右江民族医学院附属医院内，参与志愿者超过1730人次，累计服务时长超过2200小时，志愿者主要是医学院的医学生，除了提供基础的志愿服务外，志愿者还利用自身专业知识协助医护人员开展工作。河源U站设置在河源市文化广场内，除了提供问询、指引等服务外，也作为开展志愿服务培训的阵地，并已培训逾千人。另外，河源U站的模式也被推广复制到河源其他三座公园内。

3. 小结

深圳市志基会作为深圳志愿服务领域的枢纽型社会组织，通过发挥自身平台优势，链接政府及各公益组织的资源，将深圳的U站模式推广至对口帮扶地。表面上看这是对深圳U站模式的复制，但其实质上是通过建设"U站"增进被帮扶地对"志愿者"和"志愿服务"的认识，向外界传播深圳的志愿文化与志愿精神，引导被帮扶地区学会将志愿力量运用至扶贫工作和社会治理实践中。

（二）"募师支教"：志愿服务可创新

"募师支教"行动是全国首创的民间出资招募志愿者参与扶贫支教的模式。自2006年2月在深圳首次启动以来，"募师支教"行动已连续招募了24批共1300多名支教志愿者，足迹遍及全国18个省份的500多所山区学校，惠及山区学生20多万人。①

该项目通过选择优秀的师资作为志愿者，输入到贫困山区、革命老区，补充师资力量，让当地的孩子接受先进的教学理念和教学方式，帮助失学儿

① "募师支教"项目官网，http：//www. szmszj. cn/default. aspx？pageid = 40，最后访问日期：2020年8月28日。

童重新步入校园。经过十多年的不断发展，该项目成功探索出了由政府、企业、媒体、社会组织及志愿者多方资源整合的教育扶贫创新模式，并于2010年12月被列为“广东省社会组织扶贫创新五大模式”之一。

“募师支教”行动的成功并非一蹴而就，它经历了从“个人行为、自我成长”到“官方支持、多方联动”，从“简单支教”到“专业志愿”的过程。

1. 从“个人行为、自我成长”到“官方支持、多方联动”

2006年初，曾有多年受助经历的深圳企业家许凌峰赴湖南山区助学，当他看到偏远山区师资匮乏，导致当地孩子的教育受限时，萌生了个人出资招募志愿者赴山区支教的想法。按照计划，他面向全国公开招募5名志愿者赴湖南常宁山区担任乡村小学教师，扶贫支教15个月，5名志愿者的工资待遇由他个人支付。

可以说，最初起步时，“募师支教”行动仅仅是许凌峰本人为了回馈社会而发起的个人行为，但这种善举在当时引起了社会和媒体的广泛关注。媒体的介入迅速提升了支教行动的社会影响力，深圳关爱行动办公室主动介入，积极协助许凌峰实施“募师支教”爱心计划。

至此，“募师支教”行动不再是个人独立奋斗的小范围行为，而是拥有了政府部门的支持，这使“募师支教”行动获得了很好的社会公信力，进展得也更顺利。很快，深圳关爱行动办公室、深圳商报社等机构还与许凌峰一起组建了“募师支教爱心联盟”。随后，项目又链接了深圳和周边城市如香港、东莞、广州等地的企业资源，动员企业为项目出资招募老师、提供往返机票、购买保险等，保障支教行动顺利开展。

可以看到，“募师支教”行动将政府的公信力、企业的资源、媒体的传播力及社会组织和志愿者的行动力很好地结合了起来，利用多方主体的联动优势，不断扩大项目影响范围，扩大支教范围。

2. 从“简单支教”到“专业志愿”

经过15年的发展，“募师支教”行动也从当初招募志愿者前往偏远贫困山区进行简单支教，逐步发展为更具专业化的运作模式。这种专业化主要体现在志愿者资金保障、志愿者招募、志愿者管理和支教方式创新四个方面。

在志愿者资金保障方面，为保障志愿者基本生活所需，现在“募师支教”行动每月为支教志愿者发放生活补贴2000元，为志愿者购买50万元的意外保险及2万元的医疗保险，并支付体检、培训及往返路费，解除了志愿者的后顾之忧。

在志愿者招募方面，项目不断扩大志愿者招募范围和来源，充实和壮大志愿者队伍，建立支教助学大平台；将中国留学生（国际）爱心助学计划纳入深圳“募师支教”行动，发挥留学生的学科优势，提高支教地学生的外语水平；凭借这种相对稳定的志愿者团队招募方式，“募师支教”行动的可持续发展也获得了保障。

在志愿者管理上，“募师支教”行动不断创新运作机制，引入专业化的管理方式，由第三方专业机构对教师志愿者们进行考核评分，提高支教人员准入门槛，保证为被支教地提供高质量的教学服务。

在支教方式创新方面，随着互联网的发展，“募师支教”行动也不断地创新支教形式和内容，采取短期支教活动和远程教育手段相结合的方式，为当地的学生提供更好的教育，同时，也不断扩大深圳“募师支教”的品牌影响力。

3. 小结

十余年来，“募师支教”行动始终不断地创新着项目资源整合形式，通过链接政府、企业、媒体和社会组织，探索出了一条资源整合的扶贫创新模式。除此之外，该项目从最开始的个人志愿行为，发展成为一个整合政府、社会组织和企业资源的扶贫志愿服务项目，一方面是深圳对志愿服务持有包容开放的态度与积极倡导的结果，另一方面是社会力量积极参与扶贫工作、自下而上参与社会治理工作的结果。

（三）“热梦科巴”：志愿精神可传承

“热梦科巴”是深圳市拥抱阳光艺术团[①]的志愿者自2013年开始，连续

---

① 感谢深圳市拥抱阳光艺术团对本报告的大力支持，如无特别说明，该部分资料由上述机构提供。

8 年为科巴村的孩子提供助学扶贫服务，鼓励他们通过学习改变贫困落后命运而形成的项目。“热梦”在藏语中意味着对梦想的向往与热爱，“科巴”是位于青海省海东市化隆县巴燕镇东南 31 公里处的一个历史悠久的藏族村落。自 2013 年开始，深圳市拥抱阳光艺术团探索出了一条“造血式”的教育扶贫之路。

1. 文化与艺术两手抓，为孩子赋能

2013 年，深圳市拥抱阳光艺术团的志愿者接到科巴村助学老师的信息，了解到当地发展落后的现实情况，决定加入助学扶贫的队伍中，每年都组织志愿者深入藏地开展公益助学之旅，与北京的志愿者共同在科巴村支教，让当地孩子学习文化知识。

而在支教的过程中，志愿者们发现当地的孩子们都能歌善舞，因此，支教志愿者们开始尝试进一步挖掘孩子们的艺术天赋，在兼顾文化课学习的前提下，又为孩子们增加了艺术课程，将公益助学范围拓展到艺术教育领域。

在深圳市拥抱阳光艺术团等公益组织的帮助与推动下，最初接受公益助学活动的孩子中，有 20 名参加了 2020 年的高考，其中 19 名的分数超过当地本科录取分数线，1 名的分数超过当地专科录取分数线。

2. 推动组织孵化，实现项目效果可持续

在深圳市拥抱阳光艺术团的鼓励与推动下，2015 年，科巴村的孩子们摆脱了业余的身份，正式成立了热梦科巴艺术团。通过志愿者个人出资及社会募捐来的 100 多万元，艺术团修建了实体建筑，内设厢房共 16 间，包括艺术中心、录音室、文化课训练室、排练场等场所，为“热梦科巴”的孩子们创造了一个固定且安全的学习与练功环境。

热梦科巴艺术团成立后，艺术团由当地团友进行日常运营工作，这使“热梦科巴”真正成为一个造血式的项目，可以源源不断地为当地对艺术感兴趣的孩子提供艺术培训，并持续性地通过艺术教育的形式协助当地脱贫。这样既保持了艺术团的持续性，又为科巴村的孩子们提供了未来个人发展的方向，由此可帮助更多的人摆脱贫困处境。

热梦科巴艺术团成立后，科巴村的孩子开始走出大山，先后到北京、香港等地演出，将原生态的藏族歌舞剧带到祖国各地，并在2018年获得了文化部主办的第八届中国（儿童）戏剧节优秀剧目奖（国家级奖项）、国际青少年文化交流周金奖及全国青少年语言类大赛金奖，成为文化部重点支持的青少年艺术项目。

3. 反哺社会，助力志愿服务精神传承

与一般的扶贫志愿服务项目不同，“热梦科巴”还有一个特点是受助者们都热衷于回馈社会。深圳市志愿者和社会各界连续8年来不停歇地帮助科巴村孩子们，这种志愿服务精神也感染了受到帮助的科巴村的孩子们，他们也希望像深圳的志愿者一样，将自己心中的爱传递给更多人，以此来报答社会。

在这种“送人玫瑰，手有余香”的理念下，热梦科巴艺术团的孩子们每年都会参加公益演出。2019年，热梦科巴艺术团的孩子们还正式加入了深圳志愿者队伍，用实际行动传承深圳志愿者的志愿服务精神。

4. 小结

虽然与其他的扶贫志愿服务项目相比，“热梦科巴”项目的实施范围并不大，仅涵盖了青海省的一个藏族村落，也并没有经过精密的项目设计，但它为我们展现的，是深圳市志愿者如何在行动中一步一步从物资捐赠，到文化课支教，又因地制宜地开展艺术培训，最后推动艺术团成立，提升科巴村孩子们的能力，并在孩子们的心中播下属于志愿者的爱的种子的过程。这种通过“扶智”与“赋能”改变贫困面貌的方式，是非常值得借鉴与参考的。

（四）“亮睛工程”：志愿模式可持续

2004年，眼科专科医生林顺潮教授发起了“亮睛工程”，依托发起人精湛的眼科医疗专业水平以及医疗机构背景，2013年广东省亮睛工程慈善基金会（以下简称“亮睛基金会”）[①] 成立并在深圳设立办公室，秉持着“授人以鱼，不如授人以渔”的理念，以及“人人享有看得见的权利”的愿景，

---

① 感谢广东省亮睛工程慈善基金会秘书长严红女士对本报告写作的大力支持。如无特别说明，该部分资料由上述机构提供。

亮睛基金会带领专业眼科医生志愿者进入贫困山区，成功探索出以专业眼科医生志愿者“医学技术输出”为基础的扶贫可持续模式。

截至目前，“亮睛工程”共在全国10个省份，与30家县级及以上的医疗机构合作成立了扶贫眼科中心或培训中心，包括广东、内蒙古、山西、海南、云南、甘肃、河南等地。截至2020年上半年，“亮睛工程”在国内完成超过18万例白内障手术，并培训约140名白内障手术医生。

1. 精准识别自身优势，将需求与资源紧密结合

“亮睛工程”的项目实施首先是基于对眼科医疗需求的充分了解，以及自身优势的判断及医学资源的整合。

白内障是最常见但可治愈的致盲性眼病，但许多贫困地区的老人，因为自身贫困以及所在地区缺乏专业的医疗条件而无法得到及时治疗。据统计，全国眼科医生的数量仅4万余名，能开展内眼手术的医生不超过1万名。可以说，贫困地区由于经济发展水平低，医疗水平也无法跟上。但当地经济的发展离不开基本的医疗保障。

纵观亮睛基金会发展历程便知，其从成立伊始，就在获得医疗企业支持方面拥有着得天独厚的条件，医疗企业可以稳定地为其输送医生志愿者、专业医学技术以及医疗器械等，而这恰恰是亮睛基金会最大的优势。在明确受助对象需求后，亮睛基金会提出了为基层留下一支“带不走的眼科医疗队”的项目目标。

2. 核心技术输出，激发贫困地区内生动力

培养“带不走的眼科医疗队”实际上是亮睛基金会将防盲扶贫与医学人才培养有机结合的方式，其本质是将防盲扶贫变成一种可持续的扶贫模式，通过核心技术输出的方式，将专业知识及技术带到贫困地区，一改以往志愿者短期服务无法持续的局面，“人回，技术留”，真正将核心技术资源“复制”到贫困地区，激发了贫困地区内生动力，促进了贫困地区的良性循环发展。

这种技术输出包括以下几类工作。一是“亮睛点”的选择。亮睛基金会着重选取人口覆盖率较高、地区生产总值较低且眼科技术水平落后的地

区，与各级政府、卫生部门及医疗机构合作，依托各贫困点的县人民医院或基层医疗机构，在签署合作协议后在对方机构成立眼科部门。二是链接医疗企业的专业医学资源，为贫困地区提供标准化的技术培训，招募医生志愿者对“亮睛点”的当地医生进行眼科手术的培训，确保医疗质量，并辅以必要医疗器材的捐赠。三是后续能力提升，不定期为“亮睛点”的医生提供各类眼科医学专业论坛、会议等交流机会，帮助其提升能力。

通过以上工作，帮助贫困地区培训当地眼科医疗人才，即便协议结束，“亮睛工程”志愿者撤离，当地的贫困眼疾患者也能享受到方便可及、优质有效、负担得起的眼科服务。

3. 小结

“亮睛工程”是典型的先设计后实施的扶贫志愿服务项目，与一般的医疗健康扶贫志愿工作不同，其亮眼之处就在于它将专业的技术支撑与专业的助人理念二者完美地结合起来，以技术输出的方式直接为贫困地区赋能，从而促进项目成效的可持续发展。

三　深圳扶贫志愿服务主要经验

2020 年是我国脱贫攻坚的决胜年，如果我们把 2006 年“募师支教”行动看作深圳志愿服务参与扶贫工作起点的话，那么在经历过 15 年的不断发展后，深圳市扶贫志愿服务工作业已取得了一些宝贵的经验。

本报告将基于上述四个案例的分析，着重梳理深圳市扶贫志愿服务工作经验，力求从项目发起方式、实施路径、工作保障、发展趋势等方面探讨深圳市在扶贫志愿服务方面的工作模式，以期为其他城市及地区的志愿服务工作发展提供新思路。

（一）项目发起方式

深圳市提倡“来了就是深圳人，来了就做志愿者”。作为“志愿者之城”，以“红马甲”为标志的深圳志愿者拥有较高的社会认可度，志愿服务精神也是深圳的城市文化内涵之一，无论是个人还是组织，参与志愿服务的意愿性也较其他城市更高。从整体上看，深圳市志愿者及志愿服务组织参与扶贫工作的源头都可以追溯到志愿服务精神的传承与发扬，而志愿服务的工作方式也已经逐步从活动性运行转为项目化运作。

在这个过程中我们可以发现，深圳扶贫志愿服务的项目发起主要有自上而下推动以及自下而上发起两种形式，这两种形式的并存恰好体现了深圳市政府与社会对扶贫问题的共同关注，也是政府力量权威性和社会力量灵活性相互融合的体现。

1. 自上而下推动

在政府体制内，各项工作依靠传统科层制，通过行政命令由中央到地方层层传达并分解，这是我国推行各项工作的重要方式。扶贫志愿服务工作也是如此，深圳作为我国经济社会发展的排头兵，目前承接了国家 9 个省份的对口帮扶任务。部分志愿服务组织，尤其是带有官方背景的组织，便常常通过这种方式运作。

例如，从深圳市志基会的“志愿扶贫”项目来看，其缘起就属于一种“自上而下”的推动，这种缘起方式的项目更注重顶层设计。共青团深圳市委作为深圳市志基会的指导部门，会指导深圳市志基会将相关资源向扶贫工作重点及对口帮扶地倾斜，而深圳市志基会每年扶贫志愿工作也会将深圳市政府的工作安排作为主要考量，围绕着这些重点工作对对口帮扶地区进行扶持。

2. 自下而上发起

我们常说志愿服务是一种重要的社会力量，而这种力量恰恰是政府工作的有力补充。随着社会组织越来越多地参与社会治理，社会组织的参与意识也较原来有很大的提升，再加上深圳市一贯以来对社会力量的开放及包容，许多扶贫志愿服务项目并非缘于政策的推动，而是充分发挥基层力量，通过社会的内生动力，由个人或组织等民间力量发起，不断探索而最终得以实现，与“自上而下”的政府力量形成巨大的合力。例如“募师支教”项目、“热梦科巴”项目等，均由民间自主发起，通过个人及组织的志愿精神，一步一步发展从而吸引了包括政府在内的社会各界的关注与参与，最终形成了多方主体参与的局面，集各方主体的力量提高项目成效，提升社会影响力。

整体而言，由官方自上而下推动的方式，可以为志愿服务项目带来更好的公信力，提高群众对服务的接受度，同时，也更容易对项目进行规模化铺开，且在具体落地实施过程中遇到的阻力也相对较小，但是整体上这种方式在服务的灵活性方面稍有欠缺。

而自下而上发起的方式，恰好在这方面做了比较好的补充，且在一些政府触及较少的领域，由民间发起、先在小范围通过“试点”形式做探索性的尝试，待成效初显再进行规模化推进，也有助于降低试错成本。

（二）项目实施路径

从现实情况来看，深圳扶贫志愿服务除了有不同的发起方式以外，实施路径也各不相同，我们可以大体上将其分为两类，一类属于事前规划型，另一类属于实践调整型。

1. 事前规划型

事前规划型是在服务开始前，便对服务项目进行整体策划，在有明确计划的前提下实施项目。例如，“亮睛工程”项目在开始便有了自己明确的服务目标，即为贫困地区留下一支“带不走的眼科医疗队”，亮睛基金会根据该目标对项目进行具体策划及实施；深圳市志基会的项目从政府的具体扶贫政策出发，在政策引导下进行相应的项目策划。

2. 实践调整型

与事前规划型不同，纵观深圳市的扶贫志愿服务发展，并不是所有项目都会遵循项目管理的逻辑进行严密的项目设计，这其中总会出现一些例外，部分项目是在实践中逐步对服务内容与项目目标进行调整，在行走中达到意想不到的效果。“热梦科巴”项目就属于典型的实践调整型，它并不是一开始就以“教育扶贫”作为明确的志愿服务方向，而是在实践中逐步调整，从简单的“我有，你需要”的物质捐赠，到简单的支教，再到支持艺术团成立，成为一种“造血式”扶贫模式。这并不是项目设计的结果，而是在具体服务过程中不断调整项目内容和目标。

实际上，无论是事前规划型，还是实践调整型，在日常工作中都比较常见。而一般情况下，拥有较多资源且成熟的公益组织会更倾向于在做好事前规划的基础上再进行项目运行，而“小而美”的机构以及个人则更容易成为“实践派”，从奉献社会的初心出发，在服务中不断调整方向并找到最终的服务路径。

（三）志愿服务工作保障

1. 政策保障

深圳作为全国志愿服务的发源地之一，从 1989 年在全国率先推进志愿服务工作以来，始终保持在全国志愿服务的领先地位，并致力于通过政策保障推动志愿服务发展。2011 年，以举办大运会为契机，深圳市委、市政府在全国率先出台《关于建设“志愿者之城”的意见》，形成了市、区、街道、社区四级的志愿服务组织和阵地网络，并逐步实现了“制度化推进、社会化动员、专业化发展、信息化支撑、国际化特色”的志愿服务发展模式。① 具体到志愿扶贫领域，深圳也始终非常重视志愿服务工作，2020 年，深圳市委、市政府印发的《关于建立健全扶贫工作机制的意见》也明确将“社会参与”列为八项扶贫工作机制之一。② 可以说，正是长久以来政府所提供的政策制度环境，为深圳市激励志愿者及志愿服务组织参与扶贫工作奠定了良好的基础。

2. 人才保障

目前，深圳正在全力推进“青年发展型城市”和“志愿者之城”3.0 建设。截至 2019 年底，深圳市注册志愿者达到 186 万人，占常住人口的比例达到 13.8%，位居全国前列。

---

① 谭建光：《中国改革开放进程的“深圳义工”》，载方琳主编《深圳义工改革发展实录》（第一辑），社会科学文献出版社，2020。

② 《深圳建立健全扶贫工作机制夯实长效脱贫》，人民网，http://sz.people.com.cn/n2/2020/0610/c202846-34076327.html，最后访问日期：2020 年 8 月 30 日。

这些志愿者中不乏医生、律师、教师、艺术家等人士，他们的参与既为服务对象提供了品质更高的服务，也为志愿服务组织提供了创意策划、管理咨询、督导评估等专业服务。如“健康直通车”和“亮睛工程”项目中的医生志愿者，“热梦科巴”项目中的艺术老师，这些专业技术人才、艺术人才、创新人才、研究人才加入志愿者的行列，为实现“智慧志愿服务、技术志愿服务、行为志愿服务、信息志愿服务、资源志愿服务”等多样化服务提供支持，真正实现了志愿服务的“供需对接”。[①]

（四）扶贫志愿服务发展趋势

1. 由物质扶贫转向智力扶贫和技术扶贫，实现助人自助

贫困地区的致贫原因各不相同，但普遍都存在文化程度低、思想观念落后、自我发展能力低的问题。[②] 因此，若要从根本上使贫困地区脱贫致富，关键在于如何推动贫困地区人民自我增能，实现助人自助。

在这方面，笔者在调研中发现，深圳市扶贫志愿服务项目正经历着由“输血式”扶贫向“造血式”扶贫转变的过程。如“热梦科巴”项目从前期物资捐赠开始，逐步转向智力扶贫，为科巴村开展支教活动，最后通过扶持艺术团成立并由当地艺术团成员自己运营实现了智力扶贫；深圳市志基会在推动贫困地区学习“深圳 U 站”时，也一改为扶贫地区输送专门人才的传统思维，而采用将 U 站核心技术及运营方式传授到扶贫地区的方式，由当地根据自身情况建立及运营 U 站，实现了“造血”功能。

2. 由“短期服务”转向“发展性服务”

经过多年的发展，人们也逐步意识到，扶贫志愿服务不再是传统意义上的对贫困地区进行物资捐赠或开展献爱心活动，更不能仅仅凭着一时的热血去为贫困地区提供一次性的志愿服务，解决完受助对象的眼前困难便戛然而止。如“亮睛工程”就通过整体性的长远规划，将目光聚焦于关注贫困地

① 谭建光：《中国改革开放进程的“深圳义工”》，载方琳主编《深圳义工改革发展实录》（第一辑），社会科学文献出版社，2020。

② 张祖平：《脱皮攻坚志愿服务的成效、特点与发展思路》，《中国社会工作》2018 年第 3 期。

区及人群的未来发展，为贫困地区留下“带不走的眼科医疗队”。

从整体上说，这种转变需要一定的过程。现阶段深圳市的扶贫志愿服务依然是“短期服务”与“发展性服务”相结合，但我们也可以发现，它基本已有迈向“发展性服务”的趋势。

3. 从“锦上添花”转向“雪中送炭”

自2017年以来，深圳市提出建设“志愿者之城”3.0的目标，推动志愿服务从提供基础性社会服务，向参与社会治理、凝聚社会共识转变，这就要求深圳志愿服务不能局限于开展基础性的公共服务，不能只做“锦上添花”的事情，而是要实现“雪中送炭”。[①] 反观深圳市的各种扶贫志愿服务项目，我们发现，很多的项目在实施过程中都与建设“志愿者之城”3.0的要求不谋而合，已有很多志愿者和志愿服务组织将目标转向了对口帮扶地以外的地区，为有需要的贫困地区“雪中送炭”。

如“募师支教”和“亮睛工程”等项目，他们所关注的贫困地区并不仅仅限于深圳对口帮扶地区。他们认为，贫困地区有需求、有需要解决的社会问题，这些地区便是志愿者需要提供支援的地方。

五 总结与建议

深圳是中国对外开放的“窗口”，也是中国志愿服务对外交流的“窗口”，多年来，深圳始终不断创新志愿服务组织发展方式，不断创新志愿服务活动方式，为其他省市提供富有价值的参考借鉴。[②]

以上述四个案例为代表的深圳扶贫志愿服务工作经过多年的开展，正逐步由“助人”发展为“助人自助”，由短期志愿服务转向长期规划的发展型志愿服务，从“锦上添花”转为“雪中送炭”。从志愿服务项目的发起方式，到

---

① 刘广阳：《深圳“志愿者之城”3.0建设的探索和实践》，载方琳主编《深圳义工改革发展实录》（第一辑），社会科学文献出版社，2020。

② 谭建光：《中国改革开放进程的“深圳义工”》，载方琳主编《深圳义工改革发展实录》，社会科学文献出版社，2020。

实施形式以及相应的工作保障，也逐步向专业化迈进。

从国家宏观层面来看，2020 年底我们将完成脱贫攻坚任务，但这还远远不是结束，在解决温饱层面的基本生存问题、消除绝对贫困的目标实现后，我国的脱贫任务将从消除绝对贫困转向解决相对贫困问题，针对的是发展与共享的问题。为此，十九届四中全会首次提出了要“建立解决相对贫困的长效机制”。而深圳也需要再继续深化扶贫志愿服务工作，建立解决相对贫困的长效机制。①

1. 建立联席工作机制，加强谋划部署

在收集数据的过程中，笔者发现，目前深圳扶贫志愿服务工作多以个人或民间组织自发的行动为主，在整体上统一规划部署不够，这也导致了各单位及组织在这项工作中呈现碎片化局面，无法形成一股合力。

针对这个现象，应建立扶贫志愿服务的联席工作机制。一是要从市级层面对扶贫志愿服务工作做整体部署，搭建信息互联平台，避免各部门及组织“各自为政”；二是出台相应的扶贫志愿服务工作指引，从制度上为各部门开展扶贫志愿服务工作提供指引及方向，提升扶贫志愿服务工作的科学性与规范性；三是通过联席工作机制增强各单位之间的信息互通及工作交流，并设立统一的数据及资料归口，以便及时掌握深圳扶贫志愿服务工作的整体情况，也便于志愿加入该项工作的个人及组织及时获取相关信息，提高工作效率。

2. 发挥城市优势，挖掘志愿者人力资本

如表 3 所示，根据深圳市统计局的数据，深圳市的第三产业发展增速较快，且从地区生产总值来看，第三产业的产值远超第一、第二产业。而正如前文所述，深圳在扶贫志愿服务领域最关注、投入最多的是医疗、教育等属于第三产业的领域，如“亮睛工程”“募师支教”等项目，都是整合相关的资源投入扶贫志愿服务工作。可以看到，实际上这种聚焦是深圳明确自身定位、发挥城市自身优势的结果。

---

① 《2020 年后，扶贫还要做什么?》，先锋成都，https：//m. sohu. com/a/362247992_ 100160785/?pvid = 000115_ 3w_ a，最后访问日期：2020 年 9 月 16 日。

表 3 深圳地区生产总值中各产业发展情况

单位：亿元

	2000 年	2010 年	2017 年	2018 年
地区生产总值	2219.20	10002.22	22490.06	24221.98
第一产业	15.57	6.84	19.57	22.09
第二产业	1108.76	4737.98	9318.10	9961.95
第三产业	1094.87	5257.40	13152.39	14237.94

资料来源：深圳市统计局：《深圳市统计年鉴 2019》，中国统计出版社，2019。

众所周知，深圳创新科技、信息传输、软件和信息技术服务业的发展在全国占据领先地位，但在扶贫志愿服务领域，这些力量的加入还相对较弱。因此，如何吸引更多的志愿者，尤其是专业性较强的志愿者参与其中是非常必要的。深圳作为我国经济发展最有活力的地区之一，从海内外吸引了许多科技人才，这些人才同样也是深圳志愿者的宝贵来源，未来，在国家扶贫重点转向解决相对贫困问题后，深圳应加大政策倾斜、宣传推广力度，从高新产业吸纳更多的专业志愿者参与深圳扶贫志愿服务活动，并进一步扩大产业优势，持续通过各类志愿服务项目，为帮扶地区输送力量，解决当地困难。

3. 创新互联网参与形式，促进提质增效

扶贫志愿服务工作发展至今，物资与资金的发放是比较容易的，但在此基础上，碍于志愿者自身工作、生活等因素，为帮扶地区输送志愿者是相对较为困难的。但对于帮扶地区而言，仅有物资的保障是不够的，尤其是在解决相对贫困问题时，如何在解决温饱的基础上真正促进地区发展，人才与技术的输入才是至关重要的。因此，从这个层面来看，未来深圳扶贫志愿服务工作应该深入考虑如何突破现有的工作模式，创造更多的参与形式，满足志愿者不出深圳便可服务帮扶地的需求。

深圳作为首个国家创新型城市和首个以城市为单元的国家自主创新示范区，科技创新型企业超过 3 万家，国家级高新技术企业由 2010 年的 1353 家增加到 2019 年底的 1.7 万余家，仅 2019 年就新增 2700 多家，形成了强大的梯次型创新企业群。[①] 而在互联网领域，深圳也拥有诸如华为、腾讯等龙头企业，深圳恰好可以在这个基础上利用城市创新优势以及互联网及信息行业发展的巨大优势，不断完善互联网志愿服务平台，将深圳本土志愿者与帮扶地区有机联结起来，发展互联网志愿服务，将异地实施变为人人公益。

由于篇幅有限，本报告在案例上，仅选取了志愿扶贫理念倡导、医疗健康领域及教育领域的案例进行论述与分析，但深圳市在扶贫志愿服务中的行动远不止本报告列举的这些，笔者将力争在未来的研究中继续关注。

① 《科技创新引领高质量发展》，《深圳特区报》2020 年 6 月 17 日，第 A03 版，http://sztqb.sznews.com/MB/content/202006/17/content_874875.html，最后访问日期：2020 年 9 月18 日。

B.8

转型十年：深圳志愿服务U站专业化发展

吴艾思*

摘　要： 2011年，在第26届世界大学生夏季运动会期间，深圳在全市启动818个大运会U站用于赛事期间提供志愿服务，58个U站在大运会结束后被保留下来并继续为市民提供服务。历经十年，U站逐步转型为深圳的常规志愿服务窗口，服务的形式不断拓展和丰富，专业化程度也不断增强，成为深圳志愿者开展城市志愿服务的主要载体。本报告将从微观和中观两个层面分析U站是如何逐步实现专业化转型的。在微观层面，U站发挥的作用主要体现在推动志愿服务常态化、增能政府公共服务窗口部门、打造社会问题导向的志愿服务平台三个方面。在中观层面，U站是推动城市志愿服务发展的一种有效模式，U站模式的成功，需要政策、制度、结构、财政和人才五方面的保障。对于U站未来的发展，不仅要关注现有运营模式的优化，也应该积极向外输出“深圳经验”。

关键词： 志愿服务U站　城市志愿服务　“志愿者之城”

U站是分布在深圳各大街区、景点和公共服务机构的志愿服务站点的专

---

* 吴艾思，深圳国际公益学院高级分析员，香港大学非营利管理硕士。感谢北京大学新闻与传播学院沈英子同学对本报告资料收集与整理的大力支持。

属名称，最初作为2011年在深圳举办的第26届世界大学生夏季运动会（以下简称“大运会”）的赛事志愿服务站开始运作。历经十年，U站逐步转型为深圳的常规志愿服务窗口，成为深圳志愿者开展城市志愿服务的主要载体。U站的发展，不仅发挥了促进志愿服务参与、提升社会治理能力的平台作用，而且与深圳建设“志愿者之城”的规划相辅相成，回应了“志愿者之城”建设不同阶段的发展目标，成为“志愿者之城”建设的见证者和实践者。

本报告将通过梳理志愿服务U站的发展历程和运作现状，分析U站如何完成从赛事临时服务向常规志愿服务转型，并成为推动城市志愿服务发展的重要载体，从而为城市志愿服务发展提供深圳模式的参考。

一 U站的源起与转型

（一）志愿服务U站的启动

志愿服务U站源自2011年8月在深圳举办的大运会，U站的英文字母“U”是大运会的英文翻译“Universiade”的首字母，也有“You”（你）和“Unique”（独一无二）的意思，既象征着青年的激情与梦想，也是志愿者微笑的标志。[①] 2011年7月，大运会开幕倒计时最后一个月，深圳在全市启动了818个大运会U站（包括68个赛事志愿服务U站和750个城市志愿服务U站），主要功能是在赛事期间为市民和游客提供信息查询、文化活动与宣传、应急等志愿服务。[②]

在大运会结束后继续保留部分U站作为常规志愿服务窗口的想法早在U站运作之初就已经萌生。2011年7月4日，深圳大运会志愿者指挥部组织

① 许英、穆玉姣、孙茜：《深圳志愿服务社会组织发展报告》，载深圳市社会组织管理局、深圳国际公益学院主编《深圳社会组织发展报告（2019）》，社会科学文献出版社，2020，第124～147页。

② 《深圳大运新看点：社会组织承接U站服务》，《领导决策信息》2011年第29期。

了一场竞标，计划以政府购买服务的形式将 6 个 U 站交由社会组织运营。[①] 这是首次将过去由政府包办的大型志愿服务项目交由社会组织运营，也是对后大运时期继续推动社会组织支持志愿服务和 U 站常态化运作的积极探索。大运会结束后，最终保留下来的城市 U 站共有 58 个，在此基础上，又衍生出了特色 U 站、社区 U 站、移动 U 站等新的类型。

（二）志愿服务 U 站的分类

截至 2020 年 3 月，深圳全市的志愿服务 U 站主要分为两大类。第一类是城市 U 站，共有 62 个（见图 1），此类 U 站主要源自大运会期间保留下来的集装箱等环保材料制作的岗亭式志愿服务 U 站，此类 U 站的服务内容也延续了大运会精神，主要提供志愿信息服务、志愿文化宣传、志愿服务体验、社区志愿服务、文明服务、主题服务、应急服务、其他特色服务等八大项服务（见表 1）。

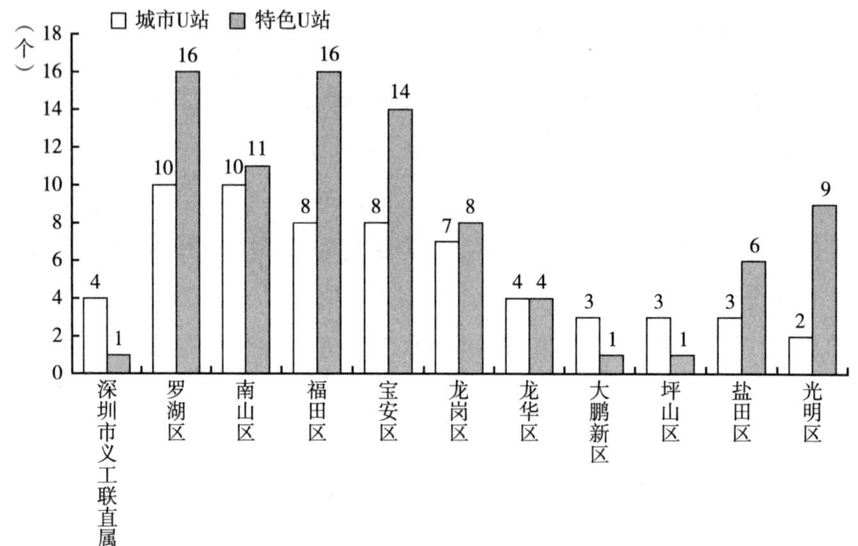

图 1　深圳市城市 U 站和特色 U 站分布情况

资料来源：深圳市义工联合会。

① 《深圳大运新看点：社会组织承接 U 站服务》，《领导决策信息》2011 年第 29 期。

表1　深圳城市U站服务内容

服务类型	服务内容
志愿信息服务	将U站打造成为志愿服务信息终端，录入志愿者信息、发布志愿服务需求，合理整合调配志愿者资源。通过电脑上网和电话，为市民提供网络信息和电话查询服务；提供城市地图查询服务，限量免费派发地图；派发城市宣传单张，开展公益性宣传
志愿文化宣传	以U站为重要载体，大力弘扬城市志愿服务精神，广泛宣传U站志愿者乐于奉献、倡导文明的精神。建立全市U站志愿精神传播机制、重大特色活动提前报送机制，由深圳市义工联合会统一对U站的特色活动、人物事迹通过报纸、电视、电台和新媒体等进行宣传
志愿服务体验	开展"小手拉大手"家庭志愿服务活动，组织全市共青团员、少先队员参与志愿服务；现场招募志愿者，组织市民体验各类志愿服务活动。通过活动搭建服务市民和市民参与服务的平台，让志愿服务成为城市时尚
社区志愿服务	加强U站阵地建设，以点带面辐射社区。通过发动社区居民参与U站服务、培养社区骨干志愿者等方式，进一步壮大社区志愿服务力量。广泛开展与社区民生密切相关的文化、教育、法律、环保、救助等志愿服务，使社区居民广泛参与社会治理，推动志愿服务成为社区日常服务的重要内容
文明服务	建立健全U站对接社区综合团委、"青年文明号"的机制，依托全市社区综合团委、"青年文明号"单位，组织青年党员、团员、"青年文明号"参与U站服务，引导市民参加文明宣传引导、公共秩序维护、公共环境卫生清洁等各类志愿服务活动
主题服务	结合重大节庆活动，以"开放、创新、青春、奉献""幸福深圳""创先争优""绿色低碳""绿色出行"等为主题，开展各类城市志愿服务行动
应急服务	提供爱心药箱、爱心伞、饮用水、手机充电器、城市地图等物资，为过往市民提供应急服务
其他特色服务	各站点在履行以上基本职责的同时，可结合本站点地理位置、志愿者及其他组织单位实际情况策划一些特色服务项目，如景区导游、健身咨询、义诊等

资料来源：城市U站工作手册。

第二类是特色U站，共有87个（见图1）。特色U站的所在地和服务内容都和城市U站有所不同。从所在地来看，特色U站更多分布在医院、法院、政府部门、社会福利中心、社区等具有特定职能的公共区域内。从服务内容来看，特色U站的核心服务内容是以社会需求为导向的，[①] 并且可能

① 许英、穆玉姣、孙茜：《深圳志愿服务社会组织发展报告》，载深圳市社会组织管理局、深圳国际公益学院主编《深圳社会组织发展报告（2019）》，社会科学文献出版社，2020，第124～147页。

因应特色 U 站所在地的特定职能需求来提供服务。如位于法院内的 U 站提供法院诉讼调解服务，位于政府部门内的 U 站提供窗口业务办理协助服务，位于河流附近的 U 站提供水质监测和环保服务等。部分特色 U 站也兼有城市 U 站的服务功能。

除了城市 U 站和特色 U 站之外，深圳也曾依托社区服务中心成立多个社区 U 站，但是由于社区志愿服务缺乏经费保障、志愿者多外出服务导致社区驻守志愿者数量有限等，社区 U 站难以维持长期服务状态，目前已经改由社区党群服务中心或社区工作站设置志愿服务站点，由街道或社区义工组织负责运作。[①] 另外，由于志愿服务需求的多样化，深圳又新增了以 50 辆出租车为载体提供接送服务和应急救护服务的特殊需求移动 U 站，在旅游旺季用于弥补现有城市 U 站服务力不足的旅游 U 站等新型 U 站。

（三）其他城市的志愿服务站

大型赛事期间在城市增设志愿服务站点并非深圳首创。2008 年北京奥运会开创了“城市志愿者和社会志愿者不进场馆，而是在城市各个角落进行服务”的模式，全市 550 个“蓝立方”成为城市志愿者提供服务的据点，在奥运会期间提供交通信息查询、天气预报播报、比赛动态播报、应急药物、路人歇息等服务。[②] 当时的共青团北京市委社区工作部也提出赛后保留在学校、社区、繁华市区和旅游景点的“蓝立方”，并研究如何转移场馆周边的“蓝立方”，以便继续为市民提供志愿服务。[③] 部分“蓝立方”在 2008 年奥运会后继续提供服务，例如，每周末依然启用的北京奥林匹克公园“蓝立

① 来源于访谈记录 REC01。

② 张鹏：《北京“蓝立方”将永久保留　伦敦可能复制“微笑圈”》，http：//finance. cctv. com/20080910/103537. shtml，最后访问日期：2020 年 8 月 5 日。

③ 张鹏：《北京“蓝立方”将永久保留　伦敦可能复制“微笑圈”》，http：//finance. cctv. com/20080910/103537. shtml，最后访问日期：2020 年 8 月 5 日。

方”,[①] 在国庆60周年期间重新启用的227个“蓝立方”,[②] 在春节期间启用70个位于景点和庙会周边的“蓝立方”。[③] 与深圳志愿服务U站不同的是，北京“蓝立方”主要在赛会和重要节庆期间恢复运作，只有少量岗亭维持周末常态运作，而服务内容较奥运时期的更新迭代较少，仍然以应急救助类服务为主。

2010年广州亚运会也采取了相似的岗亭式城市志愿服务站模式，赛会期间共启动600个“西关小屋”。[④] 与北京、深圳相比，广州“西关小屋”的文化氛围更为浓厚，除了提供基础志愿服务外，还推出了一系列的特色服务，例如，陈家祠站的“唱西关童谣赢亚运奖品”活动，天河体育馆南门广场站开设的手工艺制作课程、废纸折成艺术品，藤球比赛场馆海珠体育中心附近的站点以藤球为主题布置站点、设计小礼物等。[⑤] “西关小屋”在赛后也得到了一定程度的保留，150个“西关小屋”正式更名为“志愿驿站”，自2012年3月5日开始常态化开放，根据地理位置和开放时间的不同分成不同类型。[⑥]

二 U站与城市公共治理

深圳尽管不是城市志愿服务站的首创城市，但是在推动城市志愿服务站常态化运作、以志愿服务促进城市公共治理能力提升方面有独特的经验，这

① 王嵩：《国际志愿者日，北京奥运志愿者“回家”服务》，http：//sports. people. com. cn/n1/2016/1206/c407727 -28927368. html，最后访问日期：2020年8月5日。

② 杜新达：《227个“蓝立方”今起陆续重启　28日开始国庆服务》，http：//news. ifeng. com/c/7fYp4h3wU6M，最后访问日期：2020年8月5日。

③ 贾晓燕：《北京市春节期间近十万志愿者“蓝立方”上岗》，http：//www. gov. cn/gzdt/2010 -01/11/content_ 1507361. htm，最后访问日期：2020年8月5日。

④ 朱小勇：《“西关小屋”特色服务潮爆羊城》，http：//news. gd. sina. com. cn/news/2010/12/08/1063693. html，最后访问日期：2020年8月5日。

⑤ 朱小勇：《“西关小屋”特色服务潮爆羊城》，http：//news. gd. sina. com. cn/news/2010/12/08/1063693. html，最后访问日期：2020年8月5日。

⑥ 赖少芬：《广州“志愿驿站“常态化开放倡导全民志愿服务》，http：//news，ifeng. com/c/7fbballGAMy，最后访问日期：2020年11月3日。

也是深圳志愿服务U站得以不断更新迭代的原因。本部分将以3个U站为具体案例（包括1个城市U站和2个特色U站），从微观角度对此进行探讨。

（一）新城市广场U站：成为赛事志愿服务站常态化转型典范

新城市广场U站位于福田区新城市广场的室外区域，是大运会期间最早开始运营的1号城市U站，[①] 也是后大运时期保留下来继续运营至今的58个U站之一。新城市广场U站见证了深圳志愿服务U站十年的发展与变化，也是赛事临时志愿服务站向常态化城市志愿服务站转型的成功典范。

1. 专业赛会服务经验成为U站核心竞争力

新城市广场U站是深圳市义工联合会（以下简称“深圳市义工联”）四个直属U站之一，由深圳市义工联直属组赛会展会组负责管理运营。赛会展会组成立于2009年7月，新城市广场U站和赛会展会组几乎是一同成长起来的。大运会期间，新城市广场U站服务内容主要围绕赛会服务展开，根据当时的服务需求，U站志愿者分属外语队、礼仪队、宣传报道队三个专项技能队，以及没有专项技能要求的服务队，分别提供不同类型的服务。

专业的服务方向也是新城市广场U站得以持续吸引专业志愿者加入的重要原因。负责U站运营的赛会展会组从成立之初的53名志愿者，发展到如今拥有超过9000名志愿者，目前已经成为深圳市义工联规模最大的直属组。[②] 以外语队为例，该队目前拥有1000多名翻译人员，能提供13个语种的翻译服务。外语队志愿者在U站还会开展针对不同年龄段人员的外语培训班，培训班的部分学员也会转化为外语队成员。

2. 志愿者个人才能为U站多样化服务注入活力

如今，新城市广场U站除了提供城市U站要求的基础服务外，也遵循“一站一特色”的建设方针，开发多样化服务（见表2）。服务的多样性主要依赖于U站志愿者的个人才能，如太极拳教练提供太极拳教学，老党员

---

① 来源于访谈记录REC03。

② 来源于访谈记录REC03。

教市民唱红歌，外语队志愿者教外语等。U站在招募新志愿者的时候，也会关注志愿者具备的个人才能，既满足志愿者展现个人才能的机会需求，又满足U站提供多样化服务的需求。

表2　新城市广场U站特色服务内容列举

日期	服务内容
周一	便民义剪
周二	手工制作及义卖
周三	太极拳
周四	手工制作及义卖
周五	舞蹈培训
周六	手工制作及义卖，瑜伽、民族舞培训
周日	专业外语培训班
不固定日期	少儿外语培训班，唱红歌

资料来源：访谈记录REC03，作者自制。

3. 专项基金为志愿服务造血

为了保障新城市广场U站公益项目运作的可持续性，该U站站长于2013年3月向深圳市志愿服务基金会申请成立了玫瑰工坊专项基金，与该U站开展的项目活动相配套。一方面，该U站定期开展手工艺品制作活动（见表2），邀请社区老人来制作丝网玫瑰花、手链、吊坠等手工艺品；另一方面，邀请学生、老人和志愿者伙伴进行义卖，义卖收入进入玫瑰工坊专项基金。此外，企业和个人爱心捐赠也会进入该专项基金，[①] 截至2020年8月，玫瑰工坊专项基金累计募款超过120万元。[②] 专项基金的款项主要用于每年两所学校助学、节日看望福利院老人和孩子、重大节日慰问老党员和老兵等活动。[③]

---

① 来源于深圳市志愿服务基金会官方网站，http://www.szvsf.org/content/43，最后访问日期：2020年8月10日。

② 来源于访谈记录REC03。

③ 来源于访谈记录REC03。

成立志愿服务专项基金是新城市广场U站运营发展过程中十分具有创新性的战略措施。专项基金不仅让U站有了独立的资金来源，能够更有自主性地开展志愿服务活动，也为志愿者参与新城市广场U站服务确立了更明确的服务目标（义卖助学、助老），增强了志愿者的认同感，有利于激励志愿者更高质、高效地提供服务。

4. 小结

“城市U站是真正贴近市民、服务周边市民的窗口。”① 新城市广场U站是城市U站的缩影，365天不打烊的城市U站深入深圳的各个角落为市民提供服务，是城市公共服务体系中不可或缺的一环。

（二）中国社会保险志愿服务U站：培育专业志愿者，为政府窗口单位增能

中国社会保险志愿服务U站（以下简称“福之田U站”）是福田区17个特色U站之一，位于深圳市社保局（福田分局）业务大厅内。福之田U站由深圳市社保局于2017年10月发起成立，其将社保业务与志愿服务相结合的做法在深圳市内属首创。位于福田分局的福之田U站是首个试点，目前在宝安分局、罗湖分局也有志愿者进驻政务大厅，开展与社保业务相关的志愿服务。

1. 培训专业志愿者，提供专业化服务

福之田U站的服务内容与社保局业务密切相关。目前，福之田U站主要有两类志愿者，分别是119名社保局干部职工及50名社会爱心人士。②

由于社保局业务具有一定的专业性，两类志愿者的工作分工、时间和地点各有不同。干部职工志愿者主要利用上班前（8～9点）和中午午休的时间（13～14点）在U站提供服务，服务内容包括业务办理指引、宣传折页和实物派发等，对专业性要求较高的服务也主要由干部职工志愿者承担。干

① 来源于访谈记录REC03。

② 来源于访谈记录REC04。

部职工志愿者还会组成志愿服务队到企业进行社会保险业务宣传。社会爱心人士的服务时间为8～12点和14～18点，每天会有8名爱心人士提供服务，分布在U站和业务大厅的不同岗位上。社会爱心人士主要承担取号机指引、楼层指引、资料派发、自助终端机操作指引等对社保专业知识要求相对较低的工作。

为了保障社会爱心人士志愿者的服务质量，U站在年中、年末两个时间点会举行定期培训。如果在其他时间有业务调整，U站也会举行不定期培训，邀请相关业务管理人员为志愿者讲解社保业务调整情况，确保志愿者及时获取最新的社保专业知识，符合社会保险志愿服务的要求。此外，福之田U站将爱心人士规模维持在50人，并为其提供额外人身意外险和“志愿者之家”服务，以便维持非专业志愿者的稳定性。

2. 志愿者协助提高政府窗口单位办事效率

社保局业务大厅是政府窗口单位，主要受理与养老保险、失业保险、工伤保险相关的业务，如报销申请、材料申领和提交等。平日有大量前来业务大厅办事的市民，但是业务种类繁杂且窗口有限，难免会出现混乱。福之田U站主要是维持业务大厅秩序、协助提高社保业务办理效率。

首先，志愿者能提前将办事市民进行分流，维持业务大厅秩序，缓解窗口工作人员压力。取号机指引岗志愿者能够帮助办事市民选择合适的业务办理窗口或者推荐去自助终端机办理业务，减少废号错号，提高号源效率；自助终端机指引岗志愿者能够协助市民办理简单业务，只有需要办理更复杂业务时才会引导市民前往窗口办理；楼层指引岗志愿者能够引导办事市民前往不同的楼层和科室。其次，志愿者能够扮演办事市民和窗口工作人员之间缓冲器的角色，减少不必要的矛盾和摩擦。志愿者通常比窗口工作时间提前一小时到达业务大厅，提前引导市民，减少市民等待的时间。由于在取号机和自助终端机服务的多为志愿者，前来办事的市民往往更尊重提供义务服务的志愿者，从而减少了抱怨，避免了争吵。而适当的分流也能让窗口工作人员提供更优质的服务。

3. 小结

将特色 U 站从城市 U 站中分离出来，是深圳志愿服务站模式与北京、广州模式最大的不同，从社会需求出发的特色 U 站，和注重地理区域覆盖的城市 U 站相比更具有延展性和灵活性，因此能够裂变出不同功能属性的 U 站，填补社会服务空白，[①] 让志愿服务的范围更广，服务更精准、细致和有针对性。福之田 U 站充分体现了志愿服务在辅助政府公共服务方面发挥的作用。

（三）“沙河·尚”护河 U 站：打造社会问题驱动、市民主动参与的志愿服务模式

“沙河·尚”护河 U 站（以下简称“护河 U 站”）是深圳首个护河特色 U 站，[②] 位于南山区滨海沙河立交桥下。护河 U 站所处位置，正是大沙河入海口、大沙河生态长廊的起点、深圳湾公园和大沙河生态长廊的交界处，是护河治水的重要地域。[③]

1. 响应政府政策、以社会问题为导向设计 U 站服务

护河 U 站于 2017 年 6 月正式投入使用，当年正是深圳治水提质的关键年。[④] 水环境是城市生态环境治理的重要一环，水污染容易对市民生活产生实质性影响。深圳自 2015 年开始全面启动治水提质攻坚战，希望打造绿水青山的城市名片，2017 年的工作重点是管网建设、河道整治、黑臭水体治理和治污设施建设。

建设护河 U 站是深圳治水提质的其中一项措施，初衷是希望以志愿

---

① 许英、穆玉姣、孙茜：《深圳志愿服务社会组织发展报告》，载深圳市社会组织管理局、深圳国际公益学院主编《深圳社会组织发展报告（2019）》，社会科学文献出版社，2020，第 124 ~ 147 页。

② 程海昆：《深圳诞生首个护河特色 U 站》，http：//sz. people. com. cn/n2/2017/0605/c202846 - 30278334. html，最后访问日期：2020 年 8 月 11 日。

③ 来源于访谈记录 REC05。

④ 郭宇立：《深圳多举措治水提质守护绿水青山》，http：//www. sznews. com/news/content/2017 - 09/21/content_ 17364515. htm，最后访问日期：2020 年 8 月 12 日。

服务助力治水提质工作，也想让护水治水成为志愿服务的新时尚。[①] 一方面，护河U站契合了政府生态环境治理的政策方针，在发展中能够有更多的机遇。例如，护河U站目前拥有相对稳定的200人值守的微信群，主要负责志愿者河长的值守工作，这实际上与深圳政府推行的党政河长相衔接，[②] 形成政社合作，与党政河长合作完成河道治理工作。另一方面，护河U站的服务是以解决水污染问题为导向的。护河U站目前开展的治水宣传、水质监测、青少年环境保护教育等活动，均围绕水污染治理问题展开。

2. 把护河U站打造成市民参与志愿服务的平台

护河U站在建设之初便确定了“一个中心、三个基地”的定位，“一个中心”即“河道护水志愿服务职守中心”，“三个基地”即“水环境保护知识宣传普及基地、青少年环境教育实践基地、水环境保护志愿服务组织孵化和项目交流基地”。[③] 基于以上定位，护河U站成为提供志愿服务机会的平台，呼吁市民参与护河治水志愿服务成为护河U站发展的必然路径。因此，与其他U站相比，护河U站除了拥有提供固定服务的志愿者外，也积极设计各种活动，以吸引学生和市民参与志愿服务。[④]

以青少年参与为例，护河U站十分欢迎青少年以社会实践的方式参与U站服务，并且会尽可能保证青少年能够有所收获。目前，护河U站内适合青少年参加的项目包括多个环保主题课程、青少年维权岗、环保小课题、护水小发明、水质监测、星级小河长等。护河U站还注重从青少年的角度研发适合青少年参与的环保项目，并认真听取大家的改进意见，[⑤] 逐步增强青少年在U站的参与

---

① 程海昆：《深圳诞生首个护河特色U站》，http://sz.people.com.cn/n2/2017/0605/c202846-30278334.html，最后访问日期：2020年8月11日。

② 方慕冰：《深圳市志愿者河长联合会成立》，http://sz.people.com.cn/n2/2019/0323/c202846-32769162.html，最后访问日期：2020年8月12日。

③ 程海昆：《深圳诞生首个护河特色U站》，http://sz.people.com.cn/n2/2017/0605/c202846-30278334.html，最后访问日期：2020年8月11日。

④ 来源于访谈记录REC05。

⑤ 来源于访谈记录REC05。

感和自主感。例如，有高中生骨干用“狼人杀”游戏来宣传垃圾分类知识，有学生带着家长来参加感恩教育课，有同学为护河 U 站建设建言献策等。

3. 依托专业技术打造成长型志愿者

志愿服务内容的专业性是志愿服务长期开展所必需的，尽管在前期志愿者筛选和培训时需要投入更多时间和精力，但是对专业知识的持续培训有利于培养出一批成长型志愿者，帮助志愿者在服务过程中收获更大价值。护河 U 站刚建立的时候，80% ~90% 的值守志愿者在护河治水方面的知识基础为零，① 主要通过水务局专家培训和自主学习的方式掌握护河治水知识。除了新义工培训外，护河 U 站也会不定期邀请专家前来分享最新的政策和专业知识。如今，护河 U 站值守志愿者已经能够熟练地给学生和市民讲解相关内容，引导学生和市民参加护河治水活动，走进校园宣传水环境保护知识。

未来，由于深圳计划将主要河流水质在 2025 年提升到“可游泳”的Ⅲ类标准，② 水质提升意味着对护河治水的服务需求会进一步减弱，护河 U 站志愿者面临向更广泛的生态环保议题转型的压力。服务方向的转型需要志愿者及时学习新的业务知识，与护河 U 站共同成长。

4. 小结

福之田 U 站和护河 U 站同为专业化的特色 U 站，前者更侧重如何向上与政府公共服务发生连接，后者则更加关注下游志愿者的主体感，致力于打造有优质体验的志愿服务平台。

三　U 站的建设与运营经验

在对三个典型 U 站分别进行梳理和分析后，本部分将把视角拉回到深

---

① 来源于访谈记录 REC05。

② 李舒瑜：《2025 年深圳全城自来水可直饮　主要河流水质将达到“可游泳”Ⅲ类标准》，http：//www. sznews. com/news/content/2020 -07/24/content_23379721. htm，最后访问日期：2020 年 8 月 12 日。

圳志愿服务U站，将U站看作城市志愿服务的一种模式，从政策保障、制度保障、结构保障、财政保障、人才保障五个方面探讨这一模式在推动城市志愿服务参与和公共治理方面的机遇和挑战，分析深圳市在建设和运营U站过程中的经验，为其他希望发展志愿服务的城市提供借鉴。

（一）政策保障：U站与深圳建设"志愿者之城"同步迭代成长

深圳在推动城市志愿服务工作方面一直走在全国前列。2011年，中共深圳市委、深圳市政府发布《关于建设"志愿者之城"的意见》，计划到2015年初步建成"志愿者之城"，让深圳志愿服务事业发展达到国际城市的先进水平。这是全国首个系统性提出建设"志愿者之城"的城市。[①]

深圳开始打造"志愿者之城"的时间与志愿服务U站开始运作的时间是在同一年。此后，"志愿者之城"经历了从1.0到3.0版本的迭代，志愿服务U站作为"志愿者之城"的重要标识，[②]也进行了多次升级优化，与"志愿者之城"相互呼应、相辅相成。可以说，深圳建设"志愿者之城"的大方向是志愿服务U站在后大运时期顺利转型的政策保障。

如表3所示，"志愿者之城"1.0版本是建设的起步阶段，尚未正式提出建设"志愿者之城"的想法，但是碎片化的志愿服务为2.0版本的迭代奠定了基础。当时的志愿服务多为活动和赛事导向，像义工艺术团、助老助残等。深圳大运会成为"志愿者之城"1.0向2.0迭代的转折点，大运会期间的城市U站性质更接近1.0的属性，而后大运时期U站以常态化运营的形式被保留下来，形成固定的志愿服务岗位，标志着"志愿者之城"正式进入2.0时代，建设"志愿者之城"的目标也是在这个阶段被正式提出的。2017年，深圳正

① 李娜、章志刚、李亚娟、景临：《城市名片　公益先行——深圳打造"志愿者之城"》，http://theory.people.com.cn/n1/2016/0804/c401815-28611923.html，最后访问日期：2020年8月12日。

② 刘广阳：《深圳"志愿者之城"3.0建设的探索和实践》，载方琳主编《深圳义工改革发展实录》（第一辑），社会科学文献出版社，2020，第165~177页。

式进入“志愿者之城”3.0 阶段，[①] 在这个阶段，第一批特色 U 站被推出，在医院、政府窗口单位、河流治理等领域开展服务，专业化逐步凸显。

表 3　“志愿者之城”建设和志愿服务 U 站的迭代对比

<table>
<tr><th>版本</th><th>时间</th><th>“志愿者之城”</th><th>志愿服务 U 站</th><th colspan="2">沙河·尚护河 U 站</th></tr>
<tr><td>1.0</td><td>2011 年以前</td><td>社会化
项目化
活动型</td><td>活动、赛事导向，临时性，包括服务深圳大运会</td><td colspan="2">/</td></tr>
<tr><td>2.0</td><td>2011～2017 年</td><td>制度化
岗位化
信息化</td><td>U 站 365 天常态化运营，形成固定岗位</td><td colspan="2">/</td></tr>
<tr><td rowspan="3">3.0</td><td rowspan="3">2017 年至今</td><td rowspan="3">国际化
制度化
专业化</td><td rowspan="3">第一批特色 U 站推出，专业化参与社会治理</td><td>1.0</td><td>建设“一个中心三个基地”，规范化运作</td></tr>
<tr><td>2.0</td><td>发展团队骨干能力，关注青少年志愿者需求，搭建志愿服务平台</td></tr>
<tr><td>3.0</td><td>关注青少年志愿服务的主体意识</td></tr>
</table>

资料来源：作者根据刘广阳《深圳“志愿者之城”3.0 建设的探索和实践》（载方琳主编《深圳义工改革发展实录》（第一辑），社会科学文献出版社，2020）和访谈记录 REC01、REC02 和 REC05 自制。

迭代的模式在单个 U 站发展中也得到了推广。以沙河·尚护河 U 站为例，该 U 站的发展重心也在不断调整，从规范化运作到能力建设和搭建平台，再到关注志愿者的主体性，护河 U 站的专业化程度在“志愿者之城”3.0 版本的框架下持续提高。

（二）制度保障：各级义工联为 U 站提供规范化管理的模式

深圳志愿服务 U 站的正常运作有赖于深圳市各级义工联提供的管理、保障和协调。如图 2 所示，深圳市义工联主要负责全体 U 站的统筹管理工作，包括制定 U 站工作指引、制定考核办法并聘请第三方进行考核、协调城市 U 站财政补贴和更新维护、统筹 U 站义工招募和管理等工作。除了几

① 方琳：《深圳以专业化志愿服务参与社会治理的探索和实践》，载方琳主编《深圳义工改革发展实录》（第一辑），社会科学文献出版社，2020，第 3～10 页。

个直属U站（包含城市U站和特色U站）由深圳市义工联直接运营外，各区所属城市U站由各区义工联负责运营和保障，特色U站则主要由使用单位进行运营、各区义工联协调管理。分级分类的管理模式为U站常态化运营提供了制度保障，以及规范化管理的模式。

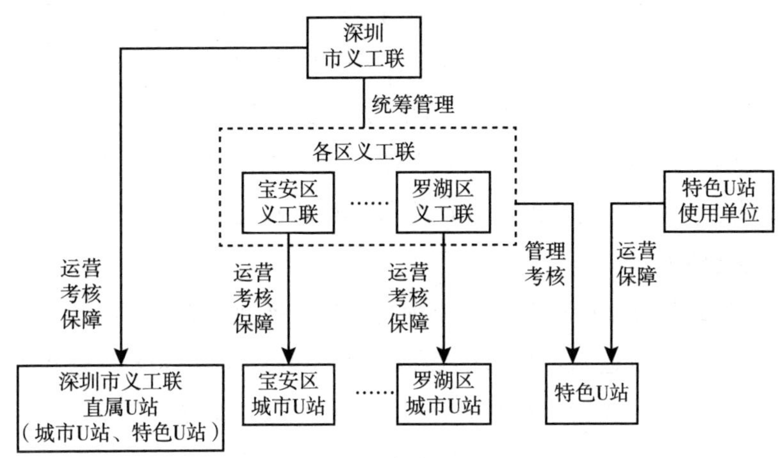

图2　U站的管理架构和运作模式

资料来源：作者自制。

以U站考核办法为例，深圳市义工联制定了详细的考核办法，为城市U站和特色U站提供了运营方向的指导。考核办法为U站运营提供了评分标准和详细指引，小到站内物资摆放要求、志愿者工作要求、开闭站时间要求、安全检查要求等均有介绍，能够帮助U站提升其管理的规范化程度。据《深圳市志愿服务U站督导考核2019年工作报告》，全市U站运营管理工作进一步实现规范化和标准化，城市U站得分为88～100分，特色U站得分为74～85分，得分较以往均有所提高。但是U站在闭站/变更流程、站体硬件设施、U站标识规范、志愿服务意识、宣传影响力方面仍有待改善。

（三）结构保障：U站模式的开放性让城市志愿服务发展更灵活

深圳志愿服务U站最成功之处是在大运会结束后突破了原本赛事临时

志愿服务的模式，按照更开放和持久的模式进行运营。深圳对U站发展进行了两项改革。一是在服务时间上，明确城市U站365天运营，成为常态化、岗位化的志愿服务站点，而非仅仅在赛事展会期间提供服务。新城市广场U站就是一个体现城市U站常态化运营的典型例子。岗位化的改革首先让志愿服务U站在后大运时期存活了下来，并在深圳市民心中埋下了志愿服务的种子，当在深圳得到普遍认可、实现了量的积累后，志愿服务才有了质的飞跃。二是在服务内容上，不局限于信息查询、应急救助、文化宣传等传统志愿服务内容，而是依托新开发的特色U站，以社会需求为导向开展多样化服务。在这方面，福之田U站和护河U站就展现了特色U站的无限发展潜能与活力。

U站模式的开放性让U站可以满足城市在推动志愿服务发展过程中不断变化的需求。以近两年推出的移动U站为例，这是2018年鹏程电动汽车出租公司（以下简称鹏程电动公司）与深圳市义工联合作推出的创新型U站。移动U站指的是在50辆出租车上增加U站标识，接受培训的司机能够提供紧急送医、关爱老幼、旅游咨询等服务，① 移动U站可以打破空间限制，随时随地提供服务。移动U站目前属于一个特殊类别，不属于现有的城市U站和特色U站，它能够在一定程度上为现有U站难以覆盖的领域提供服务。鹏程电动公司目前正在计划开发2期“移动U站”，计划为120辆出租车增加U站标识，日后将陆续覆盖到所有出租车。② 可以预见，移动U站会在深圳U站模式中发挥更多的作用，未来也可能会有像移动U站一样基于新的需求而诞生的新U站类型。

（四）财政保障：适度的运营经费是U站维持运作的基本保证

U站运作有日常运作经费的需求。目前U站的财政保障与市、区两级

---

① 姜雨辰：《创新丨全国首批“移动U站”——深圳志愿服务移动U站正式投入运营》，https://www.sohu.com/a/232402134_100175907，最后访问日期：2020年8月12日。

② 来源于访谈记录REC01。

义工联及特色U站使用单位密切相关，但整体的情况是经费来源单一[①]、金额有限，因此可能限制U站的发展。在城市U站方面，目前只有54个U站能够获得政府财政拨款支持，深圳市政府根据每个U站年度考核的情况拨款6万~8万元，总额为381万元。[②] 各区义工联也会视具体情况从各自经费中再额外拨付小额资金用于支持U站运作。对于在U站服务的志愿者来说，根据深圳市志愿者提供服务的一般标准，每服务半天，志愿者能够获得30元餐费补贴（通常以食物形式发放）和10元交通补贴。在特色U站方面，它们无法获得政府财政拨款，只能靠特色U站使用单位来支持，所获得的保障程度取决于该使用单位的财力状况。例如，福之田U站为志愿者提供了“志愿者之家”，作为专门的供志愿者休息的场所，“志愿者之家”内有冰箱和微波炉以方便志愿者用餐。而有些特色U站则面临没有经费支持的问题。[③]

尽管如此，现有的财政保障模式仍然对U站日常运作有重要作用。值得一提的是，深圳市义工联正在申请财政经费对城市U站站体进行更新维护，计划每年更新5个左右，在10年内完成全部更新。[④] 由于城市U站由集装箱等环保材料制作，且常年在室外风吹日晒，存在安全隐患，急需进行维护。深圳市义工联的统一管理有利于保障城市U站基础设施的安全和长期运作。相比之下，北京的“蓝立方”由于硬件设施缺乏维护，2008年建设的550个“蓝立方”在2010年国庆期间能够继续投入使用的仅有50个。[⑤]

---

① 许英、穆玉姣、孙茜：《深圳志愿服务社会组织发展报告》，载深圳市社会组织管理局、深圳国际公益学院主编《深圳社会组织发展报告（2019）》，社会科学文献出版社，2020，第124~147页。

② 来源于访谈记录REC01。

③ 许英、穆玉姣、孙茜：《深圳志愿服务社会组织发展报告》，载深圳市社会组织管理局、深圳国际公益学院主编《深圳社会组织发展报告（2019）》，社会科学文献出版社，2020，第124~147页。

④ 来源于访谈记录REC01。

⑤ 王明浩：《北京：新式“蓝立方”将掀开盖头》，http://news.ifeng.com/c/7fZYuHQzk8d，最后访问日期：2020年10月26日。

（五）人才保障：人才招募、保留和培育是U站发展的核心

据深圳市义工联统计，截至2020年8月，目前登记在册的U站志愿者共有8922人，2019年全市U站志愿者服务参与人数11984人（含非登记在册志愿者），服务总时数262075.75小时。志愿服务的内核是志愿者本身，如何招募到合适的志愿者并将其留住是U站管理者十分关注的问题，也是U站发展面临的另一个挑战，这在强调专业化的“志愿者之城”3.0阶段尤为突出。志愿服务U站人才需求的问题本质上和企业是一致的，但是志愿者管理比企业更有挑战，因为缺乏劳动关系的约束，也无法用收入作为激励。[①] 做好U站人才保障工作需要关注以下几点。

首先，将U站的需求和专业志愿者的技能相匹配，例如将懂法律的志愿者派往法院U站、邀请环保专业的志愿者加入护河U站。其次，搭建平台让志愿者的才能得到发挥、劳动受到尊重和肯定，新城市广场U站“一站一特色”的志愿服务就是志愿者一展所长的平台。再次，通过培训让志愿者收获一技之长，例如护河U站志愿者通过参加培训在护河治水领域积累了丰富的知识。最后，将U站打造成所在社区的社交平台，帮助社区新居民融入新生活，例如新城市广场U站会关注如何吸引新居民加入U站。

此外，依据所在社区的人才优势打造专属U站也是促进U站和城市志愿服务发展的一种方式。以宝安区海裕社区为例，2020年5月，国际志愿服务U站在社区正式成立，该U站目前拥有60~70名外籍志愿者，能够提供包括外语翻译、旅游指引等涉外业务。由于在海裕社区居住的外国人较多，在国际志愿服务U站正式成立之前，宝安区外籍志愿者注册人数就已达2000人，并且已经在其他U站提供服务。[②] 特别是在新冠肺炎疫情防控期间，对国际志愿者的服务需求更大。鉴于此，宝安区义工联决定集合已有的国际志愿者，组成专门的国际志愿服务U站，系统地为宝安区提供涉外

① 来源于访谈记录REC02和REC03。

② 来源于访谈记录REC02。

志愿服务。[1] 对于宝安区义工联来说，他们也希望外籍志愿者可以借此融入社区，在宝安区安居乐业，更好地了解中国文化。

四　U 站的发展与展望

整体来看，十年间，深圳志愿服务 U 站经历了从活动型向常态化，再到专业化的转型，在推动城市社会治理方面发挥了重要的平台作用，大幅提高了深圳的城市志愿服务水平。在微观层面，本报告选取了新城市广场 U 站、福之田 U 站和护河 U 站三个典型 U 站作为分析对象，分别从推动志愿服务常态化、增能政府公共服务窗口部门、打造社会问题导向的志愿服务平台三个角度，阐述了 U 站在推动深圳城市志愿服务发展方面所起的作用。在中观层面，本报告认为深圳志愿服务 U 站是推动城市志愿服务发展的一种有效模式，U 站模式的成功，需要政策、制度、结构、财政和人才五方面的保障。但在运营模式、经验推广方面，深圳志愿服务 U 站仍需努力。

（一）优化现有 U 站运营模式

深圳志愿服务在未来的发展中，可以从以下三个方面优化现有的 U 站模式，以让 U 站更好地支持城市志愿服务发展。

1. 提供专业化的志愿服务，培育有专业特长的志愿者

专业化是深圳“志愿者之城”3.0 阶段的关键词，U 站作为其中的重要标识和市民参与志愿服务的平台，也应该把“专业化”作为这一阶段发展的核心目标。U 站的专业化提升主要体现在四个层面：在站点建设层面，多落地像护河 U 站、国际志愿服务 U 站、禁毒 U 站这一类带有明显细分专业领域的 U 站，让服务更有针对性；在项目开发层面，无论是哪一类 U 站，都应该以服务对象的真实需求为导向提供志愿服务，将有限的志愿服务资源发挥最大效用；在志愿者管理层面，邀请相关行业专家、资深志愿

① 来源于访谈记录 REC02。

者为U站志愿者提供培训，确保培训内容能够满足所在U站的服务需求，对于有特殊专业需求的U站，尽可能邀请有相关专业背景的市民加入并成为志愿者；在志愿者保障层面，完善志愿者参与志愿服务的保障机制，除了餐费、交通费补贴外，提供合适的保险、休息空间等，降低志愿者流失率。

2. 适当提高经费补贴标准，为U站日常运作和业务拓展提供财政支持

深圳市义工联作为U站的统筹管理单位，可以定期对各城市U站的经费需求进行评估，根据整体物价变化情况统一向政府财政部门申请对经费进行调整。对于目前政府财政拨款尚未覆盖到的特色U站，建议政府配套少量资助以确保特色U站能够获得稳定的经费支持。同时，建议在后续新的特色U站建设中，对使用单位提出明确的财务支持基线要求，尽可能确保特色U站和城市U站能够得到同一水平的经费补贴，并鼓励使用单位为U站提供更高水平的支持。

3. 增加U站之间的经验交流

U站之间的相互交流有助于提升U站自主发展的意识、提高全市U站的整体服务水平。从本报告的三个典型U站来看，各U站的发展相对独立，相互之间交流服务经验的机会较少。龙岗区通过成立U站联盟的方式帮助U站共享资源和经验，[①] 可以成为其他区的参考。

4. 将U站打造成市民参与志愿服务的开放窗口

目前U站（特别是城市U站）的服务主要依靠固定志愿团队长期提供服务，对于临时有意愿参与志愿服务的市民开放度较低，个别像护河U站这样关注青少年在寒暑假参与志愿服务的U站属于少数。考虑到U站所在地理位置和市民生活、工作联系密切，也是市民能够了解和接触志愿服务最直接的窗口，建议在资源许可的情况下，U站可以多设计在周末和节假日举办、可单次或短期参与的志愿服务活动，欢迎更多非固定志愿团队的市民前

---

① 许英、穆玉姣、孙茜：《深圳志愿服务社会组织发展报告》，载深圳市社会组织管理局、深圳国际公益学院主编《深圳社会组织发展报告（2019）》，社会科学文献出版社，2020，第124～147页。

来体验志愿服务，满足市民的志愿参与需求。U站也可以在此过程中向市民传播和普及志愿服务文化。

（二）继续向外推广U站管理经验

鉴于U站十年发展取得的成果，U站可以成为深圳对外输出城市志愿服务发展经验的名片。虽然深圳市志愿服务基金会已实施了U站扶贫项目，但仅限于部分地区。所以，除了关注U站运营模式的持续完善，深圳可以认真总结U站经验，并且有意识地向其他希望发展志愿服务的城市推广。近几年，安徽[①]、山西[②]也陆续出现了提供志愿服务的U站，功能与深圳志愿服务U站有一定的相似度。深圳政府相关部门可以主动向其他城市输出U站管理经验，与其他城市定期交流学习，让U站走出深圳，成为全国城市志愿服务的典范模式。

---

① 胡磊：《安徽法院首家"青年志愿者法律服务U站"在雨山法院揭牌成立》，http：//ah. people. com. cn/n2/2017/0111/c358266 - 29584479. html，最后访问日期：2020年9月16日。

② 《60个志愿服务U站为二青会保驾护航》，http：//sport. hebei. gov. cn/zhuantipindao/erqinghui/zuixinzixun/2019/0808/12291. html，最后访问日期：2020年9月16日。

B.9
守护碧水蓝天：深圳生态环保志愿服务

欧阳海燕*

摘　要： 深圳正朝着建设中国特色社会主义先行示范区前行，面对生态环保问题，深圳从参与水环境治理等生态文明志愿服务入手，深入推进志愿服务参与社会治理行动，迄今，在海洋保护、河流治理、城市生活垃圾分类等方面积累了丰富的环保志愿服务参与社会治理的经验，逐步探索出了一条党建引领下、政府主导、社会力量广泛参与的“共建共治共享”的社会治理新路径。本报告通过对海洋保护——深圳蓝色海洋环境保护协会、河流治理——深圳市志愿者河长联合会以及垃圾分类蒲公英计划三个生态环保志愿服务典型案例进行分析，得出深圳生态环保志愿服务的三大经验：一是专业志愿服务切入环保问题；二是环保志愿服务项目化、品牌化；三是“共建共治共享”社会参与格局。本报告还对深圳生态环保志愿服务提出四大展望：一是持续推动环保志愿服务的专业化；二是继续加强环保志愿服务制度化建设；三是全力打造环保志愿服务品牌；四是逐步推广环保志愿服务参与社会治理模式。深圳将不断打造更多专业志愿服务参与社会治理的可复制、可推广样本，为全国志愿服务贡献“深圳经验”。

关键词： 环保志愿服务　专业志愿服务　环保志愿者　社会治理

* 欧阳海燕，深圳国际公益学院高级分析员。

一　志愿服务参与生态文明建设概述

改革开放以来，我国经历了经济迅速发展的一段重要时期，创造了令世界叹为观止的经济成就，但与此同时，资源、环境与生态保护也面临重大挑战。生态环保是可持续发展的三大支柱之一，是社会公平稳定的重要保障，也是“中国梦”的题中之义。

党的十八大开启了我国生态文明建设的新篇章，提出了努力建设美丽中国的目标。党的十九大报告指出：“建设生态文明是中华民族永续发展的千年大计。”与此同时，我国的生态文明类志愿服务也蓬勃发展起来。《中国志愿服务发展报告（2017）》中的数据显示，在志愿服务所涉及的主要领域和内容中，环境保护类志愿服务占67.56%，位居第三。[①] 这意味着生态文明类志愿服务已经成为中国特色志愿服务的重要组成部分。生态文明类志愿服务主要包括三部分内容：生态文明宣传、生态文明环保活动以及生态文明环保监测。生态文明宣传，主要是通过志愿服务对环境进行保护，如宣传节约水资源、垃圾分类、少开一天车等；生态文明环保活动，主要是组织志愿者实施具体的环境保护行动，如植树、捡垃圾、保护野生动物、保护母亲河等；生态文明环保监测，主要是志愿者通过调查、巡视发现环境问题，并与有关部门沟通，促进环境问题的解决。十八大以来生态文明志愿服务不断涌现、生态文明类志愿服务组织逐渐成熟，生态文明类志愿服务活动内容更加丰富。[②]

习近平多次强调，“绿水青山就是金山银山”。为实现这个目标，亟须推动国家生态治理体系和治理能力现代化，为走绿色发展道路提供有力保障。2015年4月，中共中央、国务院在下发的《关于加快推进生态文明建

---

① 中国志愿服务联合会编著《中国志愿服务发展报告（2017）》，社会科学文献出版社，2017。

② 陶倩：《新时代中国特色志愿服务发展研究》，社会科学文献出版社，2018。

设的意见》中明确要求，要鼓励公众积极参与，引导生态文明建设领域各类社会组织健康有序发展，发挥民间组织和志愿者的积极作用。刘艳云认为志愿服务组织和志愿服务活动在生态治理中发挥了以下功能。一是凝聚力量的功能。社会公益组织能够以志愿服务精神为纽带，整合社会资源，团结社会力量来参与生态文明建设，为生态文明建设提供更广泛的社会支持。二是教育示范的功能。社会公益组织的生态志愿服务活动是对生态文化的弘扬，为培育生态文化提供了具体的精神支持。三是协助治理的功能。社会组织是承担社会治理和公共服务的重要力量，为参与生态治理提供了有力的智力支持。一方面，社会组织根植于基层，成为政府和市场之外解决环境问题的第三方力量；另一方面，对于生态环境问题，仅靠政府治理很难实现善治，这就需要打破政府对公共事务的垄断，实现由管制型向治理型、经济建设型向公共服务型的转变，而社会组织就成为承接政府职能转变的结构性载体。①

近年来，各地方政府在探索如何在政府主导与多方参与下构建一个高效、节约、可持续发展的生态文明建设格局方面做了大量努力。2017 年初，深圳市明确了打造“志愿者之城”3.0 的工作思路：以制度化、专业化为引领，推动志愿服务从提供社会服务向参与社会治理、凝聚社会共识跨越。2018 年，深圳从参与水环境治理等生态文明志愿服务入手，深入推进志愿服务参与社会治理行动，创新实施志愿者河长制，吸引和鼓励志愿者成为常态化“治水服务”“环保服务”的活跃力量。迄今为止，深圳在海洋保护、河流治理、环保生活等方面积累了丰富的环保志愿服务参与社会治理的经验，逐步探索出了一条党建引领、政府主导、社会力量广泛参与的“共建共治共享”的社会治理新路径。

① 刘艳云：《生态治理中地方政府与社会公益志愿组织的关系研究——以湖州生态文明先行示范区建设为研究范本》，《四川行政学院学报》2016 年第 2 期。

二　深圳生态环保志愿服务典型案例[①]

深圳从经济特区创建之初，采用“三来一补”贸易模式，走以“工业为主”道路，从而在一定程度上破坏了生态环境，到通过产业升级，走“以绿色低碳为导向、着力提升生态发展质量”道路，40 年间，深圳趟出了一条通过坚定转变发展方式、实现从工业文明走向生态文明的可持续发展之路。

建设生态文明之城，需汇聚广泛的社会力量。夯实生态文明建设群众基础、调动社会环保志愿者积极性，是画好共建共享生态惠民“同心圆”的关键。[②] 深圳环保组织和环保志愿者作为参与生态治理的重要力量，在以下方面发挥了积极作用：开展环保宣教活动，提升公众环保意识；倡导公众以实际行动参与环保；开展生态环保项目，保护物种多样性；带动公众参与环境监督，推动社会各界力量参与生态治理；等等。

在深圳市社会组织信息平台上，以“环境”“环保”为关键词搜索社会组织名称，分别搜索到 38 家和 40 家。[③] 在深圳市慈善事业联合会网站上，进行深圳市慈善公益组织信息检索，在“生态环境”类别下有 79 家公益组织，其中 21 家已认定或登记为慈善组织。[④] 在深圳市义工联合会（以下简称“深圳市义工联”）官方网站，以“环保”为“关键词”进行组织查询，能够搜索到 101 个环保组织和志愿服务队伍。[⑤]

---

① 感谢深圳市蓝色海洋环境保护协会执行秘书长马海鹏，深圳市志愿者河长联合会执行会长兼秘书长、中国志愿者河长学院（深圳）执行院长关媛苑，深圳市城市管理和综合执法局生活垃圾分类管理事务中心秦艺兮对本报告的大力支持。

② 包瑞：《深圳生态文明建设的历史演进与时代贡献——生态存在、生态观念、生态实践的协调互动》，《哈尔滨工业大学学报》（社会科学版）2020 年第 4 期。

③ 数据来源：深圳市社会组织信息平台，http://sgj.mzj.sz.gov.cn:9008/xxcx/index.jhtml?ORGANIZATION_NAME=%E7%8E%AF%E4%BF%9D，最后访问日期：2020 年 9 月 14 日。

④ 数据来源：深圳市慈善事业联合会，http://www.szscl.org/gycszz/sthj/，最后访问日期：2020 年 9 月 14 日。

⑤ 数据来源：深圳市义工联合会，http://www.sva.org.cn/default.aspx?_c=GroupSearch，最后访问日期：2020 年 9 月 14 日。

在深圳环保志愿服务组织中，深圳市义工联环保生态组成立于2000年5月，是深圳环保志愿服务的先行者，成立20年来一直致力于环境保护事业的推广和宣传工作，与深圳市文明办、深圳市城管局、深圳市生态环境局、深圳市垃圾分类减量中心、深圳市各区等相关职能部门及相关社会团体有着深入合作，主要开展环保宣传、教育、推广等公益活动，推动社会各界合力重视环保、参与环保。环保生态组在2019年开展了3771场次的活动，6531人次参与了志愿服务，服务时数为67245.8小时。①

本报告从三个深圳志愿服务的重点领域，即海洋保护、河流治理和生活环保各选取一个案例，分析其志愿服务模式、特点和创新机制，以及志愿服务在宣传教育、动员公众以实际行动参与环保、带动公众参与环境监督、推动社会各界力量参与生态治理等方面发挥的作用，由此展现深圳环保志愿服务参与社会治理的鲜活经验。

（一）海洋环境保护——深圳市蓝色海洋环境保护协会

环境对于深圳这样一座海洋城市，海洋议题颇受关注，也诞生了不少知名海洋环境保护志愿服务组织，如中国最早的倡导型海洋保护公益组织——深圳市蓝色海洋环境保护协会，至今已有18年环保志愿服务历程，其宗旨是将海洋环保的意识与理念传送到社会的各个阶层，推动我国民间海洋自然环境保护工作，实现我国沿海海洋生物资源可持续发展。又如珊瑚虫海洋公益，即海洋生态环保服务中心，成立于2012年11月，是目前广东省唯一一个由社区本地青年组建且正式注册的海洋环保公益组织，中心业务范围包括生态环保活动、珊瑚种植保育、海洋知识科普教育、滨海技能活动等，致力于通过丰富多样的活动来提升居民的海洋环保意识，改善海洋环境。此外，还有2014年成立的深圳市大鹏新区珊瑚保育志愿联合会（“潜爱大鹏”），其理念是“种珊瑚，种人心”，旨在通过组织各种珊瑚保育活动，促进公众

① 数据来源：深圳市义工联环保生态组2020年会，深圳市义工联环保生态组微信公众号，2020年1月9日。

和政府之间的良性互动，推动珊瑚礁生态系统恢复，改善海洋生态环境。

深圳市蓝色海洋环境保护协会（以下简称蓝协）是中国第一家以海洋环保为使命的非营利组织，2002 年初开始筹备，2005 年深圳市民政局正式批复其成立，迄今已经走过了 18 年海洋环境保护之路。

蓝协现有志愿者一万余人，其中，十几年来一直与蓝协相伴的志愿者就多达百余人，而且不乏“蓝色恋人”“蓝色之子”。这是最令蓝协感到骄傲的地方，包括协会最早的一批创始人，至今都还留在志愿服务队伍之中。蓝协将这种凝聚力解释为“坚持初心”，即所有人一心只为海洋环境的改善，从来没变过，而且一直这么做。

1. 潜水员发起海洋环境保护组织

蓝协的创始会长是周云昕女士，她是我国有名的鱼类养殖专家，也是深圳最早一批学习潜水的学员之一，1996 ~ 2010 年任职于深圳市小梅沙海洋世界有限公司，任水族馆馆长。18 年前，她与深圳小梅沙海洋世界水族馆的潜水员自发组织海洋环保活动，并倡议成立一个专门保护海洋的协会，取名“蓝色海洋”。

蓝协创办初期，依托于创始会长周云昕女士的个人专业素养，走的是小众和专业化的路线，如潜水打捞海底垃圾、海豚康复治疗研究等。周云昕还是我国最早研究实践海豚疗法用于脑瘫儿童患者康复治疗的专家，并在其所在的小梅沙海洋世界开设了海豚康复训练中心，免费给患儿治疗，被誉为“中国海豚康复训练第一人”。2010 年，央视曾以“海的女儿”对她进行专题报道。2012 年，周云昕当选“2011 年度海洋人物”。

尽管取得了不少荣誉，但蓝协还是希望调整方向，推动更多市民参与海洋环境保护活动。从 2005 年首届“深圳国际海洋清洁日”活动开始，蓝协逐步将业务重点从海底转向沙滩，从小众转向更多的公众。

2. “深圳国际海洋清洁日”

蓝协自成立之初，就引入了由国际海洋环保组织发起的“深圳国际海洋清洁日”公益活动，并且持续坚持了 15 年，参与沙滩清洁的志愿者规模逐年扩大，从 300 多人发展到上万人，真正实现了人人可参与。

“深圳国际海洋清洁日”活动作为蓝协的重要品牌活动之一，影响力逐年上升。2019 年，第三届全国净滩公益活动暨第十五届深圳国际海洋清洁日活动，在大连、青岛、三亚等国内 30 多个沿海城市分会场同时举行，2 万多名志愿者参与；同时，本次活动还联合粤港澳大湾区相关海洋保护机构，启动“粤港澳大湾区清洁海岸线清洁网络”，共同开展清洁海洋垃圾活动。①

对蓝协而言，“深圳国际海洋清洁日”这样动辄几千上万人参加的大型活动，其运作模式最能体现蓝协的组织定位，即作为一个志愿者组织，蓝协来自志愿者、服务志愿者。每年的海洋清洁日活动，从主控组到各个片区长，到每个小组长，再到每一个服务型志愿者、参与型志愿者，整个链条都由志愿者负责。作为主要负责人的志愿者，会花一两个月来筹备活动，事无巨细，不辞辛苦。然而这正是蓝协的魅力所在，志愿者有切实的参与感，并且在群体中获得了尊重，更重要的是他们看到了海洋环境一天天在改善，体会到了价值感。

3. 志愿服务项目品牌化

除了“深圳国际海洋清洁日”，蓝协还在重点打造另外两个品牌活动，分别为国际儿童海洋节和深圳海岸线徒步活动。

国际儿童海洋节是由蓝协发起倡议的国际性海洋庆典节日，为契合深圳“全球海洋中心城市”和“儿童友好型城市”的建设而设立，旨在培养儿童海洋环保意识，倡议儿童从小关心海洋、关注海洋、保护海洋，最终能够沿着“一带一路”，走出深圳，走出中国，走向世界。国际儿童海洋节每年 5 月举行，2020 年已是第三届，不过受疫情影响，2020 年没有安排大型户外活动，改为为期一个月的儿童海洋服务月，包括儿童海洋教育研讨会、儿童 le 海地图绘制、非遗艺术品 DIY 贝壳拼图、儿童海洋绘本创作征集、“儿童与海洋”系列短视频等公益服务活动。

深圳海岸线徒步活动每年 12 月举行。2019 年的活动主题为“用脚步丈

---

① 吴灵珊：《深圳国际海洋清洁日启动！国内首个全岸线海岸线垃圾调研方法发布》，《南方都市报》2019 年 9 月 9 日。

量海岸，用影像记录海景”，由深圳市规划和自然资源局（深圳市海洋渔业局）主办，深圳市规划和自然资源局南山管理局、宝安管理局、大鹏管理局和盐田管理局与蓝协共同承办，旨在拉近市民与海洋的距离，让更多市民亲近深圳海岸线，领略深圳海岸线之美，同时收集市民为建设“全球海洋中心城市”提出的意见和建议，促进深圳海岸规划的发展。本次活动吸引了500多名徒步爱好者参与，80多位志愿者为活动提供志愿服务。[①]

4. 探索“志愿者+”专业运作模式

对于一个拥有18年历史的志愿服务组织，蓝协在不断积累中勇于探索新的方向，开拓出“志愿者+”专业运作模式，令机构始终保持活力。

一是“志愿者+专业机构”。近两年，蓝协开始进入专业研究领域，如与北京大学深圳研究生院环境与能源学院合作开展了深圳市全海岸线垃圾监测项目，以深圳260.5公里海岸线为基础，分析不同的海岸线存在的垃圾情况，志愿者变身公民科学家。[②] 目前，项目报告已经得到了相关领导的批示，蓝协用两年的努力证明自己可以运用专业力量推动现状的改变。[③]

二是“志愿者+专业领域”，如2019年3月与中国水产科学研究院南海水产研究所深圳试验基地共同发起“蓝色讲师”海洋生态环保讲师培训计划，为志愿者赋能，使其成为传播海洋生态文明的重要使者，志愿者的价值提到了提升。

三是“志愿者+政府管理部门”，如2019年3月，蓝协联合深圳湾公园管理处，在红树林保护区管理局与深圳市野生动物救护中心的支持下，开展了“文明观鸟，不喂食野生水鸟”活动，连续20天，1200人次的志愿者，三班倒守护深圳湾候鸟，活动取得显著成效。从2019年9月起，蓝协联合深圳湾公园管理处在水鸟聚集区竖立了宣传牌，同时深圳湾公园管理处

① 《用脚步丈量海岸，用影像记录海景——2019年深圳海岸线徒步暨海岸线摄影大赛启动仪式圆满举行》，http：//www.sohu.com/a/362110095.775265，最后访问日期：2020年10月26日。

② 北京大学深圳研究生院环境与能源学院、深圳市蓝色海洋环境保护协会：《深圳全海岸线垃圾监测报告》，2019年8月。

③ 数据来源于对蓝协的访谈。

也安排了专职保安进行劝导宣传，目前深圳湾公园投喂现象已大大减少。

蓝协还是广东省海洋与渔业厅授予的“广东海洋意识教育基地”。接下来，蓝协将推动志愿者参与到整个海洋监测领域中去，从深圳海洋概况到自然教育理念，从潮间带到鱼虾养殖，从鲸豚类到章鱼，从红树林到海洋文化……“志愿者 +”赋予了蓝协更大力量，带来了更多对于未来的憧憬。

（二）河流治理——深圳市志愿者河长联合会

水污染曾是深圳最突出的环境问题，深圳有 310 条河流，一度有 159 个黑臭水体。近年来，深圳市委、市政府把水污染治理作为重要的政治任务、最大的民生工程，举全市之力打响了一场轰轰烈烈的水污染治理攻坚战，累计投入水污染治理经费 1212 亿元。在 2019“水污染治理决战年”，159 个黑臭水体和 1467 个小微黑臭水体全面消除黑臭，河流水质实现历史性转变。[①]在 2020 年水污染治理的“巩固提升年”，深圳正向“长制久清、水清岸美”的目标迈进。在治理水环境的过程中，深圳充分发挥环保组织和志愿服务的作用，探索出了一条志愿服务专业化参与社会治理的创新之路，在社会上达成了“治水提质，人人有责”的普遍共识。其中，成绩卓越的志愿服务组织有深圳市志愿者河长联合会（以下简称“志愿者河长联合会”）等。

志愿者河长联合会是全国首个地方性法人志愿者河长组织，由共青团深圳市委发起，在深圳市水务局、深圳市生态环境局、深圳市科技创新委员会、国家水利部科技推广中心、流域水循环模拟与调控国家重点实验室、中国水资源战略研究会、中国河长智库研究院等政府相关单位及科研机构支持下，于 2019 年 3 月 22 日经深圳市民政局批准成立。

志愿者河长联合会致力于以专业志愿服务为枢纽，调动社会力量参与，打造多元互益护河治水生态圈，其总目标：一是助推深圳建设中国特色社会主义先行示范区，创建社会主义现代化强国的城市范例，努力让碧水和蓝天

---

① 杨振：《累计投入 1212 亿！深圳迎水污染治理“巩固提升年”》，中国水网，http：//www.h2o-china.com/news/301027.html，最后访问日期：2020 年 9 月 14 日。

早日成为深圳亮丽的城市名片；二是探索形成志愿者河长制的深圳模式，为打好三大攻坚战、推动生态文明建设提供鲜活经验。

自成立以来，志愿者河长联合会充分发挥政府与社会的桥梁与纽带作用，积极开展宣传教育、技术交流、产业联合、社会监督、对外合作等方面的工作，大力推进党政河长、志愿者河长与志愿者队伍的有机融合。其机制创新主要体现在以下五个方面。

1. 志愿者河长长效机制

建设专业化志愿者队伍，截至 2019 年底，全市组织了 702 名志愿者河长，辐射带动 10 万名志愿者“河小二”，同时组织了 1 万名“红领巾小河长”，建立了逾 2000 人的“护水骑兵”志愿服务队，号召在深的 8 所高校组建了护水联盟，在大沙河、茅洲河、坪山河等流域建立了 6 个护河治水 U 站，打造常态化护河治水服务阵地，构建市、区、街道、社区四级护河志愿者网络体系。

2. 社会参与和监督机制

深圳构建志愿者河长“巡查、反馈、协调、宣导、督查”闭环管理机制，使志愿者河长服务贯穿河湖保护全过程。

3. “政府主导、全民参与”机制

基于“护河治水工作，问题在水里，根源在岸上，需要全民共同参与”的认识，深圳积极推动构建政府支持、社会参与、公众监督、社会组织联动、企业动员、媒体传播的共建共治共享社会治理新格局。

4. “环保 +”跨界合作机制

2019 年 3 月 22 日，志愿者河长联合会与深圳市人民检察院举行了《关于在环境公益诉讼中加强协作的工作机制》的战略合作签约仪式，由此开启了“司法途径 + 志愿者河长”新模式。双方建立了课题研究、联合培训、定期座谈、支持起诉、案件线索移送、案件宣传、案件回访等七大工作机制。此次跨界合作进一步提升了保护河湖生态环境资源整体工作效能，推动深圳河湖领域环境得到有效治理。

志愿者河长联合会不断探索“环保 +”跨界合作，迄今已与 80 余家相关科研院校、政府、企事业单位、社会组织、高校、媒体单位达成教育培训、课题研究、模式升级、技术创新、公益环保项目策划等方面的战略合作。

5. “地方政府 + 专家学者 + 社会组织”专业化志愿服务参与模式

探索“地方政府 + 专家学者 + 社会组织”的专业化志愿服务参与水污染防治模式。作为由共青团深圳市委发起、深圳市水务局等部门支持的专业志愿服务组织，志愿者河长联合会在地方政府的支持下开展河流治理志愿服务活动，并且依托中国志愿者河长学院（深圳），借助专家团队的力量，开展培训、课题研究等教育与科研活动，为深圳护河治水志愿服务插上“专业化”“科学化”的翅膀，进一步推动志愿者河长机制创新和专业化发展。截至 2019 年底，志愿者河长联合会、中国志愿者河长学院（深圳）开展深圳党政河长教育培训，共覆盖局处级河长 704 人，占深圳党政河长总数 1031 人的 68.3%；开展街道、社区河长教育培训，覆盖街道社区级河长 617 人；开展河源市党政河长培训，覆盖市县级河长 180 人；开展志愿者河长培训，共开展 12 场，覆盖 3000 多人。[①] 由于主题突出、内容丰富、志愿者参与人数多、影响范围广、成效显著，该教育培训项目已被共青团中央选定为全国“党政河长 + 志愿者河长”教育培训的代表案例，在全国进行复制推广。

（三）垃圾分类之蒲公英计划

对于一座拥有 2200 万人口的超级城市，倡导低碳环保的生活方式，对于城市的可持续发展来说至关重要。深圳也是我国最早实施生活垃圾分类的城市之一，而 2020 年 9 月 1 日开始实施《深圳市生活垃圾分类管理条例》则意味着垃圾分类从自愿自觉迈向法治规范，由“倡议时代”步入“强制时代”。在倡导可持续生活方式方面，深圳环保组织和志愿服务组织也发挥了倡导社会新风的作用，如成立于 2013 年 3 月的深圳市罗湖区绿色出行志愿者协会，是由骑行爱好者、志愿者等共同组成的社会团体，宗旨是宣传低

---

① 资料来源：深圳市志愿者河长联合会提供。

碳生活方式，增强市民环保意识；招募、组织志愿者开展各种绿色出行活动，是目前深圳最有活力的公益社会团体之一。深圳市生活垃圾分类公众教育蒲公英计划（以下简称“蒲公英计划”）是由深圳市生活垃圾分类管理事务中心提出、深圳市城市管理与综合执法局于2018年4月下发通知推动实施的项目，旨在传播垃圾分类文明理念，培养公众垃圾分类文明意识，引导公众养成垃圾分类文明习惯，搭建垃圾分类公众教育体系。① 2020年7月，为贯彻落实将于9月1日开始实施的《深圳市生活垃圾分类管理条例》，第三期蒲公英志愿讲师开始招募，同时，作为蒲公英计划创新开设的“蒲公英教师计划”也拉开帷幕。

蒲公英计划以“共建共治共享”的社会参与理念为引领，建设市、区、街道公众教育基地，组建并培养宣教人才队伍，完善培训课件和宣传资料，全方位构建生活垃圾分类宣教体系，实现垃圾分类公众教育规模化、常规化，让广大市民通晓垃圾分类并转化为思想认同和行为习惯，从而把深圳打造成“人人知道分类，人人参与分类”的先行示范城市。②

蒲公英计划也是一个深受广大市民欢迎的城市志愿服务品牌。自2018年启动以来，通过公开招募、筛选、培训、考核，目前已培育垃圾分类蒲公英志愿讲师300多人。志愿讲师进学校、进社区、进单位，积极参与粤港澳大湾区国际花展、磨房百公里、为爱同行等大型活动，广泛宣传垃圾源头减量和垃圾分类，截至2019年12月，开展包括入户调查、宣传活动和督导活动超2000场次，影响超100万人次。③

以蒲公英计划为载体，深圳市将着力加强蒲公英志愿讲师队伍建设，通过招募及培训三期市级志愿讲师，进一步充实市级志愿讲师队伍，并将在分区组建区级志愿讲师队伍，更深入地推进垃圾分类宣教进社区、进小区，同时，联合组建垃圾分类志愿服务总队，以及开展蒲公英教师计划，推动形成

① 《深圳市城市管理局关于印发深圳市生活垃圾分类公众教育蒲公英计划的通知》（深城管〔2018〕133号），2018年4月16日。

② 资料来源：深圳市生活垃圾分类管理事务中心提供。

③ 资料来源：深圳市生活垃圾分类管理事务中心提供。

多元参与、协同共治的格局。①

蒲公英计划倡导让垃圾分类这颗文明的种子像蒲公英一样，不断地传播扩散，并在人们心中生根发芽，让人人都成为垃圾分类的倡导者和行动者。从城市志愿服务品牌的角度分析，其主要经验有以下六点。

1. 打造垃圾分类“推广大使”明星志愿者宣教团

打造一支以垃圾分类“推广大使”为主要力量的明星宣教团，包括明星大咖、深圳广电主持人、公益组织领头人、深圳市人大代表和政协委员等，拍摄垃圾分类宣传广告，制作垃圾分类宣传海报，开展“推广大使”大讲堂活动，充分利用垃圾分类“推广大使”的知名度和影响力，提高垃圾分类关注度。

2. 建设规范的志愿讲师队伍

发挥深圳“志愿者之城”的优势，充分调动志愿者积极性，通过公开招募培训，组建蒲公英志愿讲师队伍，以市、区、街道“微课堂”为基地，定期开展垃圾分类知识宣讲，对有需要的企事业单位提供垃圾分类宣讲服务，深入小区开展督导员知识培训。

据深圳市生活垃圾分类管理事务中心关于印发《深圳市垃圾分类公众教育志愿讲师管理办法（试行）》的通知（深分类通〔2020〕21 号），将志愿讲师分为初级、中级、高级、特聘讲师，实行规范化管理，以确保垃圾分类培训宣传志愿服务规范化、常态化。

3. 组建蒲公英督导员队伍

组建以“党员、物业、志愿者和热心居民”为主要群体的垃圾分类督导员队伍，每天晚上 7 点至 9 点在集中分类投放点安排一名督导员督促、引导居民正确分类投放垃圾，推动提升居民垃圾分类的参与率和准确率。

四种督导模式，一是依托基层党组织，建立党员先锋示范督导模式；二是依托志愿者，建立“社工 + 义工”的“双工”联动督导模式；三是依托

---

① 轩慧：《2020 年深圳生活垃圾分类蒲公英计划今天启动》，广州日报大洋网，https://news.dayoo.com/gzrbrmt/202007/12/158544_53429891.htm，最后访问日期：2020 年 8 月 20 日。

社区居委会，建立社区老人和热心居民共同参与的社区自治督导模式；四是依托落实物业管理责任，建立以物业保洁员为主的督导模式。

4. 打造“家校社”联动新模式

积极探索校园生活垃圾分类教育的新模式，创新调动学生、家长、教师、社区居民参与生活垃圾分类积极性的模式，构建了学校、家庭、社区“三位一体”的生活垃圾分类宣传督导模式，印发《关于开展垃圾分类小督导员志愿活动实施方案的通知》，将督导服务时长纳入学校综合素质评价体系，鼓励青少年学生参与垃圾分类督导员志愿行动，并上线全国首个生活垃圾分类志愿督导预约平台，带动了七万人次参与志愿督导活动。

目前重点推动“蒲公英教师计划”，通过培育一支学校生活垃圾分类教师人才队伍，为深圳市每一所学校培养至少一名生活垃圾分类“蒲公英教师”，用这种“小手拉大手”的方式，最终实现“教育一个孩子、影响一个家庭、带动一个社区、推动整个社会”的目标。

5. 科技创新激发参与

启动全国首个生活垃圾分类公众教育微课堂预约系统，企（事）业单位和物业小区可在系统上进行垃圾分类公众教育微课堂预约，志愿讲师免费前往授课，送生活垃圾分类知识上门。

在“深分类”微信小程序上开创“环保银行”分类物品收集新模式，深圳全市中小学校都可在线完成开户申请，学生们可登记存入的可回收物类型及数量并获取相应的积分（虚拟环保币）等奖励。目前，“环保银行”已形成了“一校一站一师一平台”模式，即以一个学校为落实主体，建设一个功能多样的环保教育站，打造一支面向未来的蒲公英教师队伍，依托一个线上智能化数据平台。截至 2020 年 10 月底，“环保银行”已设立支行 44 个，注册账户 16001 个，共计兑换环保币 852425 个。[①]

6. 搭建“共建共治共享”参与平台

蒲公英计划启动后，深圳各区积极响应，社会各界包括学校、企业、公

① 资料来源：“深分类”微信小程序。

益组织积极参与，垃圾分类“知晓率高，参与率低”的局面有所改善，初步实现了共建共治共享的社会参与格局。深圳成立了全国首个垃圾分类公益服务机构联盟，目前共有19家公益组织积极参与到垃圾分类工作中，与政府形成合力，开展“资源回收日”活动。

三　深圳生态环保志愿服务经验

生态环保议题广泛，如海洋保护、水环境保护、垃圾分类、荒漠化治理、野生动物保护、社区环境保护、自然教育，以及环境公益诉讼、政策倡导等,[①] 本报告在海洋保护、河流治理和垃圾分类三项议题中各选取一个典型案例加以分析，展现深圳市在上述三个生态环保领域志愿服务的生动经验。这三个案例各具特色，对其所做的分析也各有侧重。蓝协是由专业人士自发成立的国内首家以海洋保护为主题的民间非营利组织，使命坚定，坚持价值观引领，18年来致力于海洋环境保护；核心团队稳定，凝聚力强；志愿者情感投入明显，对组织归属感强，志愿者人数逐年增加，其中不乏三代志愿者；持续探索新业务，拓展新合作，开创新模式，保持着鲜活的生命力。与蓝协不同，志愿者河长联合会是在地方政府支持下创办的志愿服务组织，其使命就是通过专业志愿服务力量的参与，创新深圳河流治理模式。因其背后强大的社会支持力量，包括政府各部门、企事业单位、科研院所、智库，以及现有的社会资源网络、平台与模式，志愿者河长联合会运作一年便取得了骄人的成绩，在机制创新方面取得了突破，是深圳市对于专业志愿服务参与社会治理的一次有益探索。垃圾分类之蒲公英计划与前两者又有所不同，它是政府部门主导的垃圾分类公众教育计划，其中包括动员志愿者参与的部分，如蒲公英志愿讲师、蒲公英志愿教师以及蒲公英督导员等，具有鲜明的党建引领、引导社会舆论、凝聚社会共识、动员社会力量的特征。虽然

---

① 明善道：《中国环保公益组织工作领域观察报告2016 & 2017》，http：//cegc. npi. org. cn/Upload/thumpic/201806/2018062210404818. pdf，最后访问日期：2020年8月20日。

各具特色，但这三个典型环保志愿服务案例也体现了一些明显的共性与趋势，而这恰恰构成了深圳生态环保志愿服务经验的精髓部分。

（一）专业志愿服务切入环保问题

截至2019年底，深圳市有注册志愿者186万人，占常住人口的13.8%，位居全国前列。在诸多志愿服务类别中，根据深圳市志愿服基金会和深圳国际公益学院开展的问卷调查，环保志愿服务占比最高，为42.23%，而且市民当中有意愿参与环保志愿服务的比重也最高，为50.85%。然而环境保护是一项对专业要求很高的工作，环保志愿者因使命和兴趣集结，参与环境保护与治理，而专业的不足限制了其志愿服务的能效。为提升志愿服务参与生态环境治理的能效，以水污染治理为例，深圳率先探索出了“地方政府+专家学者+社会组织”的专业化志愿服务参与水污染防治的模式。一方面，依托专业机构——中国志愿者河长学院（深圳），聚集中国水利水电科学研究院、中国环境科学研究院等权威机构专业力量，以及全国各高校、中国河长智库研究院、全球水伙伴等研究机构专家力量，为志愿者专业地参与水污染治理提供专业指导和技术支持。另一方面，实现专业运作。志愿者河长联合会通过组建专家委员会、注册生态环保社工机构、创新志愿者河长教育培训体系、推动志愿河长机制化创新等，将普通的社会力量打造成专业的环保志愿者队伍，推动志愿者河长向专业化发展。

（二）环保志愿服务项目化、品牌化

自2017年以来，深圳市提出了建设“志愿者之城”3.0的目标，其做法之一是探索推行志愿服务项目化。目前，深圳市已经在医疗救护、护河治水、垃圾分类、海洋保护、法律援助、科普教育等19个领域组建了1022支专业志愿服务队。① 志愿服务供需匹配度越高，市民参与志愿服务的积极性

① 刘广阳：《深圳“志愿者之城”3.0建设的探索和实践》，载方琳主编《深圳义工改革发展实录》（第一辑），社会科学文献出版社，2020，第165~177页。

就越高。深圳以志愿服务项目化招募方式，统筹考虑志愿者的可服务时间、特长、兴趣爱好等，提升了志愿服务供需匹配度。

品牌化则有助于环保志愿服务项目辨识度和影响力的提升。例如，连续举办 15 年不间断的“深圳国际海洋清洁日”活动已经成为蓝协、深圳市乃至中国的一张亮丽名片，“国际儿童海洋节”“深圳海岸线徒步”的品牌影响力也在与日俱增。垃圾分类之蒲公英计划在深圳市民当中已是家喻户晓。以品牌带动志愿者参与有助于营造全社会关注志愿服务、争当志愿者的良好氛围。

（三）“共建共治共享”社会治理格局

环境保护是一项系统工程，仅靠环保部门是远远不够的，全社会的共同参与才是解决问题的途径。深圳是全国志愿服务的发源地之一，是志愿服务社会化动员模式诞生之地，如在水污染防治方面，率先形成了“五个一”的社会参与力量：志愿者河长、“河小二”、“护水骑兵”、“高校治水联盟”“红领巾小河长”，志愿者成为党政河长的“千里眼”“顺风耳”，实现了党政河长与志愿者河长的有效衔接。

通过“环保志愿者 +”，形成政府、企业、公益组织、高校、科研院所以及智库等全社会参与环保志愿服务的新格局。如蓝协与北京大学深圳研究生院环境与能源学院等专业机构联合开展深圳市全海岸线垃圾监测等项目，志愿者河长联合会与相关科研院校、政府、企事业单位、社会组织、媒体单位达成课题研究、教育培训、公益环保项目等方面的合作。

注重青少年参与，推动环保志愿服务进校园、进课堂，培养青少年公益环保意识。如蓝协开展的“蓝色课堂”项目，目前已进入几十所幼儿园、中小学，开展海洋主题的自然教育活动；志愿者河长联合会开展环保进校园活动，在深圳市小学开展教育培训；垃圾分类之蒲公英计划则有专门的垃圾分类督导方案、“蒲公英教师计划”以及针对深圳全市中小学校的“环保银行”分类物品收集新模式。

聚焦环保难题，深圳市通过推动环保志愿参与社会治理，让志愿者走向了社会治理的“中心舞台”，提升了环保志愿者的家园意识和对城市的认同感，同时，通过“环保志愿者 +”，提高了环保志愿者参与社会治理的能效，志愿者的成就感和价值感也有所提升。

四　深圳生态环保志愿服务展望

（一）持续推动环保志愿服务向专业化发展

深圳是中国内地志愿服务规范化、专业化发展的发源地之一，自 1989 年起步以来，深圳志愿服务工作在规范化、专业化上取得了一定的成绩。但是随着改革开放的不断深入，社会发展对志愿服务的要求日趋精细化，对志愿者的专业素养，尤其是参与社会治理方面的专业知识与技能，提出了更高的要求。为实现“志愿者之城”3.0 建设提出的以专业化志愿服务深度参与深圳社会治理的目标，深圳生态环保志愿服务应持续向专业化方向发展。一是吸引更多环保专业人士，如在政府、企业和科研院所从事环境保护工作的技术、管理、教育和科研专业人才加入生态环保志愿者队伍，并使其发挥出专业引领的作用。二是加强环保志愿者专业培训，如推广志愿者河长联合会教育培训经验，使广大志愿者具备环保专业领域志愿服务的基本常识，提升环保志愿者在专业领域从事志愿服务的能力。三是推广“环保志愿者 +”模式，为环保志愿者提供更多与专业机构、专业人士合作开展研究的机会，激发环保志愿者尤其是青少年环保志愿者向专业领域深度探索，如开展青少年环保志愿服务项目大赛等。

（二）继续加强环保志愿服务制度化建设

构建完整的志愿服务制度体系，有利于保障志愿服务健康发展。邓国胜和辛华在分析美国半个多世纪以来志愿服务相关法案的发展与变化后发现，20 世纪 60 年代至今，美国政府非常重视以法律和规章制度的形式来支持志愿服务的发展。美国志愿服务相关法律法规的制定、实施和完善，其实质在于给予志愿服务以合法性地位，使现已开展的各项志愿服务项目有法可依，志愿者及其所属组织的相关权益受到法律的保障。① 美国志愿服务制度设计（见图1）呈现以下四个特征：一是顺应了社会的发展与需求，不同时期志愿服务项目各具特色；二是有明确的授权管理机构进行统一协调和管理；三是通过志愿服务计划或项目对志愿服务提供资金保障和激励措施；四是培育志愿服务精神，吸引和整合社会资源，实现志愿服务的多重社会目标。

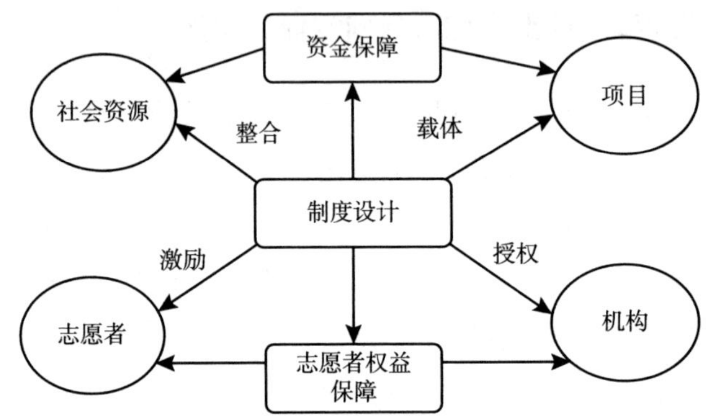

图1　美国志愿服务制度设计总体框架

资料来源：邓国胜、辛华，《美国志愿服务的制度设计及启示》，《社会科学辑刊》2017年第1期。

党的十八大以来，我国在完善与环保志愿服务相关的法律制度方面取得了长足进步。在志愿服务方面，2017年12月开始施行的《志愿服务条例》使中国志愿服务有了可以遵循的法律条文和行动依据。在环境保护方面，2014年4月，十二届全国人大常委会第八次会议表决通过的《中华人民共和国环境保护法》（修订案）首次将“信息公开和公众参与”列为单独一章，对公众参与环境保护的权利、义务及形式等做了详细说明。2017年，环境保护部、民政部联合印发的《关于加强对环保社会组织引导发展和规范管理的指导意见》旨在加大对环保社会组织的扶持力度和规范管理，进一步发挥环

① 邓国胜、辛华：《美国志愿服务的制度设计及启示》，《社会科学辑刊》2017年第1期。

保社会组织的号召力和影响力，推动形成多元共治的环境治理格局。但是在环保志愿服务方面，仍没有出台专门的环保志愿服务法律或政策文件，需要进一步对环保志愿服务组织和环保志愿者给予法律和制度保障。

尤其值得关注的是环保组织在参与环境民事公益诉讼方面的进展。2012年修正的《中华人民共和国民事诉讼法》首次规定了环境民事公益诉讼制度。2015年1月施行的《中华人民共和国环境保护法》（以下简称《环境保护法》）对提起公益诉讼的社会组织主体资格正式做出规定，环境公益诉讼在我国开始发展。[①] 2015年1月，《最高人民法院关于审理环境民事公益诉讼案件适用法律若干问题的解释》细化了《环境保护法》规定的有权提起环境民事公益诉讼的社会组织判断标准，社会组织主体资格更加明晰。截至2018年9月，提起环境公益诉讼的社会组织有22家，[②] 数量并不多。原因是虽然在立法上原告资格的规定取得了一定突破，但相关法律和司法解释对环境民事公益诉讼的适格原告范围的限定还是过于严格，导致在法律实践中困难重重，包括举证责任不明确、社会组织作为原告承担巨额资金压力，以及调解、和解规定过于宽泛等。[③] 以上困境仍需加以研究并从制度设计方面予以突破。

从地方法律及政策方面来看，1999年9月开始实施的《广东省青年志愿服务条例》是我国首部关于青年志愿服务的地方性法规。2005年7月正式实施的《深圳市义工服务条例》则是全国首部全方位规范志愿服务的地方性法规。目前，深圳拥有《深圳市义工服务条例》和13项注册志愿者管理规章制度，但是与深圳志愿服务发展的长远要求相比，还远远不够。加强志愿服务制度化建设、推动环保志愿服务发展，深圳首先需要继续完善专项配套政策，探索志愿服务制度化的“深圳标准”；其次要完善出台环保行业配套政策。据德勤发布的《2020年环保行业白皮书》，环保行业作为一个产业逐渐成形，环保企业已逐步迈入集团化形态，未来的一个新趋势是从细分

① 江必新：《中国环境公益诉讼的实践发展及制度完善》，《法律适用》2019年第1期。

② 江必新：《中国环境公益诉讼的实践发展及制度完善》，《法律适用》2019年第1期。

③ 高丹：《社会组织提起环境民事公益诉讼研究》，硕士学位论文，南京大学，2018。

领域的专业治理向环保问题的系统化或综合化解决方案转换。《2020 年环保行业白皮书》也提到，共建“一带一路”国家大多为化石能源消费国家，环保问题较为突出，存在着大量环境治理需求。[①] 深圳“志愿者之城”3.0 建设既要发挥共青团深圳市委和深圳市义工联的统筹、协调作用，也应当充分发挥环保主管部门的作用，顺应环保行业发展趋势，出台环保行业促进志愿服务的配套政策以及鼓励环保志愿服务“走出去”的政策，还要继续鼓励各基层政府单位结合实际，出台促进环保志愿服务的政策。

虽然志愿者参加志愿服务活动并不是为了获取金钱和利益，但志愿者激励机制和保障措施对于鼓舞志愿者的士气发挥着积极作用。在美国，志愿精神遍布社会生活的方方面面，这与美国社会各活动主体对于志愿服务的广泛鼓励和对志愿服务全过程的持续激励密不可分。以美国国家公园志愿服务为例，其奖励机制分为三个类别：一是国家公园奖励，二是联邦政府奖励，三是高校奖励。美国国家公园管理局设立了乔治和海伦·哈佐格杰出志愿服务奖，以表彰优秀志愿服务个人和团队并向他们颁发奖金，同时，还会通过举办庆祝会、表彰会、野餐聚会、发邮件致谢、赠送礼品和公园免费通行证等多种方式奖励和激励志愿者。美国联邦政府从国家层面设立了针对所有志愿者和不同年龄群体的丰富奖励，同时给予其企业税收优惠，以认可他们所做的贡献，并极大地激励了其参与的热情。同时，美国高校通过设立奖学金、优先录取、作为毕业必备条件等方式鼓励和激励学生积极投身志愿服务，不断壮大志愿者队伍。[②]

深圳可借鉴国际先进经验，丰富和完善志愿服务的激励机制和保障措施。一是进一步完善政府和公共机构的激励机制和保障措施，进一步完善深圳已形成的志愿服务时数记录、星级志愿者认定、百优志愿者评选等激励体

① 德勤管理咨询、德勤研究和德勤中国能源、资源及工业行业：《2020 年环保行业白皮书》，生态环保大数据服务平台微信公众号，2020 年 9 月 15 日。

② 詹晨、李丽娟、张玉钧：《美国国家公园志愿服务管理经验及其对我国的启示》，《世界林业研究》2020 年第 4 期，https: //doi. org/10. 13348/j. cnki. sjlyyj. 2020. 0045. y，最后访问日期：2020 年 10 月 15 日。

系，探索志愿服务时间与升学、就业、晋升、养老相联系的激励政策，简化政府购买志愿服务项目手续，加大对志愿服务组织、项目的经费支持力度。二是探索志愿者社区回馈机制。如继续探索推广“环保银行”项目，完善环保币的兑换和使用规则。三是鼓励志愿者使用单位配套保障措施，如为志愿者购买保险、发放交通补贴、就餐补贴、免费体检等。四是鼓励有条件的企业为员工安排志愿服务带薪假，鼓励更多企业员工加入志愿者行列。如在美国 Timberland 公司，全职美国员工每年可获得 40 小时的带薪假来参与社会服务，截至 2020 年，该公司员工已在全球提供超过 150 万小时的志愿服务。[①] 员工志愿服务带薪假是企业履行社会责任的一种方式，它也将为企业带来不可比拟的吸引力。

（三）全力打造环保志愿服务品牌

在深圳市环保志愿服务领域，诞生了许多耳熟能详的志愿服务品牌，如海洋保护领域的“深圳国际海洋清洁日”“国际儿童海洋节”“增殖放流”“蓝色讲师”，城市生活垃圾分类方面的“蒲公英计划”及其子品牌如“蒲公英讲师”“蒲公英教师”等。环保志愿服务品牌对于传播环保志愿文化、激励环保志愿精神、吸引热心环保人士加入以及塑造环保城市形象等方面具有积极意义。深圳应将全力打造环保志愿服务品牌作为深圳环保志愿服务制度化和规范化发展的重要内容。一是加强环保志愿服务组织诚信建设，通过信息公开、接受监督等提高环保志愿服务组织的公信力和美誉度，打造环保志愿服务组织品牌。二是打造系列环保志愿服务项目品牌，作为城市名片开展国内外交流与合作，并借助“一带一路”枢纽城市的打造，通过“走出去”“引进来”相结合，进行国际传播，如举办“一带一路”环保志愿服务高峰论坛等。三是提升环保志愿服务组织品牌建设与传播能力，如举办提升环保志愿服务组织传播能力的训练营。四是宣传

① Timberland 官方网站，https：//www. timberland. com/responsibility/community. html，最后访问日期：2020 年 8 月 20 日。

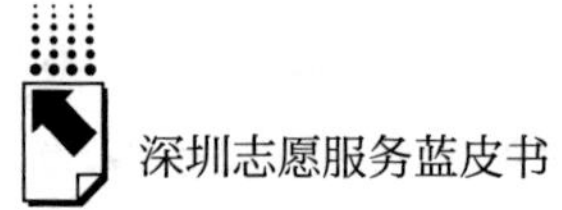

志愿服务理念，弘扬志愿服务精神，培育志愿服务文化，丰富城市人文精神，让“志愿服务成为深圳人民的精神时尚”。

（四）逐步推广环保志愿服务参与社会治理模式

志愿服务尤其是专业志愿服务能有效动员社会力量参与社会治理并推动城市可持续发展，成为营造共建共治共享社会治理格局的重要渠道。

深圳以参与水污染防治攻坚战为试点，初步探索出专业志愿服务参与社会治理的模式。[①] 一是对于深圳志愿河长制的探索，由 2017 年初的宣传呼吁转向纵深参与河流污染防治全过程，最终实现全流域介入、全过程参与、全社会共识。二是深圳志愿河长制探索实现裂变，由最初的志愿者河长、志愿者河长 U 站裂变为：创立志愿者河长论坛、发起志愿者河长联盟、成立志愿者河长学院、注册志愿者河长联合会、设立志愿者河长基金，形成个人、组织、载体、资金全链条参与水污染治理的社会参与模式。

深圳将这一经验做法总结为“推动社会参与、实施专业参与、实现全过程参与、形成复制推广模式”，并通过制度设计和实践推广，在城市食品药品安全、垃圾分类处理、公共安全领域进行有益探索，不断打造更多专业志愿服务参与社会治理的可复制、可推广样本，为全国志愿服务贡献深圳经验。

---

① 方琳：《深圳以专业志愿服务参与社会治理的探索和实践》，载方琳主编《深圳义工改革发展实录》（第一辑），社会科学文献出版社，2020。

B.10

协同治理：深圳公共安全志愿服务

林莲英　洪 刚*

摘　要： 以“自愿、无偿、奉献”为精神的志愿服务创新了社会服务供给方式，在构建和谐社会及创新基层社会治理中扮演了有效的“社会协同”角色，发挥了不可替代的协同治理作用。本报告主要围绕志愿服务组织参与公共安全社会治理，以公共管理领域的协同治理理论为视角，选取深圳市公共安全义工联合会、深圳市人民医院志愿服务队、深圳市红十字会无偿献血志愿服务队及深圳市食品药品安全志愿服务总队为研究对象，对志愿服务组织参与社会治理的运作过程和机制进行分析。本报告发现，深圳市公共安全志愿服务在协同治理模式下创新优化并推动了政府的服务职能，各志愿服务组织在不同领域的多元实践推动了公共安全服务网络的建设，从急救安全、医疗安全再到食品安全，实现了志愿服务内容的精细化和专业化发展，同时，高度践行志愿服务理念的实践更是推动了深圳市公共安全服务体系的可持续发展。

关键词： 公共安全　志愿服务　协同治理

---

* 林莲英，社工师、二级心理咨询师，深圳市龙岗区春暖社工服务中心初级督导；洪刚，社工师，深圳市龙岗区春暖社工服务中心初级督导。

一　深圳市公共安全志愿服务的缘起

当前我国社会结构正在发生深刻变化，社会风险集聚，社会矛盾多发，迫切需要实现社会治理转型。党的十九大报告明确提出“打造共建共治共享的社会治理格局”，这是国家从顶层设计上为社会治理机制创新和体系完善指明了方向。“共建共治共享”格局的形成，需要调动广泛的社会力量共同参与。而协同治理是从“协同”概念和“治理”的视角，在多元主体联合下，以集体合作的模式，推进公共事务的管理，最终实现公共福祉增进的过程。这意味着以往以政府部门为单一主体的管理模式发生了本质性的变化，管理型政府在向服务型政府转变的过程中，市场主体、社会组织和社会大众都可以参与社会公共事务的管理，多元主体能够进行多层次和深层次的协作。这种模式可以充分发挥各个要素的资源，实现“1 +1 >2”的治理效果，促进社会公共利益的最大化。

1989 年，一部热线电话提供的服务开启了深圳市志愿服务的发展之路。30 多年来，深圳志愿服务发展迅速，并在常态化、社会化、专业化、制度化、专项化等方面走在全国前列。深圳志愿服务的内容几乎涵盖社会领域的所有方面，近年来，随着经济社会的快速发展和城市化进程的不断推进，社会各类风险日益累积、日趋复杂，城市公共安全不断面临新的挑战。社会公共安全需求催生了一些志愿服务组织，它们通过发挥自身优势参与公共安全保障，有效弥补了公共服务的不足，提升了公共安全供给的有效性。

公共安全包括自然灾害、事故灾难、公共卫生事件和社会安全事件。在落实公共安全责任中，2013 年发布的《深圳市公共安全白皮书》明确提出了社会协同责任，提出了“探索建立覆盖各类公共安全管理事务的指标体系，整合现有各种安全小区的创建工作，调动社区各方资源，引导企事业单位和广大居民共同参与社区建设，培育安全文化，提供基层社区防御和应对风险能力”的要求。[①]

① 《深圳市公共安全白皮书》，深圳市人民政府，2013 年 11 月 19 日。

这为公共安全志愿服务的协同参与提供了重要的指引。深圳市公共安全志愿服务作为社会力量协同参与到公共安全体系中，发挥了不可或缺的作用。

二　深圳市公共安全志愿服务参与社会治理典型案例

（一）全为安全：深圳市公共安全义工联的实践模式[①]

1. 基于协同治理的运作过程

（1）组织架构

深圳市公共安全义工联合会（以下简称安全义工联）是以深圳市应急管理局为业务主管单位，共青团深圳市委为业务指导单位，由深圳市城市公共安全技术研究院联合深圳市东部公共交通有限公司等单位共同发起，由志愿为社会提供公共安全及职业健康宣传培训、应急救援与救护等服务的专业志愿者组成的社会团体，于2019年9月注册。

安全义工联成立于深圳，但面向全国，组织内设立执行机构和管理机构等（见图1）。

（2）组织运作模式

目前，安全义工联有专职工作人员3人，基于组织的宗旨和功能实现的最大化，安全义工联采取的运作模式是通过和具备一定体系的组织合作（如饿了么、美团、平安公司等），以赋能形式，打造服务的样板，实现更大范围的覆盖。通过这些合作组织，安全义工联聚焦以下两类人群的赋能，第一类是能够提供社会服务的最广泛的人群，如快递小哥、外卖小哥、物业保安等，通过培训，使他们具备公共安全的意识、知识和技能，从而去影响他们身边更多的人。第二类为需重点关注的人群，如企业里风险较高的从业人员和建筑工人，需先实现这些人群的赋能，再去推动全民

① 感谢深圳市公共安全义工联杨明川秘书长对本报告写作的大力支持。如无特殊说明，该部分数据来源于案例访谈。

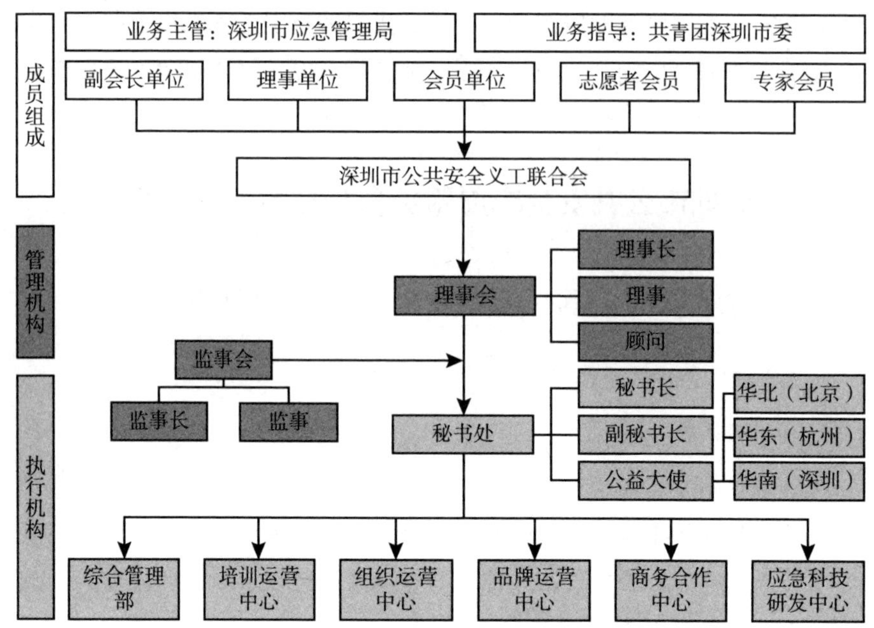

图1　深圳市公共安全义工联合会组织架构

公共安全的教育。通过组织的定位和示范、打造成案例，实现服务逐渐覆盖全社会。

对于合作的组织而言，通过公共安全教育和培训，既能够实现员工的自我安全应对，降低员工的安全风险，又能将安全技能运用到工作场域和环境中。同时，在组织的安全生产和参与保障社会公共安全方面还可实现双赢的效应。

（3）组织服务内容

构建社会急救体系引领全民参与：总结国内外急救体系构建经验，集合应急、卫生健康、志愿服务等领域专家意见和建议，整合品牌企业、社会机构等行业资源，深化技术革新与模式创新，坚持全民参与理念，探索与实践社会急救体系构建。

构建社会公众急救互助体系：开展各项应急安全教育与技能培训，助力社会力量参与公共安全治理，使全民互助互救成为社会常态。

推动科技助力公共安全社会化治理：运用现代科技手段，围绕城市公共安全应急管理建设，完善公共安全的应急救护设备，推动应急救援资源信息系统开发，打造社会力量协同治理的综合应急管理平台，建设公共安全发展的系统工程。

2. 基于协同治理的社会治理特点

（1）注重以人为本的赋能培训方式

安全义工联通过专业培训、助力志愿者增能的方式，积极探索实践“安全义工联赋能分中心”模式。在交通、社区、校园、公园、工地等领域打造公共安全软实力提升样板工程，通过专业培训、社群化服务、互联网运营、社会氛围营造，打造专业化志愿者社群，提升社会公众安全知识与技能，志愿者们变身“安全协管员”、“安全网格员”、“安全宣导员”、“安全监管员”、“紧急救护员”和“应急救援员”，培养了包括公交司机、教师、企业员工、社区居民等在内的近2万余名具备公交突发事件处理能力、交通安全知识和急救技能以及社区公共安全识别和应对的公共安全队伍（含公共安全员和公共安全讲师）。同时，安全义工联通过联合深圳市义工联共建“安全义工学院”，在全市建立多个培训基地，开展常态化志愿者的培训增能工作及社区公共安全普及服务，增强全民公共安全的意识和加强对公共安全知识和技能的掌握。

（2）加强应急基础设施建设

安全义工联通过设立“深圳市志愿服务基金会·深圳市城市公共安全公益专项基金”，资助公共安全领域的公益组织及活动，创新合作模式，首推“安心场所”建设，助力救护设备、应急物资、应急器材普及化和标准化配置，建立人与基础设施落实到位、人与资源一体化、线上线下高度融合的公共安全支持平台，目前已在全市投放AED（自动体外除颤器）等设备130台，建立公共安全主题U站1个，总价值302万元。[①]

① 访谈时深圳市安全义工联提供。

(3) 提升应急的科技智能手段

安全义工联研发了城市应急志愿者响应调度系统、应急物资与民防场所管理系统及规模集群活动应急指挥系统，通过配合智能头盔、救援背包等专业设备，实现了现场紧急一键呼救、安全志愿者就近响应救援、值班中心联动 120 的三级联动机制，为救灾抢险提供专业支持，实现了规模集群活动管理、应急物资管理与设备维护的功能。以科技化手段，推动公共安全的快速响应，构建科技赋能的公共安全共建共治共享体系。

(4) 打造安全的文化营造工作

安全义工联通过开展各类创新实践活动，如全国首个公共安全主题马拉松、“志愿之城 · 为爱同行”滔搏公益城市定向（深圳站）、开展街道和社区安全生产月系列宣传活动、推动企业安全文化建设示范项目等，倡导安全文化和营造安全氛围。其秉持从“全为生命”到“全为安全”的理念，致力于推动全民的公共安全意识增强以及对安全知识和技能的掌握。

（二）全程服务：深圳市人民医院志愿服务实践模式①

1. 基于协同治理的运作过程

(1) 组织架构

深圳市人民医院志愿服务始于 2002 年深圳市人民医院宁养院与深圳市义工联关爱探访组联合开展的临终患者探访工作。2016 年 3 月，深圳市人民医院健康 U 站正式开站，标志着深圳市人民医院志愿服务队的正式成立。随后，志愿服务队伍逐步壮大，2017 年 1 月启动了党团先锋医护志愿服务项目。2018 年 7 月，深圳市人民医院一门诊设立健康 U 站分站，同年 10 月，龙华分院设立分院健康 U 站，至此，深圳市人民医院实现了一院三地志愿服务的全覆盖。该院志愿服务由医院团委主管，下设志愿服务工作部和健康 U 站，由社工部来负责全院志愿服务工作的具体执行。具体架构如图 2 所示。

---

① 感谢深圳市卫健委、深圳市人民医院对本报告写作的大力支持。如无特殊说明，该部分数据来源于案例访谈。

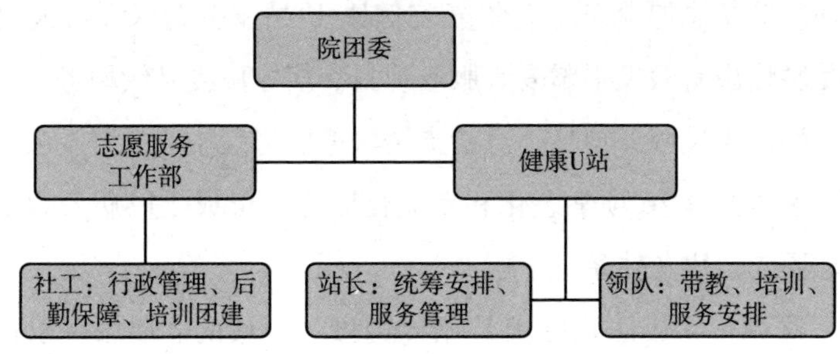

图2　深圳市人民医院志愿服务队组织架构

（2）组织运作模式

为推动深圳市人民医院志愿服务深入发展，该院创新“书记项目”——党团先锋志愿服务项目，带动了医疗服务质量的提升。党委书记“亲自抓”，党群办公室、团委“协同管”，设立志愿服务工作部负责志愿者的服务与管理工作，包括制订计划、招募、培训、服务、评价、激励、信息收集等，统筹协调、组织开展“党团先锋志愿服务项目”活动，搭建志愿服务积分平台，整合医院人力资源，落实服务后勤保障措施，以党、团支部为单位设立志愿服务工作小组，负责党支部、团支部志愿者队伍建设、服务项目实施，特色项目创建等。

健康U站志愿服务以领队负责制开展服务，志愿者服务部负责后勤保障、培训、团建、激励表彰；U站站长/队长负责招募、协调；领队负责日常管理，包括服务早会、总结、签到、签退、宣传、沟通、服务质量管理。

在协同各方志愿力量方面，深圳市人民医院志愿服务队主要是根据该院志愿服务的内容而与其他志愿力量产生连接，包括与院本部的医护志愿力量、深圳市义工联及街道义工联合作。各方志愿力量基于对医疗系统志愿服务的选择及服务范畴开展长期合作。

（3）组织服务内容

深圳市人民医院志愿服务队自2016年成立以来，陆续开展多项志愿服务，内容涵盖从院内至院外的服务，包括深圳市人民医院健康U站、急诊志愿服务、ICU志愿服务、抽血室志愿服务、文明乘梯项目、一门诊健康U

站服务、环境监督志愿服务，龙华分院健康 U 站服务，深圳市人民医院美丽计划关爱肿瘤患者假发捐赠爱心服务项目、居家康复延续服务、门诊助医服务项目、病房支援服务项目、急诊支援服务、舒缓中心、肾友公益服务项目、狮爱之家等共计 16 项常态化和专业化服务，形成了以病人为中心的全程式医疗志愿支援服务体系。

其中，深圳市人民医院健康 U 站即门诊、急诊的志愿服务以提供自助机挂号及打印报告、就医流程指引、就医便民咨询服务及协助老弱病残孕等特殊患者就诊为主；特殊群体的服务以肿瘤和肾友患者的关爱为主，包括假发捐赠爱心服务、关爱舒缓服务、病友俱乐部等；医护志愿服务以延续志愿服务及义诊宣教为主，延续志愿服务是指医疗团队为有医疗护理需求的患者提供出院后、门诊后的医疗护理、康复促进、健康指导、疾病咨询等延伸服务。

2. 基于协同治理的社会治理特点

（1）志愿服务的广泛覆盖

自 2006 年以来，这些志愿服务项目累计吸引 9705 名社会志愿者提供了 38457 小时的志愿服务，1364 名医护人员提供了 4431.5 小时的专业医疗志愿服务，推动志愿服务在医院遍地开花，实现了从社会志愿者到医护志愿者的转变，以及从门诊志愿服务到病房志愿服务的全覆盖。此外，该院健康 U 站连续三年获得深圳市“最受欢迎特色 U 站”、罗湖区“十佳志愿服务项目”、深圳市“十佳特色 U 站”荣誉称号。

（2）志愿服务推动了医院人文关怀建设

该院多元化、常态化、专业化的志愿服务，提升了患者的就医体验，在一定程度上减少了一些患者的经济负担，经常有一些患者赠送锦旗或写感谢信表达谢意。2018 年，深圳市人民医院住院患者满意度达 91.11%，延续服务患者满意度达 100%。与此同时，随着志愿服务规模的逐渐扩大和服务内容的逐渐增多，志愿服务精神也在不断潜移默化地影响医院的医护人员，营造了院内职工乐于奉献的文化氛围。

(3) 志愿服务提高了医疗资源的周转率及降低了医疗投入成本

该院通过组建 22 支医疗志愿服务队，针对新生儿、产妇、肿瘤患者、神经内科患者以及老年科患者等群体开展居家护理志愿延续服务，提高了医疗资源的使用效率，使患者的就医过程更加便捷，降低了患者就医的医疗成本，同时提高了医院住院病床和设施资源的周转率。以产科为例，延续服务是在产妇出院后而开展的，将新生儿筛查、黄疸监测、妇婴护理、母乳喂养指导等产后护理延伸到家庭，使出院提前至产后 24~48 小时，以每名产妇平均每天费用 1000 元估算，每月延续服务近百人，仅此项服务即可节约医疗费用约 10 万元，一年可节省费用约 120 万元；依此类推，该院 22 支延续志愿服务队服务的开展，将大大节省医疗费用。

（三）全心动员：深圳市红十字会无偿献血志愿服务实践模式①

1. 基于协同治理的运作过程

(1) 组织架构

深圳市红十字会志愿者无偿献血服务队（以下简称“捐血服务队”）成立于 2000 年 5 月 9 日，是我国成立最早并专注于推动无偿献血事业发展的志愿服务团体，其服务宗旨是提倡和发扬红十字人道主义精神，开展无偿献血宣传、招募和志愿服务，倡导健康生活方式、传播文明、促进社会和谐进步。

捐血服务队由深圳市红十字会领导，具体工作由深圳市血液中心协调。捐血服务队设立 1 名队长，由深圳市红十字会直接任命，目前是深圳市血液中心的书记兼任服务队队长。在队长的带领下，捐血服务队根据区域分队和功能分队业务的开展，再设置队长和副队长的职务。

(2) 组织运作模式

为优化组织架构，捐血服务队按照深圳市政府划分的区域设定区域分

① 感谢深圳市卫健委、深圳市血液中心对本报告写作的大力支持。如无特殊说明，该部分数据来源于案例访谈。

队，按照特殊服务群体设定功能分队。目前服务队共有6个区域分队（包括罗湖、福田、南山、盐田、龙岗和宝安）和3个功能分队（包括培训分队、Rh联谊分队、造干捐献服务分队），每个分队设立1名队长和1~2名副队长。区域分队根据捐血点的设置，在每个捐血点每天安排1~2名值日长，值日长人选由区域分队的队长和副队长推荐，并报给捐血服务队办公室备案。从三级机构中优化组织架构，突出分队管理的优势。其中，捐血服务队办公室主要是负责服务队的协调、服务和后勤保障工作，更多的志愿服务日常工作安排和管理由区域分队队长及副队长完成，既有分工又有合作的管理模式更加提高了他们工作的积极性。

此外，捐血服务队修改和出台了相关管理制度12个，从行为规范、表彰标准、会议、服务区位划分、设立值日长、工时管理等方面对志愿者进行规范化管理，形成了制度化管理的模式，实现了组织的常态化、制度化运作。捐血服务队成立20年来，始终坚持WHO对无偿献血“自愿、无偿、利他”的价值观和原则，在启动无偿献血之初就有意识地培育捐血救人、奉献爱心的理念，在志愿服务管理中没有任何形式的经济补助，只有精神激励，深刻地贯彻无偿献血的宗旨。

（3）组织服务内容

捐血服务队的主要工作是开展无偿献血宣传，鼓励、动员市民无偿献血、献血小板和造血干细胞。目前，捐血服务队已经注册的志愿者有将近3000人；每年活跃（活跃的志愿者是指一年内参加服务至少在30个小时以上）的志愿者为700~800人，全市共有15个献血服务点，服务点每天开放，志愿者在服务点一方面开展无偿献血服务宣传，另一方面通过引导、维持秩序为献血者提供服务。

2. 基于协同治理的社会治理特点

（1）组建以献血者为主的“同路人”志愿服务

捐血服务队充分发挥志愿者的身份优势，以现身说法的方式参与血液科学和与无偿献血相关的政策法规知识、科学常识宣教和无偿献血者招募、保留、召回和捐献陪伴等志愿服务活动，推动无偿献血活动健康持续发展。志愿者们不仅是固定的献血者，还发挥自身是献血者的优势，在献血站点附近的街头举牌宣传招募、鼓励符合条件的爱心人士成为献血者，鼓励重复献血者成为机采血小板献血者、固定献血者和造血干细胞志愿捐献者。志愿者以“同路人”角色带动更多市民参与无偿献血事业的做法，取得了良好的效果。

(2) 恪守“自愿、无偿”的志愿服务理念

捐血志愿服务队 20 年来严格恪守志愿服务的“自愿、无偿”发展理念，并坚信志愿服务的原动力是志愿者的社会责任、志愿服务精神、志趣和信念。因此，捐血服务队在遵循“自愿、无偿”的基础上，不断完善服务队的管理制度，严格按照所制定的制度开展日常管理工作，周密策划、组织各种志愿服务活动及表彰活动，坚持公正、公平、透明、公开的管理原则，对所有志愿者一视同仁。捐血服务队的所有成员在参与志愿服务时没有任何形式的经济补助或物质刺激，虽然也因此曾影响了志愿团队的稳定性，但其始终严格秉承和恪守志愿服务理念，从而确保了捐血志愿服务能够长期保持志愿者队伍的纯粹性和志愿服务社会的初心以及稳定的运作模式。

（四）全力保障：深圳市食品药品安全志愿服务实践模式①

1. 基于协同治理的运作过程

(1) 组织架构

深圳市食品药品安全志愿服务总队（以下简称“食药安全志愿服务总队”）于 2017 年 5 月，由深圳市市场监督管理局、共青团深圳市委、深圳市教育局联合组建成立。该志愿队伍的成立初衷是全面提升深圳市食品药品安全治理能力，构建完善食品药品安全社会共治格局。食药安全志愿服务总队成立 3 年来，坚持以制度建设为引领，队伍和服务两手抓，深入推动食品

① 感谢深圳市食品药品安全志愿服务总队吴涌涛总干事对本报告写作的大力支持。如无特殊说明，该部分数据来源于案例访谈。

药品安全志愿者参与社会共治改革。目前打造了以总队为核心，以各区分队为分支，以专业团体分队为补充的组织架构体系（见图3），同时，建立了市、区、街道、社区四级组织管理架构。目前，食药安全志愿服务总队下设11支区分队。按照志愿者年龄和职业划分，组建大学生分队、少年儿童分队以及星巴克、凯吉星、乐凯撒等10支企业团体分队，目前共有24支分队，近12000名实名注册志愿者。设有秘书处、活动部、品牌宣传部、志愿者管理部、外联部、培训部等部门，在志愿者队伍中择优招募具有一定工作经验和奉献精神的志愿者担任部门负责人和工作人员，实现了“让志愿者管理志愿者”。2019年，“食药志愿者参与社会共治改革”项目被纳入深圳市委深化社会治理体制改革领域重大改革任务，这充分肯定了该志愿服务队伍在深圳市社会治理创新改革中的重要示范作用。

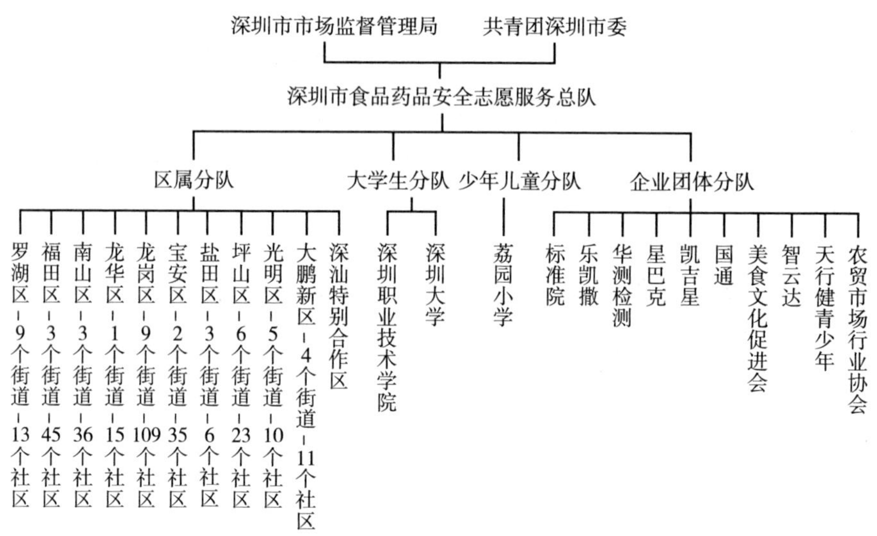

图3 深圳市食品药品安全志愿服务总队组织架构

（2）组织运作模式

食药安全志愿服务总队直接隶属于深圳市食品药品安全委员会办公室，由深圳市市场监督管理局指导。食药安全志愿服务总队每年根据市场监督管理局下达的食品药品安全要求制订具体的年度工作计划。目前，共有全职工作人员 12 人，他们分别负责志愿服务活动策划、品牌宣传、志愿者管理、业务培训等。总队根据年度战略和计划策划具体的项目、活动，然后交由各个区分队、企业团体分队、大学生分队等分队进行具体实施。在此过程中，食药安全志愿服务总队还对志愿者、业务培训、资源整合、宣传推广等进行统筹管理。与此同时，各区分队、企业团体分队等队伍也可以自主开展与食品药品安全相关的志愿服务活动，食药安全志愿服务总队会根据情况给予不同程度的支持。

(3) 组织服务内容

食药安全志愿服务总队成立 3 年来，一直围绕培训赋能、宣传科普、志愿活动、社会监督四个方向全面开展志愿服务。

培训赋能：组织各类食品药品知识培训以及食品药品安全志愿者岗前培训，提供各种参与食品药品安全生产、质量检测、抽检等活动体验，提升食药安全志愿者的专业服务能力。

宣传科普：组织实施各类食品药品安全宣传与科普教育，提升广大市民食药安全的基本素养，增强市民的食药安全意识，提升广大市民对食药安全的重视程度。

志愿活动：组织策划实施各类食药安全志愿服务活动。

社会监督：监督举报食品药品安全违法行为，对食品药品消费进行监督，收集市民对食品药品安全工作的意见和建议。

2. 基于协同治理的社会治理特点

(1) 打造了一支“专业立基，以民为本，立法先行，管理规范”的食品药品安全志愿服务队伍

一是建构合理的组织架构。食药安全志愿服务总队建构了以市服务总队为核心，以各区分队为分支，以专业团体分队为补充的组织架构体系，同时建立市、区、街道、社区四级组织管理架构。二是打造志愿者信息管理平台，探索“互联网 + 志愿服务”模式，开发了“深圳食药安全志愿者”微信小程序及网站平台，搭载线上注册、信息发布、服务计时、积分管理等功能，并与深圳市义工联平台实现数据对接。三是打造

食品药品安全志愿服务阵地。在政府的有力支持下，食药安全志愿服务总队在深圳市 10 个行政区都分别打造了 1 个食品药品安全志愿服务 U 站，实现了“一区一 U 站”，充分发挥了“1 +1 >2”的阵地作用，为市民提供食品药品咨询，提供意见收集、沟通交流等服务。2020 年 1 月，食药安全志愿服务总队还在深圳市坪山区建设了首个移动食品药品安全志愿服务 U 站。

（2）常态化开展食品药品安全社会监督，提升全市食品药品安全质量

一是实施“社会监督 + 配合执法”的专业参与工作模式。食药安全志愿服务总队鼓励有经验、有能力的志愿者成为食品安全督导员、餐饮巡查员等，有效参与食品药品安全监管，开展有针对性的暗访或社会监督，现已累计提供各类食品安全隐患或违法线索 1000 余条。二是关注民生焦点问题。针对社会上普遍关注的校园周边食品安全问题，试点开展校园食品安全监督行动，对校园周边 200 米范围内的餐饮、流动摊贩的食品安全进行监测，并与学校辖区的市场监管部门建立联动机制，实时提供违法线索，截至目前，已提供校园周边食品安全线索 219 宗。三是助力全国文明城市创建，开展农贸市场监督检查。农贸市场是展示一个城市综合文明程度的重要窗口。志愿者们在接受专业培训后，分赴全市农贸市场点位，对照文明城市农贸市场实地考察测评要求，对市场内经营户的营业执照、食品安全等 23 项指标逐项进行暗访测评，及时将发现的问题上报至相关部门，定期回访整改情况。

（3）疫情防控期间守住食品安全底线，助力防疫抗疫

一是开展菜篮子志愿服务。疫情防控期间，食药安全志愿服务总队及时响应“菜篮子”志愿服务召集令，组织志愿者们进驻各大商超开展消毒卫生、补货上架、体温测量、秩序引导等工作，向市民宣传政府相关防控政策以及物资供应保障措施，在防控疫情特殊时期及时注入了“红马甲”志愿者的正能量，助力全市肉、菜、水果等生活必需品平稳有序供应。春节期间，志愿者们深入 462 家商超开展志愿服务 3751 次，驻点 29 个交通枢纽开展“菜篮子”保供应志愿服务 2937 次。二是首推食品经营许可证视频审查志愿服务。为方便商户申请食品经营许可证，食药志愿者引导商户在申请食

品经营许可证时选择使用“视频审查”功能，申请人可足不出户提交业务申请，审批时间也从8个工作日缩短至4个工作日，大大提高了办证效率，为深圳复工复产贡献了力量。三是助力学校有序复学，守卫校园食品安全。深圳市各级各类学校学生返校前，志愿者对校园周边餐饮门店及食品销售单位实行了全覆盖的食品安全隐患排查。四是实施“校园安心午餐保障”计划。为避免人员聚集用餐风险，留校学生由食堂用餐改为校方统一组织配餐到班。食药安全志愿服务总队组织志愿者开展“校园安心午餐保障”志愿服务，缓解了老师和食堂人员送餐的压力，助力了校园疫情防控工作。

三　深圳市公共安全志愿服务的经验

（一）注重打造以软实力为主的志愿服务培训体系

志愿服务强调以人为中心，通过志愿者去传播志愿理念，践行志愿服务，推动社会发展。因此，志愿者的培养是一切志愿服务组织的重要工作。由以上四个公共安全志愿服务领域的案例可以看出，深圳市公共安全志愿服务注重打造以志愿者为本的、强调以软实力为主的志愿服务培训体系。通过严格而全面的专业培训，强调以志愿服务精神和理念为指导、以公共安全和服务意识为先行、以志愿服务能力提升为主导的志愿服务内容设计；同时，采取灵活多变的培训方式，通过线下+线上相结合，专业培训、社群化服务、互联网运营、社会氛围营造等方式，打造专业化志愿者社群，让志愿服务队伍规模和培训范围产生裂变效应，最大范围地调动志愿培训力量，推动志愿服务培训的体系化建设。

（二）打造高度开放的志愿服务参与系统

参与系统亦是一个准入机制的问题，志愿者能积极、平等、自愿地参与到公共安全服务中，并在服务中产生个人价值和社会价值，有赖于一个高度开放的参与系统。深圳市公共安全志愿服务的多元和向精专领域发展，得益于其秉承高度开放的参与理念和系统，一方面，志愿服务强调人人都是志愿者；另一方面，公共安全问题涉及千家万户和每个人的切身利益，唯有全民动员和参与，才能共享社会的安定和发展成果。深圳市公共安全志愿服务组织通过“志愿深圳”信息平台、自身组织平台、开发的小程序、线下服务、定向单位合作、社区网络铺设等方式，实现了志愿服务登记，志愿者注册、培训、联网，应急响应联动等服务在更大范围的覆盖。

（三）健全志愿服务的法律与政策支持

深圳是全国志愿服务的发源地之一，是名副其实的“志愿者之城”。为了推动志愿服务的发展，2005 年，深圳市颁布了《深圳市义工服务条例》，让志愿服务事业有了制度保证。同时，也鼓励各个志愿服务组织、团体根据需要建立相应的管理制度。综观以上四个公共安全志愿服务案例，不难发现，四个志愿服务组织都从招募、培训、服务开展、激励、退出等方面建有完善的管理制度。例如食药安全志愿服务总队制定了《深圳市食品药品安全志愿服务管理办法》。有些志愿服务组织甚至有了相关的法律支持。深圳市于 2018 年 5 月实施的《深圳经济特区食品安全监督条例》，明确赋予志愿者社会监督职责，鼓励和支持志愿者开展宣传教育、违法举报和对食品安全工作提出建议，为志愿者提供了法制保障。

（四）稳定志愿服务资金的投入机制

长期稳定的资金资源支持体系对志愿服务组织的服务开展有至关重要的影响。综观上述四个案例，这些志愿服务组织的资金或是依靠隶属政府单位的财政预算，或是通过发起单位的资助和向社会提供服务实现自我造血。以食药安全志愿服务总队为例，2019 年，其向深圳市市场监督管理局申请 300 万元经费，主要用于组织运作，包括活动经费、志愿者保障经费、总队专职工作人员的薪酬等。正是有了稳定的资金来源，志愿服务组织才能持续参与社会治理。

四　深圳市公共安全志愿服务协同社会治理的发展建议

（一）制度保障：推动建章立法，保障公共安全志愿者的合法权益

公共安全志愿者在志愿服务工作中往往面临更多的潜在风险，为了切实避免公共安全志愿者受到人身伤害或各种侵权行为的发生，应当完善公共安全志愿者合法权益保障方面的法律内容。由于公共安全志愿者的服务内容、服务地点具有一定的安全风险，公共安全志愿服务组织及合作单位可以探索在基础人身意外保险之外，根据志愿服务活动性质，为志愿者办理额外保险。另外，应该有相关法律、规章，对志愿者参与社会公共安全服务提供法制保障，让公共安全志愿者参与公共安全服务有法可依、有章可循。

（二）人才保障：以专业志愿服务人才培养为本，以志愿服务组织建设为基础，充分发挥志愿服务参与公共安全的自身优势

公共安全领域的志愿服务相比一般领域对专业技能的要求更高，如何培养一支具有较高专业素养的公共安全志愿者队伍是一个任重道远的过程。可以借鉴相关地区的成功经验，吸纳社会上具有相关资质的企业、社会组织、热心公民参与到公共安全志愿者组织和队伍中，建立公共安全志愿者分类认证制度，培养志愿服务组织内部专业人才，提高志愿服务组织参与公共安全事件的处理能力。另外，公共安全志愿服务组织应该加强培训制度建设，规范培训的内容、时长以及考核方式等。同时，志愿服务组织内部的专业人才培养还应该包括志愿服务组织的管理人才、财务人才和后勤保障人才等，通过相应的专业培训来提高志愿服务组织内部管理能力、专业服务能力，推动志愿服务组织的健康发展。

（三）项目保障：根据时代特点，创新公共安全志愿服务项目，拓展志愿服务范围

科学技术的快速发展，深刻影响着人们的生活方式与社会环境，也使人们面对越来越多未知的公共安全隐患。为了防范新的公共安全危害，志愿服务组织要有因时代变化而变化的敏感性，防患于未然，创新公共安全志愿服务项目。在原有志愿服务的基础上，因需求变化而积极拓展服务范围，推陈出新。同时，紧密结合深圳市打造“志愿者之城”3.0的工作思路：以制度化、专业化为引领，推动志愿服务从提供社会服务向参与社会治理、凝聚社会共识跨越。在此背景下，积极创新志愿服务项目，努力推动深圳志愿服务事业始终保持在全国的领先地位。

（四）理念保障：以志愿服务理念为导向，营造良好的社会参与公共安全氛围

志愿服务是指任何人志愿贡献个人的时间、精力或智慧，在不为任何物质报酬的情况下，为改善社会、促进社会进步而提供的服务。志愿服务组织的发展理念决定着所招募的志愿者的动机与素质，决定着制度的制定，也决定着组织的发展方向。公共安全志愿服务组织应该以增强民众的参与意识、提升民众的参与能力为出发点，切实提升社会的参与力度与深度。公共安全事件事关每一个公民，无论何种公共安全事件，社会民众都是最直接的受害者，公共安全事件的解决关键在于自救与互救。要积极引导和发展各种社会力量，促进各类社会组织和公民个人在公共安全治理中的功能定位和责任担当，使其能够将意识层面的乐于参与转化为实践层面的能够参与。这一过程需要政府以及公共安全志愿服务组织等其他更多的社会力量一起参与，切实提升社会民众参与公共安全事件治理的意愿和能力。

（五）科技保障：注重信息科技手段在公共安全志愿服务中的运用

日本非常注重信息科技手段的运用及应急志愿主体间的信息合作。日本自阪神大地震后，格外重视危机信息网络的建设，并将其信息通信系统建设视为一项战略任务来部署和实施，其应急志愿信息网络已成为实现应急志愿信息共享和联动的有效平台。[①] 在科技广范围、深层次影响社会的当代，公共安全志愿服务网络的搭建，更需要借助现代化的科技手段，从而更好地推动公共安全的社会化治理。通过融合互联网、云计算、大数据、人工智能等前沿技术手段，聚集城市公共安全应急管理，完善社会应急救护设备，构建应急救援资源信息系统，搭建社会力量综合应急管理平台，共建公共安全生态圈系统工程。

① 毛凯英：《公共危机应急中的志愿者参与研究》，硕士学位论文，华东政法大学，2016。

附　　录

Appendices

B.11
志愿服务条例

中华人民共和国国务院令

第 685 号

《志愿服务条例》已经 2017 年 6 月 7 日国务院第 175 次常务会议通过，现予公布，自 2017 年 12 月 1 日起施行。

总　理　李克强

2017 年 8 月 22 日

第一章　总则

第一条　为了保障志愿者、志愿服务组织、志愿服务对象的合法权益，鼓励和规范志愿服务，发展志愿服务事业，培育和践行社会主义核心价值观，促进社会文明进步，制定本条例。

第二条 本条例适用于在中华人民共和国境内开展的志愿服务以及与志愿服务有关的活动。

本条例所称志愿服务，是指志愿者、志愿服务组织和其他组织自愿、无偿向社会或者他人提供的公益服务。

第三条 开展志愿服务，应当遵循自愿、无偿、平等、诚信、合法的原则，不得违背社会公德、损害社会公共利益和他人合法权益，不得危害国家安全。

第四条 县级以上人民政府应当将志愿服务事业纳入国民经济和社会发展规划，合理安排志愿服务所需资金，促进广覆盖、多层次、宽领域开展志愿服务。

第五条 国家和地方精神文明建设指导机构建立志愿服务工作协调机制，加强对志愿服务工作的统筹规划、协调指导、督促检查和经验推广。

国务院民政部门负责全国志愿服务行政管理工作；县级以上地方人民政府民政部门负责本行政区域内志愿服务行政管理工作。

县级以上人民政府有关部门按照各自职责，负责与志愿服务有关的工作。

工会、共产主义青年团、妇女联合会等有关人民团体和群众团体应当在各自的工作范围内做好相应的志愿服务工作。

第二章 志愿者和志愿服务组织

第六条 本条例所称志愿者，是指以自己的时间、知识、技能、体力等从事志愿服务的自然人。

本条例所称志愿服务组织，是指依法成立，以开展志愿服务为宗旨的非营利性组织。

第七条 志愿者可以将其身份信息、服务技能、服务时间、联系方式等个人基本信息，通过国务院民政部门指定的志愿服务信息系统自行注册，也可以通过志愿服务组织进行注册。

志愿者提供的个人基本信息应当真实、准确、完整。

第八条 志愿服务组织可以采取社会团体、社会服务机构、基金会等组织形式。志愿服务组织的登记管理按照有关法律、行政法规的规定执行。

第九条 志愿服务组织可以依法成立行业组织，反映行业诉求，推动行业交流，促进志愿服务事业发展。

第十条 在志愿服务组织中，根据中国共产党章程的规定，设立中国共产党的组织，开展党的活动。志愿服务组织应当为党组织的活动提供必要条件。

第三章 志愿服务活动

第十一条 志愿者可以参与志愿服务组织开展的志愿服务活动，也可以自行依法开展志愿服务活动。

第十二条 志愿服务组织可以招募志愿者开展志愿服务活动；招募时，应当说明与志愿服务有关的真实、准确、完整的信息以及在志愿服务过程中可能发生的风险。

第十三条 需要志愿服务的组织或者个人可以向志愿服务组织提出申请，并提供与志愿服务有关的真实、准确、完整的信息，说明在志愿服务过程中可能发生的风险。志愿服务组织应当对有关信息进行核实，并及时予以答复。

第十四条 志愿者、志愿服务组织、志愿服务对象可以根据需要签订协议，明确当事人的权利和义务，约定志愿服务的内容、方式、时间、地点、工作条件和安全保障措施等。

第十五条 志愿服务组织安排志愿者参与志愿服务活动，应当与志愿者的年龄、知识、技能和身体状况相适应，不得要求志愿者提供超出其能力的志愿服务。

第十六条 志愿服务组织安排志愿者参与的志愿服务活动需要专门知识、技能的，应当对志愿者开展相关培训。

开展专业志愿服务活动，应当执行国家或者行业组织制定的标准和规程。法律、行政法规对开展志愿服务活动有职业资格要求的，志愿者应当依法取得相应的资格。

第十七条 志愿服务组织应当为志愿者参与志愿服务活动提供必要条件，解决志愿者在志愿服务过程中遇到的困难，维护志愿者的合法权益。

志愿服务组织安排志愿者参与可能发生人身危险的志愿服务活动前，应当为志愿者购买相应的人身意外伤害保险。

第十八条 志愿服务组织开展志愿服务活动，可以使用志愿服务标志。

第十九条 志愿服务组织安排志愿者参与志愿服务活动，应当如实记录志愿者个人基本信息、志愿服务情况、培训情况、表彰奖励情况、评价情况等信息，按照统一的信息数据标准录入国务院民政部门指定的志愿服务信息系统，实现数据互联互通。

志愿者需要志愿服务记录证明的，志愿服务组织应当依据志愿服务记录无偿、如实出具。

记录志愿服务信息和出具志愿服务记录证明的办法，由国务院民政部门会同有关单位制定。

第二十条 志愿服务组织、志愿服务对象应当尊重志愿者的人格尊严；未经志愿者本人同意，不得公开或者泄露其有关信息。

第二十一条 志愿服务组织、志愿者应当尊重志愿服务对象人格尊严，不得侵害志愿服务对象个人隐私，不得向志愿服务对象收取或者变相收取报酬。

第二十二条 志愿者接受志愿服务组织安排参与志愿服务活动的，应当服从管理，接受必要的培训。

志愿者应当按照约定提供志愿服务。志愿者因故不能按照约定提供志愿服务的，应当及时告知志愿服务组织或者志愿服务对象。

第二十三条 国家鼓励和支持国家机关、企业事业单位、人民团体、社会组织等成立志愿服务队伍开展专业志愿服务活动，鼓励和支持具备专业知识、技能的志愿者提供专业志愿服务。

国家鼓励和支持公共服务机构招募志愿者提供志愿服务。

第二十四条 发生重大自然灾害、事故灾难和公共卫生事件等突发事件，需要迅速开展救助的，有关人民政府应当建立协调机制，提供需求信息，引导志愿服务组织和志愿者及时有序开展志愿服务活动。

志愿服务组织、志愿者开展应对突发事件的志愿服务活动，应当接受有关人民政府设立的应急指挥机构的统一指挥、协调。

第二十五条 任何组织和个人不得强行指派志愿者、志愿服务组织提供服务，不得以志愿服务名义进行营利性活动。

第二十六条 任何组织和个人发现志愿服务组织有违法行为，可以向民政部门、其他有关部门或者志愿服务行业组织投诉、举报。民政部门、其他有关部门或者志愿服务行业组织接到投诉、举报，应当及时调查处理；对无权处理的，应当告知投诉人、举报人向有权处理的部门或者行业组织投诉、举报。

第四章 促进措施

第二十七条 县级以上人民政府应当根据经济社会发展情况，制定促进志愿服务事业发展的政策和措施。

县级以上人民政府及其有关部门应当在各自职责范围内，为志愿服务提供指导和帮助。

第二十八条 国家鼓励企业事业单位、基层群众性自治组织和其他组织为开展志愿服务提供场所和其他便利条件。

第二十九条 学校、家庭和社会应当培养青少年的志愿服务意识和能力。

高等学校、中等职业学校可以将学生参与志愿服务活动纳入实践学分管理。

第三十条 各级人民政府及其有关部门可以依法通过购买服务等方式，支持志愿服务运营管理，并依照国家有关规定向社会公开购买服务的项目目录、服务标准、资金预算等相关情况。

第三十一条 自然人、法人和其他组织捐赠财产用于志愿服务的，依法享受税收优惠。

第三十二条 对在志愿服务事业发展中做出突出贡献的志愿者、志愿服务组织，由县级以上人民政府或者有关部门按照法律、法规和国家有关规定予以表彰、奖励。

国家鼓励企业和其他组织在同等条件下优先招用有良好志愿服务记录的志愿者。公务员考录、事业单位招聘可以将志愿服务情况纳入考察内容。

第三十三条 县级以上地方人民政府可以根据实际情况采取措施，鼓励公共服务机构等对有良好志愿服务记录的志愿者给予优待。

第三十四条 县级以上人民政府应当建立健全志愿服务统计和发布制度。

第三十五条 广播、电视、报刊、网络等媒体应当积极开展志愿服务宣传活动，传播志愿服务文化，弘扬志愿服务精神。

第五章 法律责任

第三十六条 志愿服务组织泄露志愿者有关信息、侵害志愿服务对象个人隐私的，由民政部门予以警告，责令限期改正；逾期不改正的，责令限期停止活动并进行整改；情节严重的，吊销登记证书并予以公告。

第三十七条 志愿服务组织、志愿者向志愿服务对象收取或者变相收取报酬的，由民政部门予以警告，责令退还收取的报酬；情节严重的，对有关组织或者个人并处所收取报酬一倍以上五倍以下的罚款。

第三十八条 志愿服务组织不依法记录志愿服务信息或者出具志愿服务记录证明的，由民政部门予以警告，责令限期改正；逾期不改正的，责令限期停止活动，并可以向社会和有关单位通报。

第三十九条 对以志愿服务名义进行营利性活动的组织和个人，由民政、工商等部门依法查处。

第四十条 县级以上人民政府民政部门和其他有关部门及其工作人员有下列情形之一的，由上级机关或者监察机关责令改正；依法应当给予处分的，由任免机关或者监察机关对直接负责的主管人员和其他直接责任人员给予处分：

（一）强行指派志愿者、志愿服务组织提供服务；

（二）未依法履行监督管理职责；

（三）其他滥用职权、玩忽职守、徇私舞弊的行为。

第六章 附则

第四十一条 基层群众性自治组织、公益活动举办单位和公共服务机构开展公益活动，需要志愿者提供志愿服务的，可以与志愿服务组织合作，由志愿服务组织招募志愿者，也可以自行招募志愿者。自行招募志愿者提供志愿服务的，参照本条例关于志愿服务组织开展志愿服务活动的规定执行。

第四十二条 志愿服务组织以外的其他组织可以开展力所能及的志愿服务活动。

城乡社区、单位内部经基层群众性自治组织或者本单位同意成立的团体，可以在本社区、本单位内部开展志愿服务活动。

第四十三条 境外志愿服务组织和志愿者在境内开展志愿服务，应当遵守本条例和中华人民共和国有关法律、行政法规以及国家有关规定。

组织境内志愿者到境外开展志愿服务，在境内的有关事宜，适用本条例和中华人民共和国有关法律、行政法规以及国家有关规定；在境外开展志愿服务，应当遵守所在国家或者地区的法律。

第四十四条 本条例自 2017 年 12 月 1 日起施行。

B.12 关于支持和发展志愿服务组织的意见

志愿服务是现代社会文明进步的重要标志，是加强精神文明建设、培育和践行社会主义核心价值观的重要内容。志愿服务组织是以开展志愿服务为宗旨的非营利性社会组织，是汇聚社会资源、传递社会关爱、弘扬社会正气的重要载体，是形成向上向善、诚信互助社会风尚的重要力量。伴随着中国特色社会主义历史进程，我国志愿服务事业快速发展，志愿服务组织不断涌现，对促进志愿服务活动广泛开展，推进精神文明建设、推动社会治理创新、维护社会和谐稳定发挥了重要作用。同时，我国志愿服务组织在总体上还存在着数量不足、能力不强、发展环境有待优化等问题。现就支持和发展志愿服务组织，提出以下意见：

一　总体要求

（一）指导思想

全面贯彻落实党的十八大和十八届三中、四中、五中全会精神，以邓小平理论、“三个代表”重要思想、科学发展观为指导，深入贯彻习近平总书记系列重要讲话精神，紧紧围绕“五位一体”总体布局和“四个全面”战略布局，围绕树立和落实创新、协调、绿色、开放、共享的新发展理念，坚持以党的建设为正确引领，坚持以培育和践行社会主义核心价值观、满足人民群众日益增长的社会服务需求为出发点，以能力建设为基础，以建立健全政策制度、完善体制机制、增强法律保障为重点，积极扶持发展志愿服务组织，为加强和创新社会治理，为实现“两个一百年”奋斗目标、实现中华民族伟大复兴的中国梦凝聚力量。

（二）基本原则

坚持服务大局、统筹发展。把支持和发展志愿服务组织纳入全面建成小康社会、全面深化改革、全面推进依法治国、全面从严治党大局，正确处理志愿服务组织与其他社会服务提供主体之间的关系，统筹不同区域、不同领域、不同类型的志愿服务组织发展。

坚持分类指导、突出特色。注重服务与管理并举，畅通联系渠道，有效发挥志愿服务组织作用。遵循志愿服务组织发展规律，根据志愿服务组织类别和规模，指导各类志愿服务组织明确定位、强化管理，提升能力、突出特色，创新方式、拓展领域，有效释放创造力和生产力，不断提高志愿服务专业化科学化水平。

坚持正确引导、依法自治。坚持党委领导、政府监管，充分发挥基层党组织的战斗堡垒作用，发挥共产党员先锋模范作用和骨干作用，确保志愿服务组织发展的正确方向。充分尊重志愿服务组织的社会性、志愿性、公益性、非营利性特点，引导志愿服务组织按照法律法规和章程开展活动，依法自治。

坚持创新发展、多方参与。着力推进志愿服务组织、志愿者与志愿服务活动共同发展，筑牢志愿服务组织基础。鼓励国家机关、群团组织、企事业单位、其他社会组织和基层群众性自治组织建立志愿服务队伍，引导民生和公共服务机构开门接纳志愿者，形成志愿服务工作合力，扩大志愿服务社会覆盖。

（三）主要目标

到 2020 年，基本建成与经济社会发展相适应，布局合理、管理规范、服务完善、充满活力的志愿服务组织体系。志愿服务组织发展环境得到优化，初步形成登记管理、资金支持、人才培育等配套政策。志愿服务组织服务范围不断扩大，基本覆盖社会治理各领域、群众生活各方面，涌现一批公信度高、带动力强的志愿服务组织。志愿服务组织功能有效发挥，成为推进人们相互关爱、传递文明的重要渠道，成为提升社会服务水平、改善民生福祉的有力助手，成为增进社会信任、维护社会稳定、促进社会和谐的有生力量。

二　加强志愿服务组织培育

（四）推进志愿服务组织依法登记

坚持积极引导发展、严格依法管理的原则，提供便捷高效的服务，引导符合登记条件的志愿服务组织依法登记。针对目前大部分志愿服务组织规模小、注册资金不足、缺乏相应专职人员和固定场所的实际，在不违背社会组织管理法律法规基本精神基础上，可以按照活动地域适当放宽成立志愿服务组织所需条件。各有关部门要在活动场地、活动资金、人才培养等方面提供优先支持，激发志愿服务组织依法登记的积极性与主动性。经单位领导机构或基层群众性自治组织同意成立的志愿服务组织，可以在本单位、本社区内部开展志愿服务活动。鼓励已经登记的志愿服务组织为其提供规范指导和工作支持。

（五）健全志愿服务组织孵化机制

社会组织孵化基地要吸纳志愿服务组织进驻，在项目开发、能力培养、合作交流、业务支持等方面提供有针对性的扶持。鼓励有条件的地区建立专门的志愿服务组织孵化基地，支持志愿服务组织的启动成立和初期运作，帮助提升服务能力。积极建立志愿服务组织与国家机关、群团组织、企事业单位、其他社会组织和基层群众性自治组织的沟通交流平台，鼓励银行、会计师事务所、律师事务所等专业机构为志愿服务组织提供免费的资金证明、审计、法律咨询等服务。

（六）积极推进志愿服务组织承接公共服务项目

各地各有关部门和符合条件的事业单位、群团组织要贯彻落实《国务院办公厅关于政府向社会力量购买服务的指导意见》（国办发〔2013〕96号）和《政府购买服务管理办法（暂行）》（财综〔2014〕96号）有关要求，充分发挥志愿服务成本低、效率高，志愿服务组织灵活度高、创新性强的特点，积极支持志愿服务组织承接扶贫、济困、扶老、救孤、恤病、助残、救灾、助医、助学等领域的志愿服务，加大财政资金对志愿服务运营管理的支持力度。充分利用志愿服务信息平台等载体，及时发布政府安排由社会力量承担的服务项目，为志愿服务组织获取相关信息提供便利。

（七）完善志愿服务组织监督管理

加强志愿服务组织日常监管，建立登记管理机关、业务主管单位、行业管理部门、行业组织和社会公众等多元主体参与，行政监管、行业自律和社会监督有机结合的监督管理机制。探索建立登记管理机关评估、资助方评估、服务对象评估和自评有机结合的志愿服务组织综合评价体系，逐步引入第三方评估机制，定期对志愿服务组织的基础条件、内部治理、工作绩效和社会评价等进行跟踪评估，将评估情况作为政府购买社会服务、社会各界资助以及落实相关优惠政策的重要依据。推进志愿服务组织诚信建设，将志愿服务组织守信情况纳入社会组织诚信指标体系。对业务活动与志愿服务宗旨、性质严重不符的志愿服务组织建立退出机制；志愿服务组织行为违反法律法规规定的，依法追究相关法律责任。

（八）强化志愿服务组织示范引领

通过政策引导、重点培育、项目资助等方式，建设一批活动规范有序、作用发挥明显、社会影响力强的示范性志愿服务组织。按照有关规定对作出突出贡献的志愿服务组织进行表彰奖励。通过推广志愿服务组织培育和管理经验、建设优秀志愿服务组织库和优秀志愿服务项目库等方式，引领带动其他志愿服务组织科学化规范化发展。

三　提升志愿服务组织能力

（九）完善组织内部治理

登记管理机关、业务主管单位和行业管理部门要指导已登记的志愿服务组织依据章程建立健全独立自主、权责明确、运转协调、制衡有效的内部治理结构。具备条件的志愿服务组织应设立党的组织，充分发挥党组织的政治核心作用，围绕党章赋予基层党组织的基本任务开展工作，团结凝聚志愿者，保证志愿服务组织的政治方向；暂不具备条件的，要明确责任单位指导志愿服务组织开展党建工作，条件成熟时及时建立党的组织。坚持党建带群建，充分发挥群团组织的积极作用。志愿服务组织应当为自身党群组织开展活动、发挥作用提供必要支持。重点完善组织决策、执行、监督制度和内部议事规则，建立健全人、财、物管理制度和内部信息披露制度，准确、完整、及时地向社会公开组织的名称、住所、负责人、机构设置等基本情况，公开年报公告、财务收支、捐资使用、服务内容、奖惩情况等重要信息，主动接受登记管理机关的监督管理和社会监督，努力提升志愿服务组织的社会公信力。有会员单位或分支机构的，应指导其加强内部管理。

（十）创新人才培养机制

国家层面建立志愿服务组织人才示范培训机制，有条件的地区可依托高等院校、党校、团校等教育培训机构建立志愿者培训基地，加快培养一批长期参与志愿服务、熟练掌握服务知识和岗位技能的志愿者骨干，着力培养一批富于社会责任感、熟悉现代管理知识、拥有丰富管理经验的志愿服务组织管理人才。国家机关、群团组织、企事业单位、其他社会组织和基层群众性自治组织要积极支持本单位、本社区的专业人才加入志愿服务组织，开展志愿服务活动，不断优化志愿者队伍结构。志愿服务组织要注重招募、使用专业志愿者，建立健全志愿者日常管理培训制度，对于专业性要求高的志愿服务项目，要强化专业知识和技能培训，不断提高志愿者能力素质。引导志愿服务组织通过规范招募、科学管理、创新服务，培养、吸引和留住优秀志愿者。

（十一）增强组织造血功能

积极探索通过志愿服务交流会、志愿服务项目大赛等有效举措，指导志愿服务组织牢固树立项目意识、品牌意识，不断提升战略谋划、项目运作和宣传推广能力，通过优秀的服务项目和服务品牌争取各方资源，吸引资助者。支持志愿服务组织通过承接公共服务项目、积极参加公益创业和公益创投、争取政府补贴与社会捐赠等多种途径，妥善解决志愿服务运营成本问题，为组织持续发展提供动力。

（十二）加强志愿服务行业自律

加大对志愿服务领域行业组织的扶持发展力度，充分发挥其在志愿服务组织管理中的先行规范和自我约束作用，引导行风建设，加强行业监督，为志愿服务组织监管提供有力辅助；充分发挥行业组织在志愿服务组织服务中的牵头和协调作用，促进行业沟通，反映行业诉求，推动行业创新，为志愿服务组织发展争取有力支持。各地要为志愿服务行业组织发挥行业监督约束作用、加强道德建设创造良好环境，逐步建立健全与行业发展相适应、覆盖全面、运行有效、作用明显的行业自律体系。

四　深化志愿服务组织服务

（十三）强化志愿服务供需对接

立足需求，着眼民生，有关单位和社区要积极向志愿服务组织开放更多公共资源，鼓励街道（乡镇）、城乡社区为志愿服务组织提供服务场所。充分运用社区综合服务设施，搭建社区志愿服务平台。支持和鼓励社会志愿服务组织走进社区，了解和征集群众需求，结合自身能力特点，有针对性地做好志愿服务规划，设计服务项目，开展服务活动，切实使服务对象受益。充分利用信息技术手段，及时有效匹配志愿服务供给与需求。推广“菜单式”志愿服务经验，鼓励引导志愿服务组织公开本组织志愿者技能、特长和提供服务时间等信息，与群众需求有机结合，逐步建立志愿服务供需有效对接机制和服务长效机制，全面提高志愿服务水平。

（十四）推广“社会工作者 + 志愿者”协作机制

鼓励志愿服务组织招募使用社会工作者，鼓励社会工作服务机构等社会组织在开展公益活动时招募志愿者。建立志愿服务组织与社会工作服务机构等社会组织常态化合作机制，充分发挥社会工作者在组织策划、项目运作、资源链接等方面的专业优势，发挥志愿者热情高、来源广、肯奉献的人力资源优势，形成社会工作者和志愿者协调配合、共同开展服务的格局，促进志愿服务专业化规范化。

（十五）全面推行志愿服务记录制度

依托和完善全国志愿服务信息系统，实施应用《志愿服务信息系统基本规范》（MZ/T061－2015），实现志愿服务信息的互联互通和数据的有效汇集，为志愿服务组织管理志愿者、开展志愿服务记录工作提供技术支撑。各地各有关部门要根据《志愿服务记录办法》（民函〔2012〕340 号）和《关于规范志愿服务记录证明工作的指导意见》（民发〔2015〕149 号）要求，指导志愿服务组织及时、完整、准确记录志愿者参加志愿服务的信息，保护志愿者个人隐私，规范开具志愿服务记录证明，科学开展志愿者星级认定，建立健全志愿服务时间储蓄制度，不断提高志愿服务组织的服务效能和管理水平。

（十六）创新志愿服务方式方法

指导志愿服务组织明确服务方向，紧紧围绕党和政府中心工作和群众所需所盼，持续推进扶贫、济困、扶老、救孤、恤病、助残、救灾、助医、助学和大型社会活动等重点领域的志愿服务。支持志愿服务组织发挥优势、各展所长，积极推进党员志愿服务、青年志愿服务、老年志愿服务、学生志愿服务、巾帼志愿服务等有序开展，打造项目精品，形成品牌效应。鼓励博物馆、图书馆、纪念馆、文化馆、文物保护单位等设立志愿服务站点，招募使用志愿者。积极探索“互联网+志愿服务”，支持志愿服务组织安全合规利用互联网优化服务，创新服务方式，提高服务效能，加强对网络社团等新型组织的志愿服务规范管理。严格规范志愿服务组织涉外合作，确保遵守国家有关法律法规和政策。

五　加强对志愿服务组织发展的组织领导

（十七）健全工作机制

坚持党委政府领导，落实中央文明委工作部署，文明办要发挥好牵头作用，民政部门要切实履行行政管理工作职责，与相关部门、人民团体和群众团体共同推进志愿服务组织发展。各地各有关部门要注重研究、规划和推动志愿服务事业，细化政策措施，加大激励保障力度，建立健全支持和发展志愿服务组织的长效机制，推动形成志愿服务工作经常化制度化。各级党政领导干部要充分发挥示范带头作用，利用工作之余参与志愿服务活动。倡导鼓励广大公务员、专业技术人员、企事业单位干部职工、公众人物等积极加入志愿服务组织，参加志愿服务活动，共产党员、共青团员要作出表率。

（十八）加大经费支持和保险保障

各地要逐步扩大财政资金对志愿服务组织发展的支持规模和范围，加强对志愿服务组织的财税政策支持，落实各项财税优惠政策。积极推进政府购买服务，支持志愿服务组织立足自身优势，承接相关服务项目。单位领导机构和基层群众性自治组织对单位、社区内部志愿服务组织开展志愿服务活动，要给予经费支持。依法大力发展志愿服务基金，切实加强管理，积极搭建爱心企业、爱心人士与志愿服务组织之间的桥梁，引导社会资金参与支持志愿服务组织发展。鼓励多渠道筹资为志愿者购买保险，鼓励保险公司与志愿服务组织合作，设计开发符合志愿服务特点、适应志愿服务发展需要的险种，为志愿服务活动承保，为志愿服务组织健康持续发展提供有力保障。

（十九）营造良好环境

要在全社会大力弘扬雷锋精神，弘扬奉献、友爱、互助、进步的志愿精神，培育学雷锋志愿服务文化。坚持立足中国国情，体现中国特色，讲好中国故事，积极支持有利于志愿服务发展的研究、交流与合作。加强志愿服务经验总结和推广交流，广泛宣传志愿服务组织在提高国民素质和社会文明程度、加强社会治理创新、保障改善民生中的重要作用，为志愿服务组织发展营造良好氛围。

B.13
深圳市义工服务条例

2005年2月25日深圳市第三届人民代表大会常务委员会第三十六次会议通过 2005年3月30日广东省第十届人民代表大会常务委员会第十七次会议批准。

第一章 总则

第一条 为了鼓励和规范义工服务活动，推动义工服务事业的健康发展，弘扬社会主义道德风尚，促进社会和谐，根据有关法律、法规的规定，结合本市的实际情况，制定本条例。

第二条 本市行政区域内的义工、义工服务组织及其活动适用本条例。

第三条 本条例所称的义工，是指出于奉献、友爱、互助和社会责任，经过登记，自愿、无偿地以自己的时间、技能等资源开展社会服务和公益活动的人员。

本条例所称的义工服务组织是指依法登记注册、专门从事义工服务活动的非营利性社会团体法人以及从事义工服务活动的机关、非营利性事业单位、社会团体等团体义工。

第四条 义工服务活动应当遵循自愿、合法、诚信、节俭和非营利性的原则。

第五条 义工服务范围包括助老扶弱、扶贫济困、支教助学、环境保护、社区服务以及其他社会公益性活动。

第六条 深圳市义工联合会（以下简称市义工联）负责组织、协调全市义工服务活动，各区义工联合会（以下简称区义工联）负责组织、协调本行政区域内的义工服务活动。

义工服务活动接受共青团组织和其他有关部门的指导和监督。

第七条 市、区人民政府应当把义工服务纳入社会和谐发展的范畴，为义工服务提供必要的资助和支持。

公安、城管、民政等有关部门应当在其职责范围内，对义工服务工作给予支持。

第八条 国家机关、社会团体、企事业单位和学校及其他组织应当鼓励义工服务活动，宣传义工精神，维护义工及义工服务组织的合法权益。

第二章 义工

第九条 义工应当具备下列条件：

（一）自愿从事义工服务；

（二）具有相应的民事行为能力；

（三）符合义工服务活动要求的身体条件；

（四）具有相应的服务能力。

团体义工的条件由市义工联的章程规定。

第十条 义工服务组织建立义工登记制度。

从事义工服务的人员应当向义工服务组织申请登记，从事义工服务的组织应当向市或者区义工联申请登记。

义工服务组织可以根据义工服务活动的需要，招募临时义工，并在市或者区义工联备案。

第十一条 义工享有如下权利：

（一）自愿加入或者退出义工服务组织；

（二）参加义工服务组织开展的服务活动；

（三）要求获得义工服务必需的条件和必要的保障；

（四）请求义工服务组织帮助解决在义工服务期间遇到的实际困难；

（五）对义工服务组织提出建议、批评与监督；

（六）有困难时优先得到义工服务。

第十二条 义工履行下列义务：

（一）遵守义工服务组织的章程；

（二）不得向服务对象收取报酬或者借钱、借物、谋取其他利益；

（三）在服务期间不得接受服务对象的捐赠；

（四）对服务对象的隐私予以保密；

（五）不得以义工或者义工服务组织的名义组织或者参与违反义工服务原则的活动。

第十三条 义工应当在义工服务组织的安排下开展义工服务，完成服务工作。

未经义工服务组织同意，任何单位和个人不得以义工服务组织名义开展活动。

第十四条 义工服务组织应当保障义工在服务期间的合法权益。

义工服务组织可以根据义工服务的需要，为参加义工服务活动的义工办理相应的人身保险。

第十五条 义工在从事义工服务期间应当佩戴统一的义工服务标志。

义工服务证件、标志的使用及管理办法由市义工联统一规定。

第三章　义工服务组织

第十六条 义工服务组织的章程应当包括义工和团体义工的登记、义工的权利和义务、义工服务组织的产生、组织机构、职责等内容。

第十七条 义工服务组织的职责如下：

（一）建立义工服务活动的规章、制度；

（二）建立、健全义工和义工服务活动的档案制度；

（三）义工的招募、培训、指导、管理、监督和表彰；

（四）组织开展义工服务活动；

（五）义工服务工作的宣传与交流；

（六）对义工服务提供必要保障。

第十八条　义工服务组织开展义工服务活动时，应当依照法律、法规以及义工服务组织章程的规定，不得从事营利性活动。

第十九条　义工服务组织可以自行或者联合招募义工。招募时，应当以适当的方式公告义工服务计划。

义工服务组织应当依照义工服务计划开展义工服务活动。义工服务计划应当包括义工招募、培训、使用、考核及服务项目等事项。

第二十条　团体义工以集体形式开展义工服务活动的，应当将义工服务计划及义工服务活动情况向其加入的义工联备案。

第二十一条　义工服务组织的经费包括政府扶持、社会捐赠和资助及其他合法收入，专款专用。

义工服务组织经费的筹集、使用和管理应当符合有关规定并接受政府有关部门和捐赠、资助者及义工的监督。经费的筹集、使用情况应当定期向社会公布。

第四章　义工服务

第二十二条　需要义工服务的个人或者单位，可以向义工服务组织提出服务申请。

第二十三条　申请义工服务，应当提交下列资料：

（一）义工服务书面申请；

（二）申请人的身份证明或者单位证明；

（三）申请服务的项目说明及其它有关材料。

申请人为无民事行为能力、限制民事行为能力人的，由其监护人或者法定代理人代为申请。

第二十四条　义工服务组织在受理服务申请后，可以根据服务对象的申请和实际情况，经确认后提供力所能及的义工服务；不能提供义工服务的，应当答复申请人。

提供义工服务时，应当有两名以上义工参加。但服务项目有特别要求的除外。

第二十五条 义工服务组织可以与服务对象签订服务协议，明确双方的权利和义务以及解决争议的方法。

在服务过程中，义工服务组织和服务对象应当履行服务协议；一方要求变更或者解除协议的，可以由双方协商处理。

第二十六条 服务对象应当根据服务协议的约定，按照服务的内容和特点，保障义工在安全的环境下开展服务。

服务对象可以根据自身实际情况，为参加服务的义工提供必要的专门培训和相应的物质保障。

第五章 表彰和鼓励

第二十七条 义工服务组织应当建立义工考核和表彰制度。

义工服务组织可以建立服务时间累计和绩效评价等具体制度作为考核、表彰义工的依据。

第二十八条 义工服务组织应当对符合表彰规定的义工颁发义工荣誉证书。

第二十九条 鼓励有关单位在招工、招生时，在同等条件下优先录用、录取有义工服务经历者。具体鼓励办法可以由政府有关部门或者招工、招生单位另行规定。

第三十条 新闻媒体应当无偿开展义工服务的公益性宣传。对于服务表现突出的义工或者义工服务组织，在征得其同意后，新闻媒体可以进行宣传。

第六章 法律责任

第三十一条 义工根据义工服务组织的安排，在开展服务期间，造成服务对象或者第三人损害的，有关的义工服务组织应当依法承担民事责任。但义工服务组织与服务对象另有约定的除外。

义工服务组织承担民事责任后，有权向有故意或者重大过失的义工追偿部分或者全部赔偿费用。

第三十二条 服务对象在接受义工服务过程中对义工造成损害的，应当依法承担民事责任。义工服务组织应当支持受损害的义工向有关的服务对象追偿损失，并提供必要的帮助。

第三十三条 冒用义工服务组织的名义、标志和有关资料进行违法活动的，义工服务组织有权要求有关机关依法追究其相应的法律责任。

第三十四条 义工服务组织工作人员在工作中有徇私舞弊、挪用公款等违法行为的，应当依法承担相应的法律责任；构成犯罪的，由司法机关依法追究其刑事责任。

第七章 附则

第三十五条 本条例自 2005 年 7 月 1 日起施行。

第三十六条 经市义工联同意派往外地从事义工服务的，参照本条例的规定。

B.14

深圳志愿服务大事记

1989 年 9 月 20 日 19 名青年志愿者以开通青少年心理服务热线形式，组建内地第一支志愿者队伍，率先探索志愿服务社会化模式，被评为“深圳经济特区 30 年 100 件大事”之一。

1990 年 4 月 9 日 在市民政局注册成立“深圳市青少年义务社会工作者联合会”，成为内地第一个法人志愿者组织，被评为“改革开放初期最具影响力的深圳十件大事”之一。

1995 年 4 月 2 日 市义工联第一次代表大会召开，更名为“深圳市义务工作者联合会”，标志着一个全市性的志愿者组织开始形成。

1997 年 7 月 19 日 组织认定第一批“五星级志愿者”，率先探索建立志愿者星级认定制度。

1998 年 6 月 20 日 组建全国首批研究生支教团，承接中央文明办、团中央“青年志愿者扶贫接力计划”，到贵州毕节、黔南州地区支教。“募师支教”行动从此成为深圳志愿服务的响亮品牌。

1999 年 10 月 5 ~ 10 日 组织“万名志愿者服务高交会”活动，拉开了志愿服务大型国际赛会展会活动的序幕。“红马甲”遍布历年高交会、文博会、慈展会等，志愿服务逐步走上项目化运作轨道。

2002 年 5 月 23 日 派遣了内地第一位援外志愿者李泓霖赴老挝服务，同年，选遣 6 名志愿者赴缅甸支教。此后，成功举办“深圳多哥”“深圳文莱”等援外项目，志愿服务不断走向国际化。

2005 年 3 月 4 日 组织评选第一届“深圳市百名优秀志愿者”，规定非深户籍获奖者可免试招调落户深圳。深圳随后在全国率先实施志愿服务积分入户政策，充分体现城市对志愿者的认可。

2005 年 7 月 1 日 《深圳市义工服务条例》正式实施，标志着深圳志愿服务向法治化方向发展，也形成了独具特色的志愿服务深圳模式。

2005 年 7 月 31 日 深圳市义工联召开第三次代表大会，更名为“深圳市义工联合会”。

2006 年 3 月 5 日 将每年的 3 月 5 日确定为“深圳义工节”，成为中国内地第一个设立义工节的城市。

2007 年 5 月 31 日 在全国第一个设立“义工服务市长奖”。至此，形成了“市长奖”“百优”“星级认定”的多层次激励体系。

2008 年 5 月 16 日 组织内地第一支青少年心理危机干预志愿者突击队赴汶川地震灾区。此后，一批专业化志愿服务组织逐步壮大。

2010 年 10 月 7 日 深圳志愿服务理念“送人玫瑰，手有余香”被评为“深圳十大观念”之一。

2011 年 8 月 12 ~ 23 日 深圳成功举办第 26 届世界大学生夏季运动会，127 万名志愿者参加服务，助推志愿服务精神深入人心。大运会后，保留 58 个城市志愿服务 U 站，成为“志愿者之城”的重要标识。

2011 年 12 月 4 日 深圳市委、市政府在全国首次系统性提出建设“志愿者之城”目标，市委书记担任工作领导小组组长，办公室设在共青团深圳市委，相继发布《深圳市“志愿者之城”建设目标指引》等文件。

2012 年 11 月 30 日 深圳市政府财政支持、社会广泛募集，深圳市志愿服务基金会正式成立。

2013 年 3 月 5 日 推出全国首张证卡分设多功能电子义工证，建立智慧型“志愿者之城”信息化体系。

2015 年 11 月 深圳市义工联合会获得金鹏改革创新奖。12 月 5 日全市“志愿者之城”建设工作总结大会在深圳会堂召开，深圳市委、市政府印发《关于进一步加强“志愿者之城”建设的意见》，提出要进一步提高标准打造“志愿者之城”升级版。

2016 年 6 月 “深圳义工”被评为“深圳十大文化名片”之一。12 月“深圳市义工联合会”被评为“十大杰出贡献社会组织”。

2017 年 3 月 5 日 成功举办首届深圳志愿文化峰会，峰会发布三大行动计划：志愿服务融合互联计划、志愿服务国际交流计划及志愿服务功能提升计划。

2018 年 2 月 市委市政府主要领导同志对“志愿者之城”建设工作做出批示，明确了“志愿者之城”3.0 建设的工作目标。

2018 年 6 月 5 日 首届中国志愿者河长论坛在深圳举办。11 月 19 日，中国志愿者河长学院（深圳）暨院士工作站揭牌成立，标志着深圳以护河治水为切入点，探索专业化志愿服务参与社会治理的模式逐渐成形。

2019 年 3 月 5 日 “义工天地”展馆试运行。展馆占地面积约 1038 平方米，投入使用后已成为全市义工文化交流、学习培训、项目接洽、组织孵化、工作展示的平台。

2019 年 8 月 28 日 第二届中国志愿者河长论坛暨生态技术研讨会在深圳成功举办。

2020 年 新冠肺炎疫情突如其来，共青团深圳市委、深圳市义工联动员全市志愿者参与疫情防控志愿服务工作。3 月 5 日，深圳市委书记王伟中、市长陈如桂向奋战在新冠肺炎疫情防控一线的志愿者致亲笔签名信。截至 2020 年 10 月 31 日，共 950630 人次的志愿者、879 个志愿服务组织投身于疫情防控志愿服务工作。

B.15 后 记

深圳是全国志愿服务的发源地之一，自1989年探索推进志愿服务工作以来，深圳志愿服务事业在务实、创新、改革、探索中已经走过了三十多个年头。十九大以来，深圳“志愿者之城”3.0建设如火如荼，志愿服务从提供社会服务向参与社会治理、凝聚社会共识跨越。2020年，在庆祝深圳经济特区成立40周年之际，深圳志愿服务事业也在参与中国特色社会主义先行示范区和粤港澳大湾区中心城市建设中迎来新的发展起点。

本书是深圳志愿服务领域的第一本蓝皮书，由深圳市志愿服务基金会、深圳国际公益学院主编。它的编写得到了共青团深圳市委的指导和深圳市义工联的大力支持。共青团深圳市委的领导非常关心本书的编写工作，要求相关单位全力配合课题组调研，在访谈、调研和书稿校阅过程中，贡献了大量真知灼见；共青团深圳市委志愿者部、深圳市义工联为本书编写提供了最新的数据和大量历史资料，积极为课题组开展问卷调查、访谈相关单位和人员提供行政协调与支持。

为使对深圳志愿服务的分析研究更加深入，本书还组织了多场专题调研活动，调研对象包括政府部门、企业、志愿服务组织、志愿者等。在此，感谢深圳市文体旅游局、深圳市城市管理与执法监督局、深圳市市场监督管理局、深圳市卫生健康委员会、深圳市公安公交分局等政府部门的配合与支持，感谢深圳市体育义工总队、深圳市公益救援志愿者联合会、深圳市龙华区观澜法律服务志愿者协会、深圳市南山区助老志愿者协会、深圳市宝安区文艺志愿者协会、深圳市龙岗区南湾街道爱心银行志愿者联合会、深圳市罗湖区爱的传递慈善助学志愿者协会等三十余家志愿服务组织参与访谈，他们为本书提供了丰富翔实的第一手材料，他们从日常的服务实践中得出的反思与建议也成为本书不可缺少的一部分。感谢所有参与本书调研的机构和个人。

深圳国际公益学院唐昊、谭逸丹、曾伟玲和深圳市志愿服务基金会徐晓萌承担了本书编写的主要执行和协调工作，共青团深圳市委杜欣、张洲、管洵、黄斌等协助本书开展调研工作，深圳国际公益学院吴艾思协助案例报告的编写与整理。深圳大学学生许砺丹、广东财经大学学生王晓淇参与了调研、资料分析、数据处理等多项工作，为本书的顺利编写提供了力所能及的支持；英国约克大学学生林昱泽则协助翻译了本书英文摘要和目录。在本书编写的后期，深圳市社会科学院徐宇珊研究员、深圳大学社会学系许英副教授、广东省社工与志愿者合作促进会汪彩霞副会长、中山大学社会工作专业雷杰副教授等专家对书稿给予了真实反馈，使本书避免了某些错漏。最后要特别感谢本书的责任编辑胡庆英，她认真负责、高效细心的工作，使本书以更高的质量与读者见面。然而，当前志愿服务相关数据的采集质量还有待提高，采集渠道还较为有限，历史统计数据也不尽完善，使相关数据分析在完整性和准确性方面还有提高的空间。对于本书存在的一些未能及时发现的问题，欢迎国内外同行、专家学者细心指正。

皮 书

智库报告的主要形式
同一主题智库报告的聚合

皮书定义

皮书是对中国与世界发展状况和热点问题进行年度监测，以专业的角度、专家的视野和实证研究方法，针对某一领域或区域现状与发展态势展开分析和预测，具备前沿性、原创性、实证性、连续性、时效性等特点的公开出版物，由一系列权威研究报告组成。

皮书作者

皮书系列报告作者以国内外一流研究机构、知名高校等重点智库的研究人员为主，多为相关领域一流专家学者，他们的观点代表了当下学界对中国与世界的现实和未来最高水平的解读与分析。截至 2020 年，皮书研创机构有近千家，报告作者累计超过 7 万人。

皮书荣誉

皮书系列已成为社会科学文献出版社的著名图书品牌和中国社会科学院的知名学术品牌。2016 年皮书系列正式列入“十三五”国家重点出版规划项目；2013~2020 年，重点皮书列入中国社会科学院承担的国家哲学社会科学创新工程项目。

中国皮书网

（网址：www.pishu.cn）

发布皮书研创资讯，传播皮书精彩内容
引领皮书出版潮流，打造皮书服务平台

栏目设置

◆ **关于皮书**

何谓皮书、皮书分类、皮书大事记、
皮书荣誉、皮书出版第一人、皮书编辑部

◆ **最新资讯**

通知公告、新闻动态、媒体聚焦、
网站专题、视频直播、下载专区

◆ **皮书研创**

皮书规范、皮书选题、皮书出版、
皮书研究、研创团队

◆ **皮书评奖评价**

指标体系、皮书评价、皮书评奖

◆ **互动专区**

皮书说、社科数托邦、皮书微博、留言板

所获荣誉

◆ 2008 年、2011 年、2014 年，中国皮书网均在全国新闻出版业网站荣誉评选中获得“最具商业价值网站”称号；

◆ 2012 年,获得“出版业网站百强”称号。

网库合一

2014年，中国皮书网与皮书数据库端口合一，实现资源共享。

S 基本子库
UB DATABASE

中国社会发展数据库（下设 12 个子库）

整合国内外中国社会发展研究成果，汇聚独家统计数据、深度分析报告，涉及社会、人口、政治、教育、法律等 12 个领域，为了解中国社会发展动态、跟踪社会核心热点、分析社会发展趋势提供一站式资源搜索和数据服务。

中国经济发展数据库（下设 12 个子库）

围绕国内外中国经济发展主题研究报告、学术资讯、基础数据等资料构建，内容涵盖宏观经济、农业经济、工业经济、产业经济等 12 个重点经济领域，为实时掌控经济运行态势、把握经济发展规律、洞察经济形势、进行经济决策提供参考和依据。

中国行业发展数据库（下设 17 个子库）

以中国国民经济行业分类为依据，覆盖金融业、旅游、医疗卫生、交通运输、能源矿产等 100 多个行业，跟踪分析国民经济相关行业市场运行状况和政策导向，汇集行业发展前沿资讯，为投资、从业及各种经济决策提供理论基础和实践指导。

中国区域发展数据库（下设 6 个子库）

对中国特定区域内的经济、社会、文化等领域现状与发展情况进行深度分析和预测，研究层级至县及县以下行政区，涉及地区、区域经济体、城市、农村等不同维度，为地方经济社会宏观态势研究、发展经验研究、案例分析提供数据服务。

中国文化传媒数据库（下设 18 个子库）

汇聚文化传媒领域专家观点、热点资讯，梳理国内外中国文化发展相关学术研究成果、一手统计数据，涵盖文化产业、新闻传播、电影娱乐、文学艺术、群众文化等 18 个重点研究领域。为文化传媒研究提供相关数据、研究报告和综合分析服务。

世界经济与国际关系数据库（下设 6 个子库）

立足“皮书系列”世界经济、国际关系相关学术资源，整合世界经济、国际政治、世界文化与科技、全球性问题、国际组织与国际法、区域研究 6 大领域研究成果，为世界经济与国际关系研究提供全方位数据分析，为决策和形势研判提供参考。

法律声明